无訟
wusong.com

天同律师事务所
TIANTONG & PARTNERS

诉讼可视化

蒋勇◎主编

法律出版社 | LAW PRESS
北京

主　编

蒋　勇

执行主编

陈耀权　李文奇

撰稿人

（以姓名拼音为序）

曹玉龙　陈丽娟　陈枝辉

李　谦　李文奇　刘　欢

孟也甜　彭　卿　石　睿

宋　峰　王　峰　徐　洋

杨骏啸　郑　玮

一家与众不同的律师事务所

专注

商事诉讼

商事仲裁

TIANTONG & PARTNERS

诉讼可视化：一场诉讼技术的“启蒙运动”

蒋　勇　天同律师事务所首席合伙人

过去，“打官司就是打关系”的说法在坊间颇为流行，甚至得到了一些律师的认同。更有甚者，还有个别律师打着“在法院有关系”的旗号，向当事人自我标榜。

这让许多怀抱着法庭梦进入法学院的学子们灰心了。他们发现，法庭似乎远不如此前想象的那么神圣，甚至成了灰色关系和混乱的代名词。律师们之间寒暄，常常有人说：“我现在进步了，只做非诉业务，早就不做诉讼了！”越是拥有法律信仰的律师，却似乎越是想要逃离法庭。

这让我们觉得很不甘心。

作为专业人士，法律专业能力是律师的立身之本。如果打官司只是打关系，律师的价值何在？如果我们因此逃离法庭，是否也放弃了最初那个关于法庭和公平正义的梦想？

更重要的是，在法院的工作经历让我意识到，有时候，是律师没有做好自己的本职工作，才让法官作出了对当事人不利的判决。在抱怨法官不采纳说理，怀疑法官枉法裁判之前，律师们是否真的可以问心无愧地说，我们已经做足了工作，把律师的专业能力发挥到了极致？

在尽职尽责穷尽所有技术手段之前，我们没有资格怨天尤人。

十多年前，我们就相信，诉讼领域表面上看是大家争相逃离的是非之地，实际却是法律服务市场的巨大“蓝海”。在这片“蓝海”中，诉讼律师将获得超乎想象的发展空间。甚至，当律师的工作方式率先发生改变，诉讼环境或许也会因此不同，整个法律生态圈都会被大大改善。

因此，在天同所成立之初，我们就坚定地把业务领域定位在了民商诉讼上。我们希望用更加符合律师专业精神的方式做诉讼，探索更好的诉讼技术，重新定义诉讼。

诉讼可视化正是我们探索更好的诉讼技术的一个典型例子。

我们相信，法律工作的本质是信息的传递与处理。人类获取信息的主要方式是通过眼睛，对眼睛来说，它更容易理解的是图形而不是文字。因此，在天同所成立之初的2003年左右，我们就开始推行“两张图”工作法，即每个案件要画两张图，一张“案件事实图”，一张“法律关系图”；2009年前后，经天同辅庭律师们实践，我们把这一工作法归纳为“用图表说话”；2011年，我们指派了一位年轻的辅庭律师系统性地梳理天同律师在这方面的实践，总结出了“用图表说话”的基本规律，并将其上升为处理每个案件时的基础工作方法；2012年初，我在微博上首次提出天同“三大诉讼法宝”，把诉讼可视化列为“三大诉讼法宝”之首（另外两大“诉讼法宝”是案例大数据和模拟法庭）。

这样的诉讼技术帮助我们更好地说服法官。我们曾代理过一起股权纠纷案件，三十多本案卷，事实情况非常混乱，其中有两家公司的名称竟然完全一样。在庭审中，我们提交了一张以公司组织结构为基础的事实情况图。法官一直把图放在手边，不时地对照着翻阅案卷，开庭效果非常好。

这样的诉讼技术帮助我们更好地保障办案质量。我们把画图表这样一件看似个性化极强的工作细细拆解开来，总结出在什么样的情况下应该画图，对于不同类型的案件应该画什么图，如何配合需要阐明的不同核心观点设计不同的图表结构。在面对新的案件时，律师们就可以在这些规则的指导下很快画出高质量的图表，高效地向法官传递信息。

这样的诉讼技术也帮助我们获得客户的更多理解。过去，客户总觉得律师的工作全凭一张嘴，没有技术含量可言。诉讼可视化则让律师的工作也变得可视化起来，从而帮助客户理解律师的工作，清楚地认识己方诉求所在。

但是，我们也深切地认识到，对诉讼认知的改变是不可能单单通过一家律师事务所的努力完成的，这需要更多律师同行的共同努力。因此，从 2011 年年底开始，当有关诉讼可视化的实践日益成熟，我们便通过讲座、培训和“天同开放日”等形式，向律师同行传播和分享。

在刚开始的阶段，我们遭遇了不小的质疑。一些律师说：“律师学这些所谓的诉讼技术有什么用？反正法官也不会听你的。”

这其实又回到了最初的那个困境：律师因为觉得法官凭关系断案而不提升自己的诉讼技术，法官因为律师没有充分说理而不支持当事人的诉讼请求，而这又会进一步坐实律师的固有印象——法官是凭关系判案的，甚至因此用过激的方式对待法官和法庭的裁判结果，抱怨和怨恨越来越多。这无疑是一个陷入了恶性循环的死结。

近十年运用诉讼可视化的实践让我们相信，律师主动迈出改善庭审效果的第一步，我们就有可能化恶性循环为良性循环：当我们运用图表更好地在法庭上说理，我们的主张就能更好地被法官理解，获得他们的认可。而这样的认可，又会进一步激励着我们在诉讼技术上更深入钻研，从而帮助我们更好地在法庭上说理，更有机会获得法官的认可。

我们非常高兴地看到，随着越来越多的律师同行开始学习诉讼可视化并且在法庭上运用，他们也同样得到了许多正向反馈。

苏州的一位青年律师曾经发微博：有一次，他在法庭上使用了诉讼图表，法官在庭审结束后亲自把他送到法庭门口，对他说："你们现在办案子都画图吗？要是以后律师办案子都像你们这样，那我们法官就轻松多了。"

渐渐地，越来越多的律师开始发现，当法官看到律师工作方式的变化，体会到律师的用心，他们的确更容易接受律师的观点。事实上，绝大多数法官都会对律师在传递信息、分析案件上做出的努力表示欣赏，并且乐意在法律专业层面上与律师深入探讨。

这让越来越多的律师有了探索并实践诉讼技术的热情。诉讼可视化、法律检索、模拟法庭成为了热门的诉讼技巧，许多律师不断地写文章，做分享，切磋这些方面的技艺。我们发现，在过去的十多年里激励着天同律师不断追求诉讼技术的良性循环，正渐渐扩展到整个律师行业。

甚至，法官们也开始加入运用诉讼可视化技术的浪潮中来。一位中级法院的院长曾经在全院法官培训会上说，现在律师界在推广诉讼图表的工作方法，这值得借鉴，以后我们法官办案讨论中也提倡使用图表。一些法院甚至明文要求，对于需要在审委会讨论的案件，法官必须制作图表，以利于更清晰地说明案件事实和法律关系。

当我们开始系统性地向律师同行讲授诉讼可视化的技术，我们甚至收到了许多来自法院的邀请。作为律师，我们竟然有机会走进法院，向法官们分享可视化的技术，这在此前是难以想象的。

这让我们怀疑，“打官司就是打关系”，究竟是无法改变的司法现实，还是因为互不信任而被夸大的刻板印象？我们明明清楚地看到，当我们表现出律师应有的专业技巧和专业态度，法官也会以一种更加专业的方式与我们交流。法官和律师一样，其实都对法律技术求知若渴。

这或许正是我们研究和应用诉讼可视化的最大意义所在。

虽然它只是一个简单的工作方法，却是法律职业共同体的重要基石。它让我们发现，法官与律师并非只有要么灰色关系，要么截然对立的二元关系。当律师和法官因为法律知识和法律技术被联系了起来，因为位置和视角的不同而心生的罅隙也会因此被弥合。这个共同体的成员们被引导着，在日常工作中践行对法律的共同信仰，法律职业的归属感和使命感也因此渐渐浮现。

回首诉讼可视化在这十几年里从无到有，再到在全行业内逐步普及的发展历程，可以说，它完成了法律行业内一次至关重要的诉讼技术启蒙。

从数据上来看，截至目前，已经有超过5万名律师听过我的现场演讲，超过3万名律师前来参加过“天同开放日”，超过1万名律师接受过有关诉讼可视化的专门培训。除此之外，关于诉讼可视化的文章和小范围的讨论交流更是不计其数。

可以说，从来没有哪项技术曾经如此深刻地影响过一代律师，并且真正让追求诉讼技术的信念在法律人的意识中扎根了下来。它让更多法律人看到了诉讼在“打关系”之外的更多可能性，并且愿意为了这样的可能性共同努力，重拾法庭的光荣与梦想。

当然，诉讼可视化这门技术仍然有可以完善和进一步深化的空间，同时，它也还只是我们可以挖掘的法律专业技能的“冰山一角”。在提供法律服务的过程中，还有太多类似的规律值得深入总结和探讨。我们不妨先从律师的角度，研究审判规律，探讨律师可以在法官裁量过程中的哪些环节发挥作用，刻意地提炼行之有效的工作方法，形成可被推广的技术。而随着互联网和大数据技术的成熟，我们将可以借助更先进的技术手段，探索诉讼技术的更多可能性。

此次《诉讼可视化》的出版，与其说是对过去诉讼可视化技术发展的阶段性总结，更不如说是一份面向未来的邀请。

我们希望邀请你和我们一起参与到诉讼可视化技术的学习和研究中来，并且持续在实践中探索更多、更成熟的诉讼技术，不断提升法律工作中信息传递与处理的整体效率。

我们希望和大家一起，把这场诉讼技术的“启蒙运动”进行到底，实现诉讼技术的全面升级。

我们相信，当诉讼技术愈加成熟，愈加普及，更好的法律生态圈也必定可期。

这是一本写给法律人的图表书

陈耀权　天同律师事务所合伙人

这是一本写给法律人的图表书。

在天同创所之初，我们就尝试通过更加形象、准确和可视的方式，来呈现复杂的案件事实和法律关系。这样的尝试，让我们在法庭上获得了超乎预期的精彩效果。正因如此，在我们2010年出版的《北京天同律师事务所案例精选》中，就记载了我们在2008年最高人民法院某二审案件中，实际使用法律关系图来赢得客户、决胜法庭的过程。[①]

如果说，当我们在十年前开始使用图表这一工具来描述案件事实、分析法律关系时，人们对于图表之于法律人的作用还心存疑虑；那么，当本书酝酿之时，法律图表这一工具已经成为法律人的基本技能而被全国各地的法律人普遍使用。

法律人需要图表书吗？这一我们在进行可视化研究之初最为担心的问题，时至今日，我们的答案是：需要！毋庸置疑！

之所以能够如此肯定地回答上述问题，是因为，所有的法律人——法官、律师、法务及其他法律工作者——工作的本质及核心都是：信息的处理与传递。

① 详见《北京天同律师事务所案例精选（二）》，法律出版社2010年版，第157页。

可视化，能够帮助我们更好地进行信息的处理与传递。

以诉讼业务为例：每一位诉讼律师会根据自己对案情的了解、对证据的分析、对法律的理解和对判例的检索等等，在脑海中通过法律逻辑的推演，将这些素材进行加工处理，成为律师的法律观点，这是信息的处理过程；而诉讼律师将形成于脑海中的法律思维，通过文字、语言等方式有效地传递给同事、客户、法官乃至对手，这是信息的传递过程。

文字作为信息处理与传递的基本方式，在上述过程中占据着不可撼动的核心地位。但文字作为人类文明创造之结果，每个人对于文字的理解均受制于后天的学习积累。正因如此，人类对于文字的处理方式，需要大脑将文字转化为该文字所代表的内在含义，再进行思维转化及传递。而图形则恰恰相反，对事物的图形描述早于文字描述数千年，图形本身即代表着形象化的、具体的事物与信息，因此，人类大脑对于图形有着天然的偏爱。这就像看到蔚蓝的天空，人们的心情会豁然开朗；而看到文字描写的“蓝色”或“Blue”，人们需要在脑海中勾画出美丽的天空，才会对情绪有所影响。

正是基于上述人类思维的天然倾向性，在信息处理和传递过程中更多地使用图表因素，能够帮助我们提高信息处理效率，减少信息传递异化。这一规律，在法律业务领域格外重要。因此，在诉讼案件中运用图表，是我们在长期办理民商事诉讼案件实务中不断实践、改进的一种工作方法，并取得了不错的效果。自 2012 年起，我们开始陆续向业界介绍、推广这种方法。在此过程中，不断有业内同行向我们建议，能不能把我们的工作方法总结成书，对外出版，以便能让更多的人了解、学习和掌握这项实用的技术。这也是我们写作本书的初衷。

但当我们提笔撰写本书时，却发现写作这样一本图表书，远比绘制图表难得多。因为我们在绘制图表时，离不开多年经验积累带来的“感觉”，依赖和围绕个性化的案件事实本身，有时可能自然而然地跳过了梳理思维的过程。换言之，我们更多关注绘图的结果，而不是过程。

但书的写作恰恰相反。首先，我们要脱离案件情况，纯粹地关注图表本身和制图的各个环节；其次，我们在写作时要不断逆向思维，从绘制完成的图表中抽丝剥茧，寻找图表最基本的组成部分，归纳某一类图表的共性，梳理绘图的步骤，寻找绘图的技巧。在这一过程中我们有过激烈的讨论甚至争吵、有过困惑和质疑。但最终，通过写作这样一本书，我们发现绘图时一切曾经以为理所应当的环节和思路，其实背后都有严密的逻辑支撑。这本书将要呈现给大家的，就是我们经过反复推敲，对绘图过程的详细拆分和解读。

本书由三个主要部分组成：

第一章至第四章为图表制作方法论，旨在告诉大家，如何将纷繁复杂的案卷材料转化成简单明了的图表，即诉讼可视化应该怎么做。我们认为，诉讼可视化方法论分为四步：第一步应明确图表呈送对象，并根据对象的不同选择合适的图表类型、确定图表主要内容以及决定是否绘制图表；第二步为选择合适的图表类型，即根据案件核心要素为时间、关系或数据选择相对应的时间图、关系图及数据图；第三步为确定内容，即通过全面罗列、逻辑整合及精简内容的方式，确定在图表中展现的案件事实；第四步是更好的表达，即让图表在简明美观的基础上，突出核心观点。

第五章悉数典型纠纷类型的可视化应用。虽然我们在讲述绘图方法时不得不暂时脱离个性化的案情，但我们同时也乐于发现，案件事实本身也是有规律可循的。因此，我们可以围绕借款担保、建设工程、房地产开发、公司诉讼等几类典型纠纷，归纳我们处理此类案件时，经常遇到的问题和难点，进而总结出通过图表解释和说明这些问题和难点的方法。

第六章由图表的实战案例组成。“纸上得来终觉浅，绝知此事要躬行”，该章我们力求真实再现如何运用上述方法制作一张图表，其中也包含了绘图者的心路历程。这一章是将绘图方法融会贯通的关键，也是我们在可视化研究过程中，对自己此前工作的反思和总结。

最后，我们也不会停止进步的欲望，在第七章我们与您一同期待可视化可能面临的科学进步和技术突破，并从图表技术、全新界面和远程互联等方面共同畅想诉讼可视化的未来蓝图。

目 录 | CONTENTS

第一部分　怎样画好一张诉讼图表 / 1

第一章　诉讼可视化第一步：明确对象 / 5

第一节　呈送对象不同，决定了是否提交某些诉讼图表 / 7

第二节　呈送对象不同，决定了选择的图表类型不同 / 13

第三节　呈送对象不同，决定了图表内容的不同 / 18

第二章　诉讼可视化第二步：选择合适的图表类型 / 19

第一节　时间要素与时间图 / 22

第二节　关系要素和关系图 / 50

第三节　数据要素与数据图 / 65

第四节　其他要素与相应图表 / 78

第三章　诉讼可视化第三步：确定内容 / 85
第一节　全面罗列 / 87
第二节　逻辑整合 / 91
第三节　精简内容 / 97

第四章　诉讼可视化第四步：更好表达 / 109
第一节　设计基础：色彩与构图 / 112
第二节　设计进阶：突出观点 / 128

第二部分　可视化应用 / 137

第五章　典型纠纷类型的可视化应用 / 139
第一节　借款合同纠纷 / 141
第二节　票据纠纷 / 151
第三节　建设工程合同纠纷 / 163
第四节　土地开发及交易相关纠纷 / 188
第五节　国际货物买卖合同纠纷 / 201
第六节　与公司有关的纠纷 / 215

第六章　案例实战 / 237

第一节　可视化方法论四步走的实践应用 / 239

第二节　模拟案件不同处理方式的不同结果，让图表自己说理 / 251

——关于法律适用问题的诉讼图表表达

第三节　通过图表揭开法律行为的表层面纱，探究当事人的真实意思 / 260

——以一宗股权转让合同纠纷案为例

第四节　简入繁来繁还简 / 271

——以某煤炭公司诉某银行票据纠纷案为例

第五节　如何将复杂的案件分解再组合？ / 287

——“确定内容”方法论实战

第七章　诉讼可视化的未来设想 / 297

第一部分

怎样画好一张诉讼图表

既已知诉讼图表有用，那么，接下来的问题便是，如何操作？

一方面，我们相信，其实每个人都会画图。如果让我们回想平时查阅案件的习惯，我相信每一位律师在遇到复杂案件时，都会不由自主地制作阅卷笔录、拟定案件大事件，或针对某一问题随笔绘制草图。这个过程，实际上就是绘制诉讼图表的过程。之所以如此，是因为把复杂的问题简单化，是人类共通的处理问题的思维方式。

另一方面，我们也相信，所有的成长都在于刻意地自我训练。因此，我们需要做的，不过是把平时工作中偶然无意间使用的工作方法，进行系统的梳理及训练，并有意识地进行贯彻实行。我们坚信，这样的梳理和归纳，能够帮助我们在处理案件时焕然一新。

基于上述两点共识，我们可以看到，本书绝非“发明”了某种全新的工作方法，更非“创造”了可视化的具体应用过程。本书的作用，不过是通过不断地实践与试错，将内化于每一位律师思维过程中的可视化方法——怎样画好一张诉讼图表——更好地进行总结和归纳。

这个“怎么做”的过程，将是全书的重中之重。

但这个过程其实并不难，如果概括起来，只需要四步：

第一步，明确对象，即确定图表需要呈送的对象是谁，并根据不同的对象对图表的类型、内容进行调整；

第二步，选择合适的图表类型，即根据不同案件所呈现的核心要素不同，选择合适的图表类型；

第三步，筛选内容，即通过全面罗列、逻辑整合及精简内容的方式，确定需要在图表中表达的核心事实；

第四步，更好表达，即通过线条、框架和颜色的设计，使得图表在符合大众审美的基础上突出绘图者的观点。

除了遵循上述操作方法外，图表绘制还有赖于正确的可视化理念，即避免绘制过程中的种种误区。因此，我们还将与大家分享那些图表绘制过程中应极力避免的错误。

当然，诉讼可视化的本质，是一种化繁为简的思维方式，这也就决定了图表的绘制并不存在放之四海而皆准的规则和路径。因此，本书提供的只是图表绘制的一般方法与方向，所谓“条条大道通罗马”，具体的道路还需要根据具体案件情况来不断地探索与尝试。

第一章

诉讼可视化第一步：明确对象

在我们开始将一本厚厚的卷宗资料转化为诉讼图表时，我们要做的第一件事，是明确图表的呈送对象，即图表绘制给谁看。

我们会在很多场合使用诉讼图表：可能在开庭审理前，我们将图表作为代理意见的一部分向合议庭提交；可能在与客户会谈时，为了展现我们对案件事实的把握或对案件法律问题的分析，我们把图表提交给客户；又可能，在团队内部讨论时，我们把图表作为讨论的范本和基础进行使用。

其实，**我们在不同的场合使用图表，图表的核心作用是不同的，这就决定了图表内容的不同、图表形式的不同，甚至决定了是否应该使用图表。**所以，在绘制图表之前，首先要明确的一件事，就是这张图表要画给谁看。

第一节
呈送对象不同，决定了是否提交某些诉讼图表

在很大程度上，图表的作用是增加信息传递的效率、降低信息传递的异化。因此，使用图表的前提是存在信息传递的必要，而信息传递是否必要，除了取决于是否存在信息壁垒，或信息本身是否复杂等因素外，还取决于信息的受众对某一领域是否了解。如果受众对某一领域不了解，那么，图表将成为我们向其传递该领域知识的重要工具；相反，如果我们明知受众深谙某一领域，这时，对于该部分内容实无呈送图表的必要。

从这个意义上来说，图表的呈送对象是谁，决定了某一张图表是否应该绘制与提交。

以我国民事再审制度为例。

> 2007 年 10 月 28 日，全国人民代表大会常务委员会通过《关于修改〈中华人民共和国民事诉讼法〉的决定》，修正后的《民事诉讼法》集中解决了原有民商事审判制度施行过程中矛盾突出的再审问题，我国民事再审制度改革的大幕也由此正式拉开。随后，最高人民法院相继颁布了《关于适用〈中华人民共和国民事诉讼法〉审判监督程序若干问题的解释》《关于受理审查民事申请再审案件的若干意见》等司法解释及司法文件，我国民事再审制度全面设立。

在这种情况下，一方面，拟申请再审的当事人不断增多；另一方面，因再审制度是一种设立于二审终审制度之外的特别诉讼程序，相关规定散落在多个法律文件中，所以很多当事人对于再审流程的具体内容并不了解，如申请方式、受理时间、审查内容、审理重点等。

对于当事人而言，民事再审流程就属于存在信息壁垒的专业领域。当我们面对这样的当事人时，如果能够通过图表的方式将整个流程进行梳理，将远比单纯的文字表述或语言表达更利于理解。此时，我们可以向当事人提交这样一张图表（见图 1-1）：

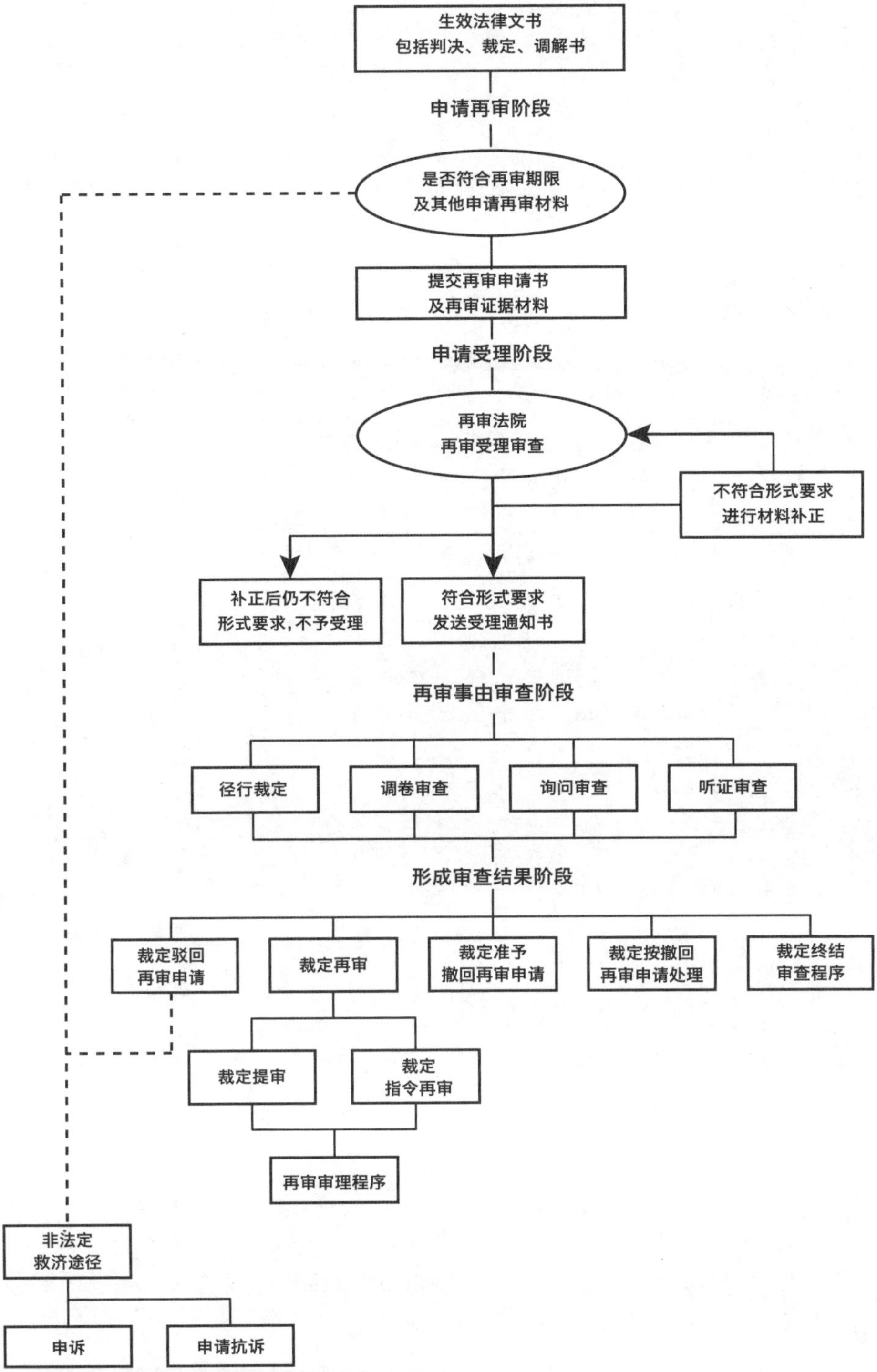
生效法律文书
包括判决、裁定、调解书
申请再审阶段
是否符合再审期限
及其他申请再审材料
提交再审申请书
及再审证据材料
申请受理阶段
再审法院
再审受理审查
不符合形式要求
进行材料补正
补正后仍不符合
形式要求,不予受理
符合形式要求
发送受理通知书
再审事由审查阶段
径行裁定
调卷审查
询问审查
听证审查
形成审查结果阶段
裁定驳回
再审申请
裁定再审
裁定准予
撤回再审申请
裁定按撤回
再审申请处理
裁定终结
审查程序
裁定提审
裁定
指令再审
再审审理程序
非法定
救济途径
申诉
申请抗诉

图 1–1

通过这张流程图，我们可以清晰地向当事人展示出再审流程的关键步骤及重要节点，当事人对于其拟订要提起的再审程序会如何发展、历时多长时间、最好和最坏的法律路径如何，能够做到心中有数。

这张再审流程图对当事人有用，却不适合向法官提交。原因非常简单，再审流程属于审判流程的一部分，法官身处其中，自然知道再审各程序的先后顺序及时间期限。

因此，在动手绘制这张再审流程图之前，我们首先需要做的，是明确图表的呈送对象，并根据对象对于图表的依赖程度决定是否为该对象绘制图表。

与上述再审流程图相反，**有些流程图却是法官需要，而客户不需要的。**

> 如在一起加油站租赁合同纠纷中，双方的核心争议焦点之一系加油站规划、设计、建设、验收的全部流程。因加油站不仅关系到危险化学品经营、成品油经营等多个行政许可，更因关乎公共安全在规划、消防验收等环节具有特殊要求。同时，我国加油站建设涉及多个行政部门管理，上述过程规定在多个行政法律规范之中。这就造成了，如果并非相关从业人员，将很难快速、高效地在纷繁复杂的法律规定中梳理、总结出加油站建设过程及需要的审批流程。

这时，我们为了向法官阐明加油站规划、设计、建设及验收所需的各项行政程序，我们绘制了当地加油站建设流程图（见图 1-2）：

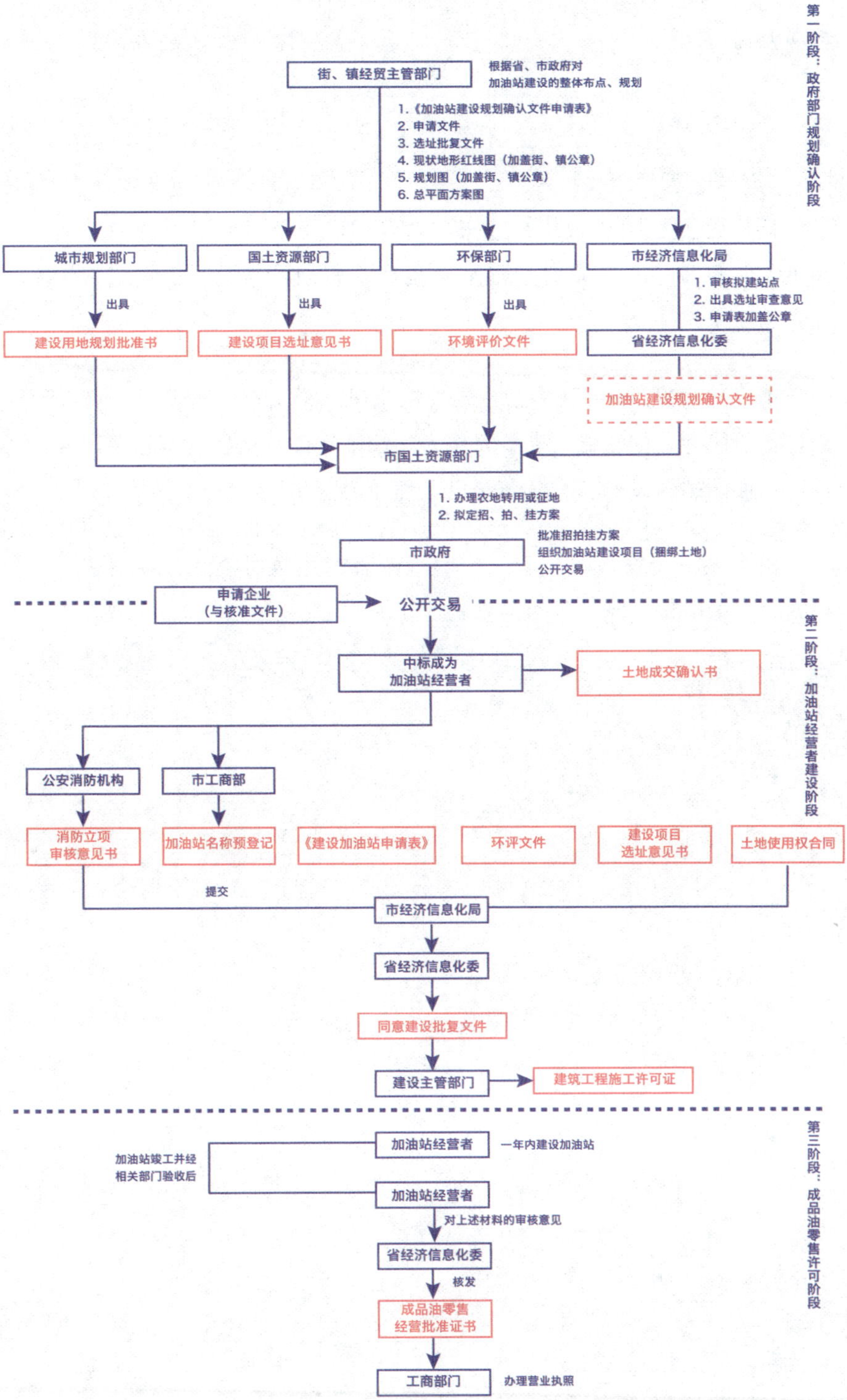
第一阶段：政府部门规划确认阶段
街、镇经贸主管部门
根据省、市政府对
加油站建设的整体布点、规划
1.《加油站建设规划确认文件申请表》
2. 申请文件
3. 选址批复文件
4. 现状地形红线图（加盖街、镇公章）
5. 规划图（加盖街、镇公章）
6. 总平面方案图
城市规划部门
国土资源部门
环保部门
市经济信息化局
出具
出具
出具
1. 审核拟建站点
2. 出具选址审查意见
3. 申请表加盖公章
建设用地规划批准书
建设项目选址意见书
环境评价文件
省经济信息化委
加油站建设规划确认文件
市国土资源部门
1. 办理农地转用或征地
2. 拟定招、拍、挂方案
市政府
批准招拍挂方案
组织加油站建设项目（捆绑土地）
公开交易
申请企业
（与核准文件）
公开交易
第二阶段：加油站经营者建设阶段
中标成为
加油站经营者
土地成交确认书
公安消防机构
市工商部
消防立项
审核意见书
加油站名称预登记
《建设加油站申请表》
环评文件
建设项目
选址意见书
土地使用权合同
提交
市经济信息化局
省经济信息化委
同意建设批复文件
建设主管部门
建筑工程施工许可证
第三阶段：成品油零售许可阶段
加油站经营者
一年内建设加油站
加油站竣工并经
相关部门验收后
加油站经营者
对上述材料的审核意见
省经济信息化委
核发
成品油零售
经营批准证书
工商部门
办理营业执照

图 1-2

同样是流程图，为什么这张图就能够交给法官？因为加油站租赁并不是常见案由，法官对于加油站设计、规划、建设、验收的具体流程并不完全熟知。

而在这个案件中，我们就不需要向当事人提交这张图表。原因在于，相较于法律专业的我们，当事人作为加油站建设及租赁的实际参与者，其对于加油站建设的各个环节早已了然于心。

由上述两个案例可以看出，明确图表的呈送对象，有时决定了一张图表是否应该绘制、是否应该提交。

第二节
呈送对象不同，决定了选择的图表类型不同

在绘制图表之前，之所以要首先明确图表的呈送对象，还因为同样一个案件，可能因为呈送对象的不同，而选择不同的图表类型。

以下面这个买卖合同纠纷案件为例：

> 2014 年 9 月 6 日，A 公司与 B 公司签订《买卖合同》，概括约定 A 公司向 B 公司采购煤炭，采购的具体数量根据 A 公司指令确定。随后，B 公司根据 A 公司的指令交付了煤炭，A 公司支付货款并将煤炭转售给下游电厂。2014 年 11 月 25 日，A 公司再次发布指令要求 B 公司提供煤炭。B 公司找到 C 公司，向 C 公司购买该批煤炭。为了煤炭交付便捷，11 月 28 日，A 公司与 C 公司签订《确认函》，约定堆存于 C 公司仓库内的煤炭由 C 公司转移给 A 公司，所有权由 A 公司享有。但当天 B 公司与 C 公司签订的《买卖合同》中约定，如 B 公司未如约支付货款，A 公司与 C 公司之间的《确认函》解除。11 月 29 日，A 公司按照约定向 B 公司支付了货款。之后，2014 年 12 月 29 日、2015 年 2 月 21 日，B 公司向 A 公司出具《承诺函》，承诺煤炭所有权归属于 A 公司。

本案纠纷发生在于，B 公司收到货款后，并未如约向 C 公司支付。为此，C 公司依据其与 B 公司之间的《买卖合同》，要求解除 A 公司与 C 公司之间的货权转让《确认函》。其理由在于，C 公司认为 A 公

司与B公司构成共同买方，B公司的行为对A公司具有约束力。而A公司则主张，三方之间的关系应为A公司向B公司购买煤炭、B公司向C公司购买煤炭的双重买卖关系，因B公司与C公司《买卖合同》当事人不包括A公司，依据合同相对性原则，B、C公司之间的约定不能约束A公司，解除权约定对其不发生法律效力。

本案的争议焦点在于，三方公司之间的法律关系的认定，系共同买方还是双重买卖。该认定关系到C公司是否能够行使解除权。

此时，对于法官而言，其最主要的工作就是对各方之间的法律关系作出判断，而判断的依据是各方当事人在本案中的具体行为。这时，法官更希望律师能够提供一张客观、真实地反映案件事实的图表，而非律师对本案各方之间法律关系进行预判的图表。原因在于，不论律师绘制何种法律关系图，对于法官而言，不过是一方律师代理观点的总结，而本案观点用“共同买方”或“双重买卖”就能够概括，无须使用图表协助理解。因此，如图表的呈送对象是法官时，我们应该提交一张案件事实图，己方观点可以文字的方式进行标注（见图1-3）：

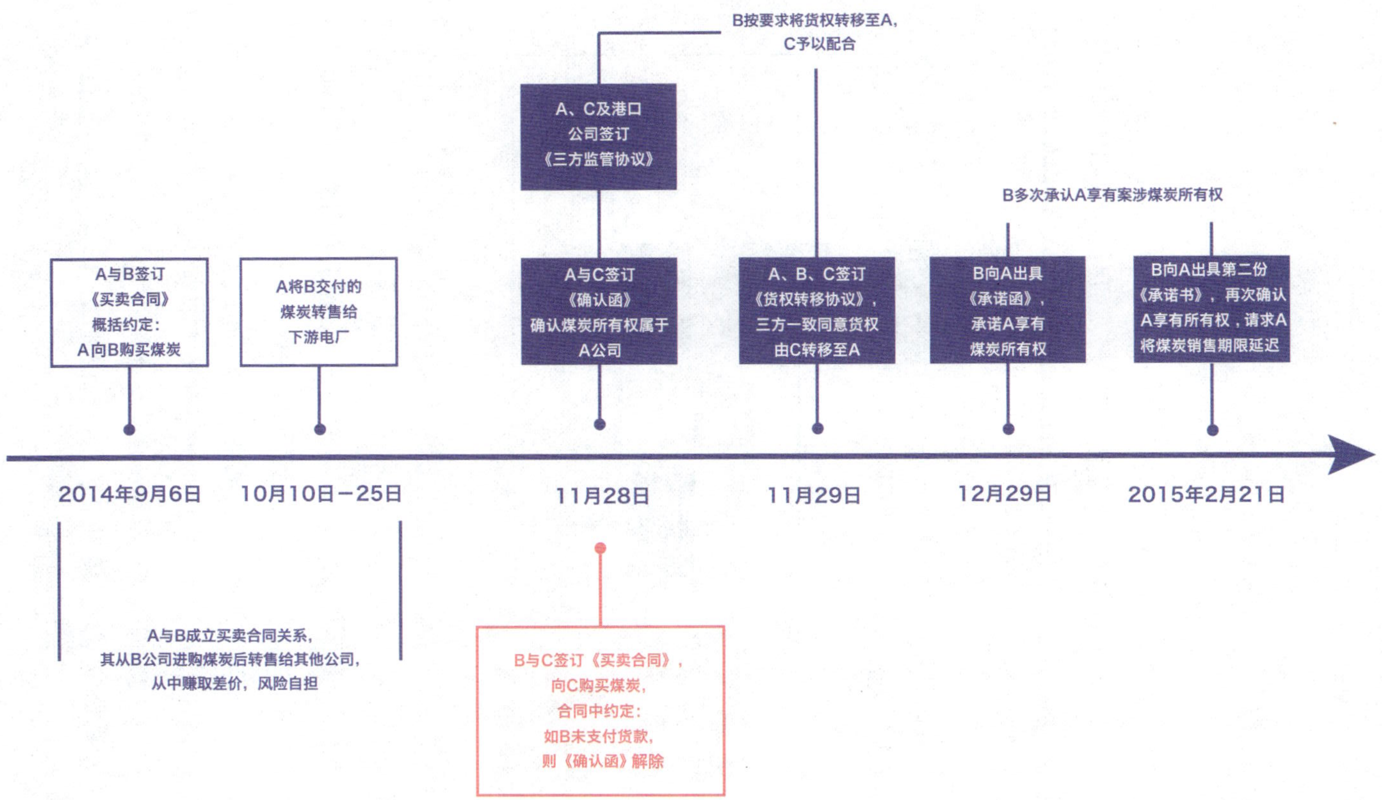
B按要求将货权转移至A，
C予以配合
A、C及港口
公司签订
《三方监管协议》
B多次承认A享有案涉煤炭所有权
A与B签订
《买卖合同》
概括约定：
A向B购买煤炭
A将B交付的
煤炭转售给
下游电厂
A与C签订
《确认函》
确认煤炭所有权属于
A公司
A、B、C签订
《货权转移协议》，
三方一致同意货权
由C转移至A
B向A出具
《承诺函》，
承诺A享有
煤炭所有权
B向A出具第二份
《承诺书》，再次确认
A享有所有权，请求A
将煤炭销售期限延迟
2014年9月6日
10月10日－25日
11月28日
11月29日
12月29日
2015年2月21日
A与B成立买卖合同关系，
其从B公司进购煤炭后转售给其他公司，
从中赚取差价，风险自担
B与C签订《买卖合同》，
向C购买煤炭，
合同中约定：
如B未支付货款，
则《确认函》解除

图 1-3

同样是上述案件，如果图表的呈送对象变成当事人而非法官，这时，当事人最需要的，是律师关于 A、B、C 三家公司之间法律关系的理解与论证，即律师需要在图表中集中展现的内容系对案件制定的诉讼策略及论证重点，而不再是案件事实，因为当事人作为案件的亲历者，可能比律师更加了解案件的具体事实过程。

这时，我们可以向当事人展示一张法律关系图，下图以 A 公司的立场为例（见图 1-4）：

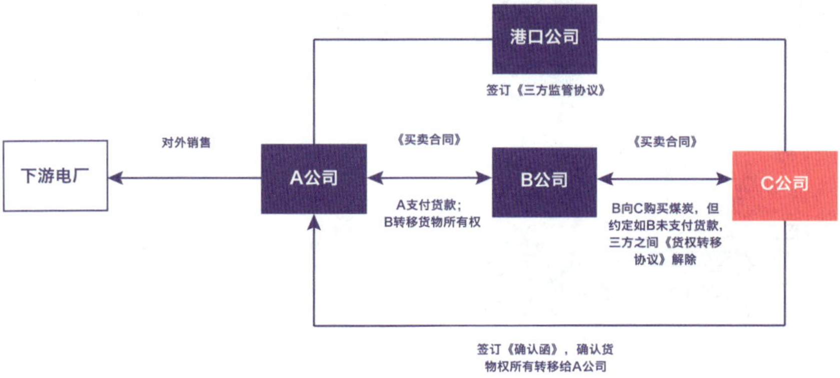

图 1–4

当然，上述示例仅是在具体案件事实下，更适合向法官呈送时间图、向当事人呈送关系图，并不代表所有案件均是如此。根据呈送对象的不同来调整选择图表的类型，还要视具体情况而定。我们在很多案件中也会向法官呈送法律关系图，因为这些法律关系图不仅是纯粹的观点表达，更涉及客观的案件事实；而有些时候，当事人对于事实的梳理并不完善或不详细，当然需要律师根据案件材料梳理事实后与当事人进行核对，这时，向当事人提交案件事实图对于案件事实的固化非常重要。

需要说明的是，根据呈送对象的不同选择不同的图表类型，适用于那些既可以绘制时间图又可以绘制关系图的案件。不排除有些案件只适合绘制一种类型的图表，这时，明确对象的意义就在于，根据对象的不同来调整图表内容。

第三节
呈送对象不同，决定了图表内容的不同

除上述两方面内容外，呈送对象对于图表绘制的影响，主要表现在不同的呈送对象，决定了图表内容各有侧重。

如提交给法官的图表，应在保持客观公正的基础上突出己方观点，因此，在事实的筛选过程中，应尽量选择与案件核心争议有关的案件事实。但如果图表的用途是内部讨论使用，为了保障团队内部对案件能够全面了解，这时，图表内容应尽量翔实，增加事实细节。

综上所述，明确对象，是图表绘制方法论的第一步，只有首先明确了图表的呈送对象，才能够根据对象的不同更好地选择图表类型、筛选图表内容，甚至决定是否提交或不提交某张图表。

在画图之前先明确图表画给谁看，这是绘制一张诉讼图表不可或缺的第一步。但凡是诉讼必有两造，律师之价值在于挖掘案件事实，也在于论证己方观点。因此，相较于呈送于团队内部或当事人之图表，呈送给法官的图表乃是最见律师功底，也是最难以绘制的图表。

因此，如无特别说明，本书接下来的内容将以呈送给法官的图表作为蓝本，进行剖析。

第二章

诉讼可视化第二步：选择合适的图表类型

当我们阅读完一本厚厚的卷宗资料之后，如何把这些繁复的文字和复杂的证据转化成一张诉讼图表，难免会有无从下手之感。这种“无从下手”，来自于我们对于如何绘制图表缺乏思考方向和思考路径。

而选择合适的图表类型，能够帮助我们解决这个问题。原因在于，**不同的图表类型，其绘制重点及方法均有所不同。**如果我们选择图表类型为时间图，我们的思考方向就将集中在，如何将案件中的关键事件在时间轴线上进行合理分布；而如果我们选择的图表类型是关系图，那么，我们的思考方向将是，如何将各主体及其之间法律关系在图表中均衡布局。

可见，明确图表的呈送对象之后，下一步需要做的工作，就是选择合适的图表类型。

那么，基本的图表类型有哪些？我们又该如何选择呢？

我们认为，任何案件，都有需要集中表达的核心要素。案件核心要素的不同，决定了其应适用不同的图表类型。

有些案件，各方当事人为特定行为的时间点非常重要，这时，我们就需要选择时间图。有些案件，各个行为发生的时间并不重要，而各行为在当事人之间形成的法律关系更为重要，这时，我们需要的是关系图。还有些案件，可能时间和关系均不是核心争议焦点，真正影响案件走向的是案件事实中的数据因素，如股东出资纠纷中实际出资金额的认定等，这时，需要合理使用数据图。

我们认为，时间、关系和数据，这三种元素基本涵盖了所有案件。相对应的，时间图、关系图和数据图，这三种图表类型基本涵盖了案件需要的所有图表。

接下来，本章将分别与大家分享上述三种图表类型的选择要点及绘制方法。当然，我们不能排除有些案件，时间、关系及数据都不重要，但这种情况非常之少，也没有办法进行类型化分析，所以，我们只能在本章最后进行举例说明。当然，也不排除有些案件中，两种以上核心要素都很重要。这时，我们可以对同一个案件同时绘制两种图表，并根据不同的对象进行提交。

第一节
时间要素与时间图

每一个案件都发生在一定的时空维度内，从这个意义上来说，任何一个案件都具备时间要素。但并非任何一个案件都适合绘制时间图，原因在于，仅有时间要素并不够，**时间图适用于那些核心要素是时间的案件。**所谓核心要素，是指事件、行为发生的时间点或先后顺序，成为案件争议焦点或关乎案情梳理的案件。

当案件要素的核心要素是时间时，我们应该选择时间图作为基本的图表类型。或者，我们可以使用排除法，当某一案件既不存在多个主体之间复杂的法律关系，数据也并非争议焦点时，我们一般会选择时间图呈现案件事实。

那么，应该怎样绘制时间图呢？其实非常简单，在纸的中间横着或者竖着画一条线，然后在上面标注好时间和事件就可以了。以横向为例，时间图的基本构架如图 2-1：

图 2–1

但是，如果所有时间图都仅仅按照上图构架绘制，只要案情变得复杂，我们的图表可能就会变成这样，如图 2-2：

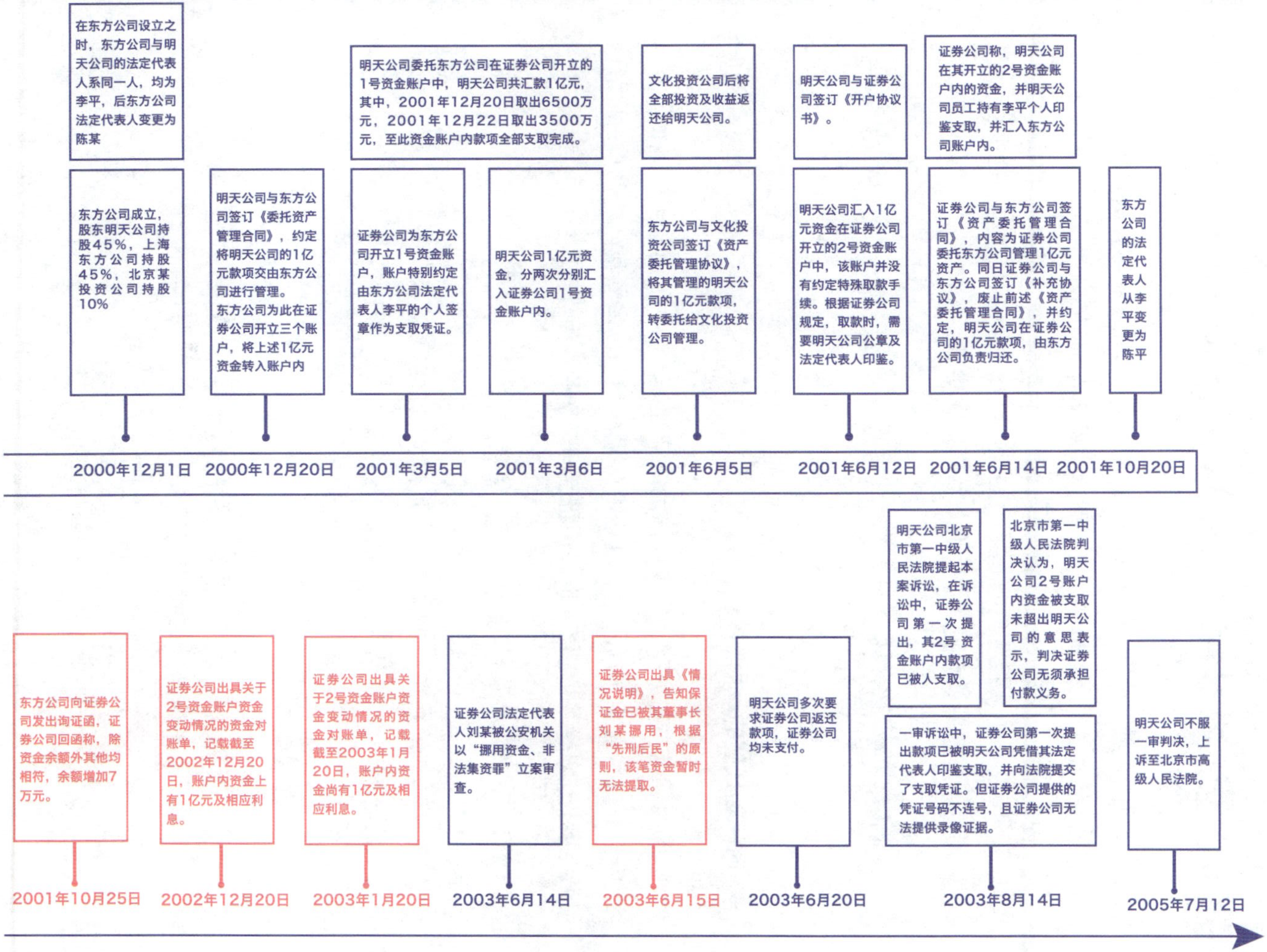

2000年12月1日
在东方公司设立之时，东方公司与明天公司的法定代表人系同一人，均为李平，后东方公司法定代表人变更为陈某
东方公司成立，股东明天公司持股45%，上海东方公司持股45%，北京某投资公司持股10%
2000年12月20日
明天公司与东方公司签订《委托资产管理合同》，约定将明天公司的1亿元款项交由东方公司进行管理。东方公司为此在证券公司开立三个账户，将上述1亿元资金转入账户内
2001年3月5日
明天公司委托东方公司在证券公司开立的1号资金账户中，明天公司共汇款1亿元，其中，2001年12月20日取出6500万元，2001年12月22日取出3500万元，至此资金账户内款项全部支取完成。
证券公司为东方公司开立1号资金账户，账户特别约定由东方公司法定代表人李平的个人签章作为支取凭证。
2001年3月6日
明天公司1亿元资金，分两次分别汇入证券公司1号资金账户内。
2001年6月5日
文化投资公司后将全部投资及收益返还给明天公司。
东方公司与文化投资公司签订《资产委托管理协议》，将其管理的明天公司的1亿元款项，转委托给文化投资公司管理。
2001年6月12日
明天公司与证券公司签订《开户协议书》。
明天公司汇入1亿元资金在证券公司开立的2号资金账户中，该账户并没有约定特殊取款手续。根据证券公司规定，取款时，需要明天公司公章及法定代表人印鉴。
2001年6月14日
证券公司称，明天公司在其开立的2号资金账户内的资金，并明天公司员工持有李平个人印鉴支取，并汇入东方公司账户内。
证券公司与东方公司签订《资产委托管理合同》，内容为证券公司委托东方公司管理1亿元资产。同日证券公司与东方公司签订《补充协议》，废止前述《资产委托管理合同》，并约定，明天公司在证券公司的1亿元款项，由东方公司负责归还。
2001年10月20日
东方公司的法定代表人从李平变更为陈平
2001年10月25日
东方公司向证券公司发出询证函，证券公司回函称，除资金余额外其他均相符，余额增加7万元。
2002年12月20日
证券公司出具关于2号资金账户资金变动情况的资金对账单，记载截至2002年12月20日，账户内资金上有1亿元及相应利息。
2003年1月20日
证券公司出具关于2号资金账户资金变动情况的资金对账单，记载截至2003年1月20日，账户内资金尚有1亿元及相应利息。
2003年6月14日
证券公司法定代表人刘某被公安机关以“挪用资金、非法集资罪”立案审查。
2003年6月15日
证券公司出具《情况说明》，告知保证金已被其董事长刘某挪用，根据“先刑后民”的原则，该笔资金暂时无法提取。
2003年6月20日
明天公司多次要求证券公司返还款项，证券公司均未支付。
2003年8月14日
明天公司北京市第一中级人民法院提起本案诉讼，在诉讼中，证券公司第一次提出，其2号资金账户内款项已被人支取。
北京市第一中级人民法院判决认为，明天公司2号账户内资金被支取未超出明天公司的意思表示，判决证券公司无须承担付款义务。
一审诉讼中，证券公司第一次提出款项已被明天公司凭借其法定代表人印鉴支取，并向法院提交了支取凭证。但证券公司提供的凭证号码不连号，且证券公司无法提供录像证据。
2005年7月12日
明天公司不服一审判决，上诉至北京市高级人民法院。

图 2-2

在上述图表中，我们看不到案件的核心焦点或重要内容，映入眼帘的只是“一群”文字。这样的案件事实图，无异于将案件大事记的内容强行塞入一个个方格中，对于受众理解案件事实并无益处。

因此，**在案情变得复杂的时候，我们需要对时间图进行一定的加工，使得复杂的案件信息能够有序、有效地在图表中进行排列。**

加工的方法主要有以下两种：

一 时间轴线图的纵向划分

所谓“纵向划分”，是以横向的时间轴线图为例，对轴线上下的纵向空间进行合理布局。时间轴线图的纵向划分，能够帮助我们更好地表达对比关系，也能够帮助我们将不同类别的行为进行区分。

（一） 合理利用纵向空间表达对比关系

时间轴线的存在，能够使得一张白纸被自然而然地区分为上下两个部分，这个天然的空间区分，能够帮助我们表达对比关系。

以一起买卖合同纠纷案件为例。

> 2005 年上半年至 10 月，A 公司的母公司与 B 公司就技术合作及设备购买事宜进行了磋商洽谈。随后，2005 年 10 月 23 日，A 公司与 B 公司签署了《合作协议》，约定 B 公司向 A 公司出售某高精设备 100 台，价款共计 1.87 亿元。因本案买卖标的系一批高精设备，因此，双方当事人除了交付货物以及交付款项这些买

卖合同基本的权利义务之外，另行约定了一些其他合同义务：对于出卖人B公司而言，需要对A公司的员工提供培训，需要帮助A公司安装调试机器设备等等；对于买受人A公司而言，需要对厂房进行施工改造，需要保证厂房内电压稳定以适应设备运行。但在合同实际履行过程中，买受人A公司不仅未按照合同约定对厂房进行改造，还因疏于管理，造成厂房多次停电等事故，使得出卖人B公司提供的设备无法顺利完成验收。

为此，双方因合同履行发生争议，A公司起诉要求解除合同，B公司主张继续履行。

作为出卖人B公司的代理人，我们主张合同未能顺利履行的过错在A公司一方，应由其承担违约责任。这时，如果需要一张诉讼图表对本案事实进行梳理总结，我们可以绘制这样一张时间轴线图（如图2-3）：

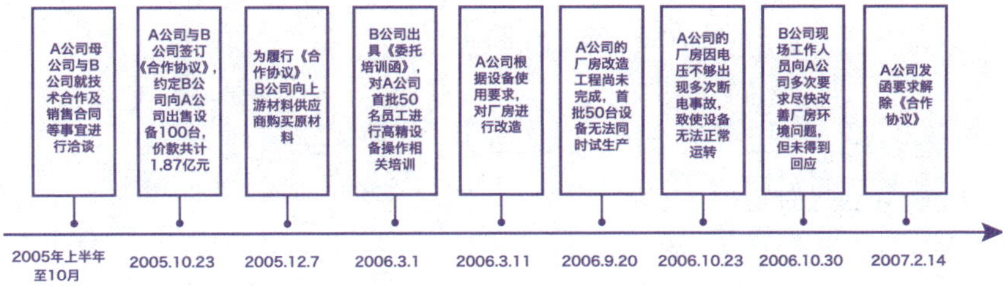

图 2–3

图2-3虽然能够将本案事实进行逐一展示，但展示得不够清晰。原因在于，图2-3将A公司、B公司签订合同、履行合同的全部行为并行排列，使出卖人B公司的核心主张——A公司的行为构成违约——

淹没在全部行为中，无法进行清晰展示。这时，我们就可以合理利用时间轴线上下空间的方式，把 A 公司实际履行行为置于时间轴线的下方，与 B 公司的履行行为形成对比。如图 2-4：

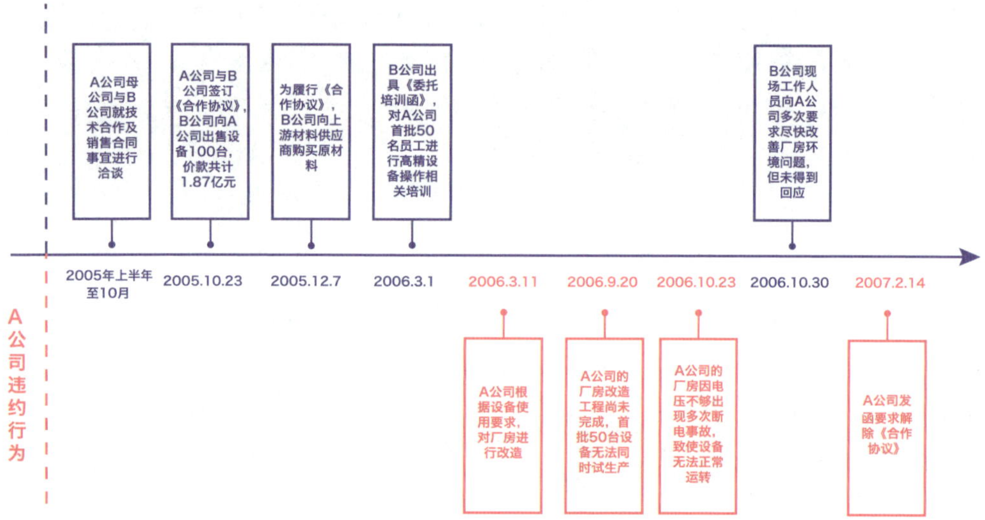

图 2-4

只是把 A、B 两个公司的行为分置在时间轴线的上下两侧，就可以天然地起到区分两公司行为的作用。读者在看到第二张图表时，能够自然而然地将两公司的行为进行对比，并对红色部分的 A 公司的违约行为进行连续的关注。

时间轴线的上下两个空间除了可以用来表达两个公司的行为对比之外，还可以用来展现同一个公司的不同行为的对比。

A 公司与 B 公司合作开发一个包括两期工程的房地产项目，

双方的分工是，B 公司提供土地，A 公司提供资金并负责房屋建成后的销售工作。因该房地产项目分为两期，双方在合同中约定了非常详细、复杂的款项分期支付安排，包括 A 公司支付定金的时间、支付第一笔款项的时间，之后每笔款项按月支付的时间，等等。随后，第一期项目如期完工，A 公司对外销售房屋并获利。这时，因为 A 公司实际控制第一期房屋对外销售的回款账户，A 公司擅自将部分款项从回款账户中支出。即，本案在实际履行过程中，出现了 A 公司一方面按月支付第二期项目建设合作款，另一方面从第一期项目回款中抽取资金的情况。随后，A、B 两公司对于 A 公司是否按约履行付款义务发生了纠纷。

这时，A 公司是否违约的关键点在于，A 公司是否按照合同约定的付款时间及金额支付款项。对于本案事实的梳理，就集中在合同约定的付款进度与实际履行的付款进度的对比。我们可以绘制如下时间图，如图 2-5：

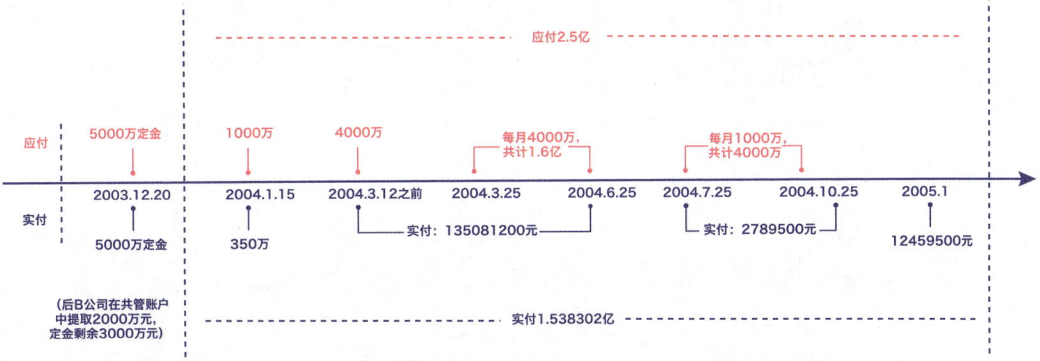

图 2-5

上图中，在时间轴线图的上方，我们用红色表达了按照合同约定A公司应付款项及时间；在时间轴线的下方，我们用蓝色表达了A公司实际履行的付款情况，并通过上下方的对比，集中体现了A公司未履行义务的时间及金额。

可见，**我们可以使用时间轴线图的上下空间表达对比关系，既可以是不同当事人之间行为的对比，也可以是同一当事人的不同行为的对比。**

（二） 合理利用纵向空间进行行为分层

除了表达对比关系外，当案件事实变得更加复杂之后，我们还可以进一步拓展纵向空间，使各主体之间的行为按照一定的逻辑顺序在时间轴上进行分布。即对比是把时间图分为上下两个部分，当这一功能不足以展现案件事实时，我们可以将时间轴在纵向上分为三个、四个甚至更多的空间。

> 1996年5月8日，某银行和某信用社行社脱钩纠纷，将信用社起诉至某区人民法院。当月14日，双方达成调解协议，区法院制作了调解书。然而，信用社始终拒绝按调解协议履行。1998年5月，银行向区法院申请强制执行。7月，法院作出执行裁定。2003年，信用社向市中院提起申诉，市中院于当年6月25日指令区法院重新审理本案。2003年12月9日，区法院作出49号判决。24日，信用社提起上诉。2004年3月2日，市中院作出15号判决。当年9月，银行因不服15号判决，向省高院申诉。2006年12月8日，法院作出68号裁定，指令中院再审本案。

看完上文这段关于案件程序性事实的描述后，相信大家的想法都是——怎么这么乱！这时，我们就需要一张案件事实图，将本案的程序事实进行梳理。

在选择图表类型之前，我们先明确本案的核心要素是什么。这时我们发现，本案贯穿始终的要素就是时间，也就是说，本案图表的目的，就是清晰地呈现出不同时间发生的不同程序性事实。因此，本案应该选择时间图。

那么，我们应该如何绘制本案的时间图呢？我们当然可以先按照时间的先后顺序，将本案事实在时间轴线上进行逐一罗列。但这样的时间轴线图，本质上与上述文字版的案情简介没有任何区别。即对案件事实的平铺直叙，并不能使本案事实在传递过程中发生简化。对于受众而言，本案全部程序性事实仍然是“一团乱麻”，图表并不能帮助受众对案件事实进行分类整合。

这时，我们可以先按照上述论及的对比的方法，将图表所涉事实分布在时间轴的上下两侧。那么，如何分布呢？我们回到案件事实可以发现，本案事实主要包括两方面内容：其一，银行和信用社发生纠纷后，分别向各级法院启动了一些程序；其二，各级法院根据银行和信用社的申请，分别作出了一些裁判文书。这时，我们就可以将这两类案件事实分布在图表的上下两侧。如此调整后，本案图表如图 2-6：

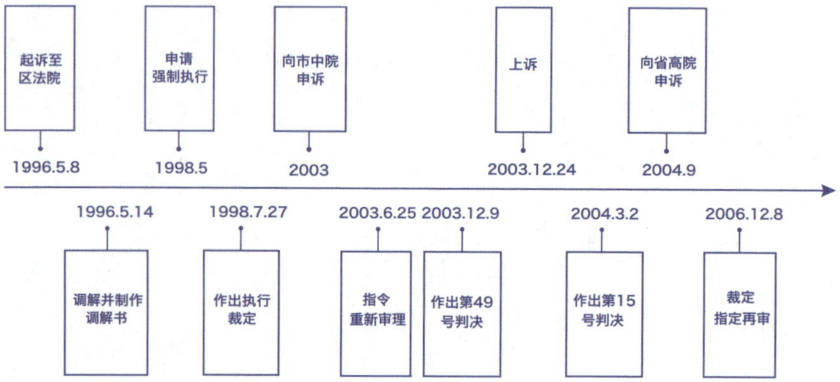

图 2–6

由图 2-6 可以看出，相较于平铺直叙的时间图，将案件事实分类后分置于时间轴上下两侧，能够更为清晰地展现案件事实。但此时的图表仍然存在一定的问题，即银行和信用社作为对立的双方当事人，两者的行为未作区分；同时，省高院、市中院和基层法院的裁判行为也未作区分。因此，我们可以在上图的基础上，对时间轴线的上下空间进一步进行区分，如图 2-7 所示：

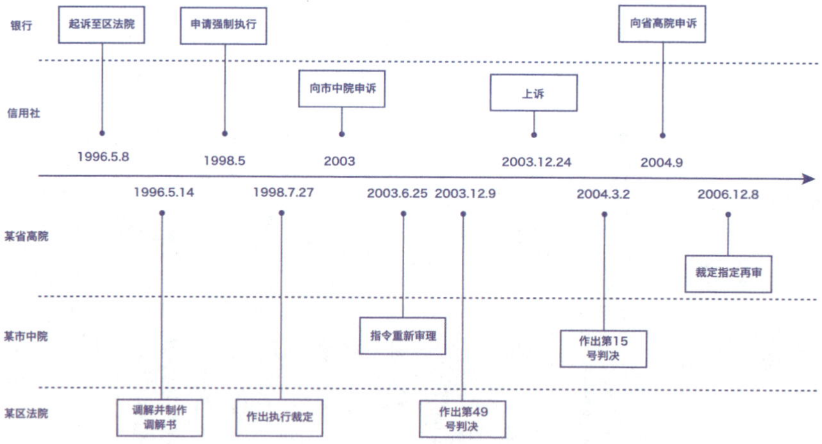

图 2–7

通过上述图表，读图者能够第一时间对于本案的双方当事人（银行、信用社）和三级法院（高院、中院、基层院）的各自行为进行清晰的分类。当然，我们还可以给不同的行为类别进行颜色区分，如图 2-8 所示：

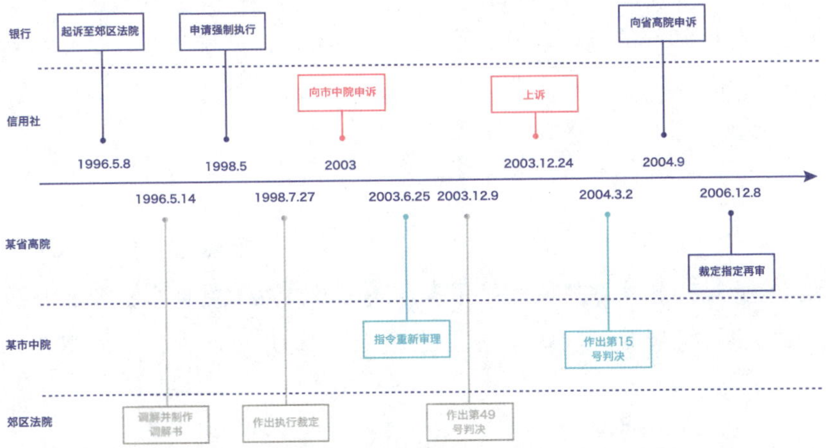

图 2–8

这样，我们就把一个非常复杂的程序性事实通过图表的方式进行了清晰展示。

综上所述，**时间图的纵向空间是我们对案件事实进行对比和分层的主要阵地。**当案件事实越来越复杂时，为了对案件事实进行分类和整理，我们可以合理利用时间轴线的上下两部分空间，将不同的案件事实进行合理布局，使我们的图表在传递信息时更加清晰、高效。

二 时间轴线图的横向划分

除了利用纵向空间对复杂案件事实进行分层处理，案件事实中还经常涉及“时间区间”这一概念。“时间”这一概念在图表中的表达方式，实际上就是时间轴线。因此，**“时间区间”这一概念的表达，实际上就是对时间轴线的横向划分。**那么，我们可以使用哪些方式对时间轴线进行横向划分呢?

（一） 用括号对时间轴线进行横向划分

横向划分的第一种方式，就是用括号连接时间轴线上的不同时间点。“括号”这种方式虽然简单，在实际案件处理过程中，却能够帮助我们很好地展现时间区间这一概念。让我们以一起保证期间案件为例：

> 1991 年至 1992 年期间，主债务人与银行签订了四份《贷款合同》，共贷款 2000 万元。保证人为上述贷款提供了连带责任保证，但未约定保证期间。此后，银行始终履行催收义务，债权未过诉讼时效期间。2000 年 7 月 1 日，银行再次向主债务人催收款项，主债务人承认债务，但仍未能按时偿还。2001 年 5 月 10 日，债务人被申请进入破产程序。2001 年 6 月 4 日，银行按照规定申报了破产债权。2001 年 9 月 25 日，主债务人被宣告破产终结，银行债权未受清偿。2003 年 1 月 29 日，银行向保证人主张担保责任。这时，我们作为银行代理人，向法院提起了诉讼。

根据上述案情，我们可以看到，本案的核心争议焦点在于保证人是否需要承担保证责任，进一步讲，银行主张保证责任时保证期间是否已经届满。但本案的问题是，本案四份保证合同的签订时间为1991年至1992年期间，当时，我国《担保法》还没有出台。《担保法》第26条关于“连带责任保证的保证人与债权人未约定保证期间的，债权人有权自主债务履行期届满之日起六个月内要求保证人承担保证责任”的规定尚不存在。因此，本案的核心问题是，在当时的法律规定下，保证期间应如何进行计算？

所以我们需要做的第一步，就是对保证期间的相关规定进行法律检索：

首先，最高人民法院于1994年颁布《关于审理经济合同纠纷案件有关保证的若干问题的规定》（法发〔1994〕8号），其中，第11条规定，“保证合同中没有约定保证责任期限或者约定不明确的，保证人应当在被保证人承担责任的期限内承担保证责任。”第23条规定，“被保证人被宣告破产的，债权人参加破产程序受偿后，对受偿不足的部分，保证人仍应承担保证责任。”第29条规定，“保证合同未约定保证责任期限的，主债务的诉讼时效中断，保证债务的诉讼时效亦中断。”第31条规定，“本院以前关于保证问题的司法解释与本规定不一致的，以本规定为准。”可见，在当时，保证期间与诉讼时效期限相同，只要银行债权未罹于诉讼时效，债权人就有权向保证人主张保证责任。

随后，最高人民法院于2002年8月1日发布并实施了《关于处理担保法生效前发生保证行为的保证期间问题的通知》（〔2002〕144号）。该司法解释的前言部分载明，“我院于1994年4月15日公布的法发〔1994〕8号《关于审理经济合同纠纷案件有关保证的若干问题的规定》对此问题亦不十分明确。为了正确审理担保法实施前的有关保证合同纠纷案件，维护债权人和其他当事人的合法权益，经全国人大常委会法制工作委员会同意，现就有关问题通知如下”。从上述表述可以推定，在该司法解释出台之后法院处理的案件，应该不再适用 1994 年第 8 号文，而应该适用新出台的 2002 年的 144 号文。

该司法解释第 1 条规定，“对于当事人在担保法生效前签订的保证合同中没有约定保证期限或者约定不明确的，如果债权人已经在法定诉讼时效期间内向主债务人主张了权利，使主债务没有超过诉讼时效期间，但未向保证人主张权利的，债权人可以自本通知发布之日起 6 个月（自 2002 年 8 月 1 日至 2003 年 1 月 31 日）内，向保证人主张权利。逾期不主张的，保证人不再承担责任。”

该司法解释第 2 条规定，“主债务人进入破产程序，债权人没有申报债权的，债权人亦可以在上述期间内向保证人主张债权；如果债权人已申报了债权，对其在破产程序中未受清偿的部分债权，债权人可以在破产程序终结后 6 个月内向保证人主张。”

之所以如此规定，是因为如果债务人发生破产且债权人依法参加了破产程序，那么需要等到债务人破产终结之后才能确定债权人未受清偿的债权数额。这时，为了保护债权人利益，法律允许债权人在债务人破产终结之日起 6 个月内主张保证责任。如图 2-9 所示：

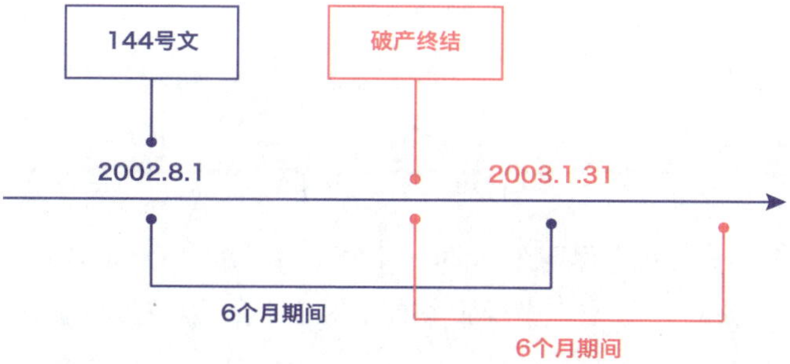

图 2-9

根据该司法解释，本案存在债务人破产的情况，因此，应适用 144 号文第 2 条的规定，自破产终结之日起 6 个月内主张保证责任。

但这时，我们发现本案存在一个非常大的问题，那就是本案破产终结的时间是 2001 年 9 月 25 日，根据 144 号文第 2 条的规定，本案保证期间应为 2001 年 9 月 25 日到 2002 年 3 月 24 日。如图 2-10 所示：

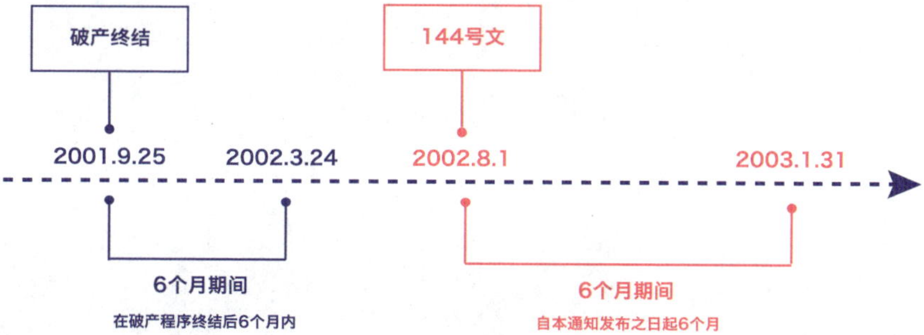

图 2-10

这时我们可以看到，因为144号文出台的时间是2002年8月1日，也就是说，144号文一经颁布，根据其第2条的特殊规定，本案的保证期间就已经届满。即，如果根据1994年8号文的规定，银行主张保证责任的时间应与诉讼时效等同，本案保证期间并未届满。但2002年144号文的公布，却使本案保证期间直接届满，银行的权益也因此受到了侵害。

此时，我们面临的任务是，将本案不同司法解释造成的保证期间的保护范围的不同向法官进行展示。我们发现，因为本案涉及的时间点和时间区间较为复杂，包括本案债务发生的时间、银行主张权利的时间、破产时间、144号文和8号文规定生效的时间，以及不同法律规定的保证期间。这时，如果仅仅通过文字的方式展现上述时间点和时间区间，法官很难在脑海中构建出各个行为之间的相互关系，也就很难清楚地抽离出银行权益受到不当减损的原因。这时，我们就可以绘制时间图，并在时间轴线上通过括号的方式表达“保证期间”这一概念，如图2-11:

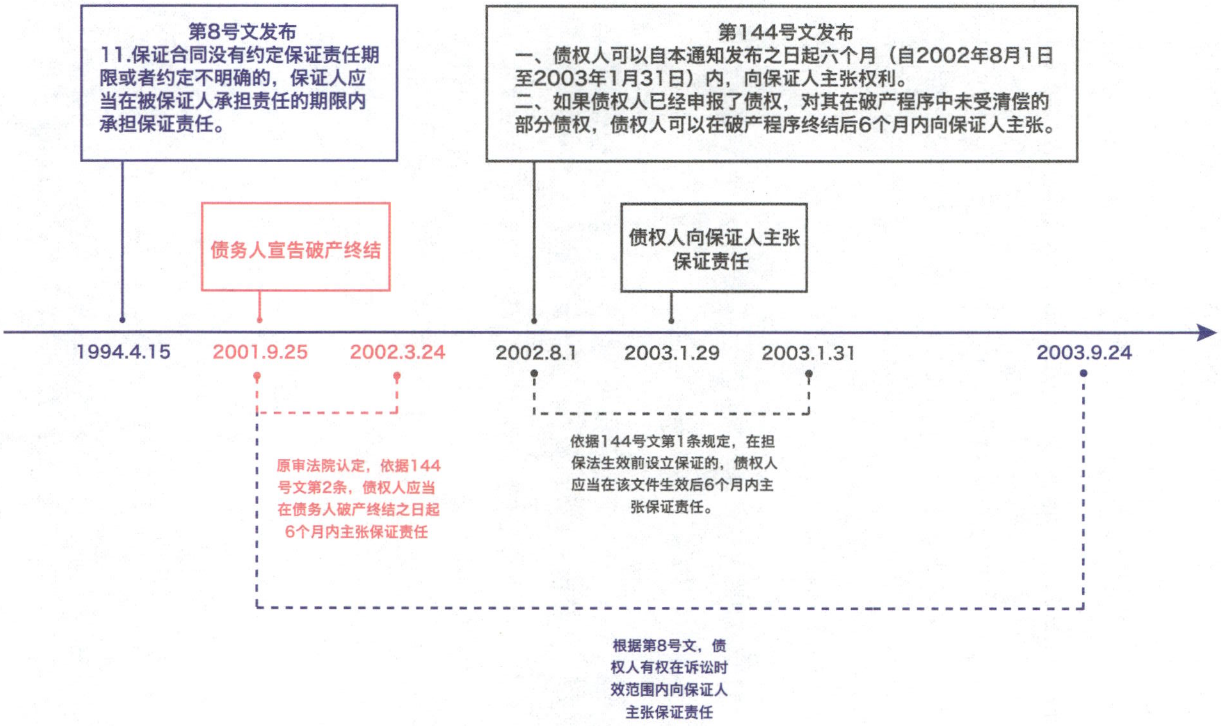
第8号文发布
11.保证合同没有约定保证责任期限或者约定不明确的，保证人应当在被保证人承担责任的期限内承担保证责任。
第144号文发布
一、债权人可以自本通知发布之日起六个月（自2002年8月1日至2003年1月31日）内，向保证人主张权利。
二、如果债权人已经申报了债权，对其在破产程序中未受清偿的部分债权，债权人可以在破产程序终结后6个月内向保证人主张。
债务人宣告破产终结
债权人向保证人主张保证责任
1994.4.15
2001.9.25
2002.3.24
2002.8.1
2003.1.29
2003.1.31
2003.9.24
原审法院认定，依据144号文第2条，债权人应当在债务人破产终结之日起6个月内主张保证责任
依据144号文第1条规定，在担保法生效前设立保证的，债权人应当在该文件生效后6个月内主张保证责任。
根据第8号文，债权人有权在诉讼时效范围内向保证人主张保证责任

图 2-11

在图 2-11 中，我们先在时间轴线上标注出本案当事人的关键行为的时间点，随后，分别用黑色和蓝色标注出案涉两个司法解释的发布时间和主要内容，并根据司法解释内容用括号的方式标注出相应的保证期间范围。

这样，就是我们通过对时间轴横向区分的方式，来表达时间区间的概念。在上述案件中，最高人民法院最终判决银行的保证期间并未届满。

（二）用箭头对时间轴线进行横向划分

除了使用括号来表达“时间区间”这一概念外，我们还可以使用箭头。以一起行社纠纷案件为例。

> 所谓行社纠纷案件，是指银行与信用社这两个特殊主体之间发生的特定类型的法律纠纷。农村信用社作为一种创新性的农村自治组织，在设立之初，国家赋予了它很多自助、便民的功能。但是随着信用社金融功能的不断发展，为了完善对信用社的金融监管，国家规定农信社由中国农业银行进行领导和管理。因为中国农业银行同时也肩负着扶持农业、农村发展的政策任务，因此，在中国农业银行对外发行贷款及对内管理过程中，会出现很多与信用社业务交叉重合的情况。这些问题，在农信社改组为农商行并与中国农业银行进行脱钩之后，显得格外突出。
>
> 因此，在行社脱钩过程中，全国各地涌现了非常多行社纠纷案件。最高人民法院考虑到该类案件涉及金融政策和历史遗留问题，应由中国农业银行和农信社双方的共同主管机关中国人民银

行进行处理。2002年3月2日，最高人民法院发布了2002年10号明传文件《关于涉及农业银行与农村信用社脱钩遗留资金纠纷案件有关问题的通知》，规定“经研究决定，在中国人民银行关于行社脱钩遗留资金问题处理意见出台之前，各级人民法院暂不受理此类案件；已经受理的，中止审理；已经作出生效判决并进入执行程序的，暂缓执行”。

随后，随着行社之间债权债务问题的不断明朗，为了保护当事人的民事诉权，2005年6月21日，最高人民法院发布了《关于对涉及农业银行与农村信用社脱钩遗留资金纠纷案件恢复诉讼程序的通知》，恢复了对行社纠纷案件的立案受理。

这时，问题来了，我们看到两个明传文件的发布时间（从2002年3月到2005年6月）间隔长达3年，即人民法院暂缓受理行社纠纷案件的时间长达三年，该时间期间正好间隔出了一个诉讼时效期间。而我们的当事人，恰好遇到了这个问题。我们的当事人是一家银行，该银行对信用社的债权到期日为2002年12月31日，即银行债权到期日，正好落在人民法院暂缓受理行社纠纷的时间段内。在当时的情况下，银行无法通过诉讼途径救济权利，因此，其一直通过向中国人民银行反映情况的方式主张债权。直至2005年6月21日，人民法院重新受理该类案件后，银行立即向法院起诉，要求信用社偿还债务。此时，信用社主张，银行的债权已经超过了2年诉讼时效。

作为银行的代理人，我们面临的首要问题是，“暂缓受理”的相关规定对于诉讼时效的影响如何，属于诉讼时效中止或者中断吗？我们发现，按照法律规定，不论是诉讼时效中止或中断，中止或中断事由都应该发生在债权到期之后，也就是说，在诉讼时效开始起算之后，债权人的一些行为能够引起诉讼时效中止或中断的法律效果。但本案的实际情况是，“暂缓受理”相关规定出台时，本案债权尚未到期，不符合中止或中断的构成要件。

那么，我们能够认为暂缓受理对于银行的债权没有影响吗？显然也不是，因为暂缓受理，致使银行不能向法院起诉，在当时的情况下，银行没有直接向信用社进行催收，而是通过向人民银行反映情况的方式主张债权。如果认为银行债权因此罹于诉讼时效，对其显然是不公平的。

因此，我们认为，“暂缓受理”相关规定出台后，银行向主管机关中国人民银行反映情况，要求其协调处理，客观上形成了与向法院提起诉讼相同的法律效果。2005 年人民法院恢复受理行社纠纷案件后，银行债权的诉讼时效应该重新起算。本案涉及银行主张债权的各行为的时间点、两份明传文件的时间间隔以及我们认为的明传文件对诉讼时效产生的影响。这些时间点和时间区间交叉在本案中，需要以更加简单的方式表达出来。这时，我们就可以使用箭头来表达不同的时间区间。如图 2-12 所示：

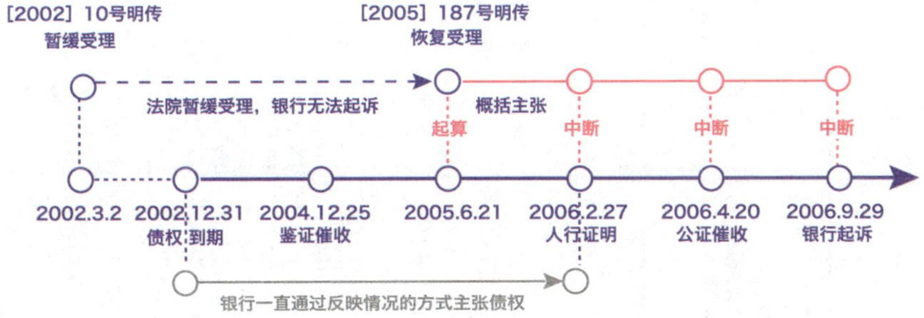

图 2–12

在上图中，我们先在一条时间轴上标注了本案各方主要行为及发生的时间。时间轴的上方，我们先用蓝色箭头标注出法院暂缓受理行社脱钩纠纷的时间区间，我们能够看到，银行债权到期日恰好落在了这个区间里。之后，我们又标注了我们认为2005年恢复受理的法律后果，以及中国人民银行出具证明文件、公证催收的法律后果。通过这样时间区间的描述来证明，在2006年9月29日银行提起本案诉讼时，其诉讼时效并未经过。

（三） 通过变换线条颜色的方式对时间轴线进行横向划分

除了括号和箭头，有时，我们还可以通过变换线条颜色的方式表达时间区间。

一家公司同时持有多枚公章，其在不同时间区间内，工商备案和对外签订合同所使用的公章是不同的。现在，双方的争议焦点在于，这家公司使用某一个公章签订的合同是否有效，或是否能够成立。因此，这个案件图表的绘制重点，在于突出不同时间区间的公章使用情况。最后，我们形成了如下这张图表，如图2-13：

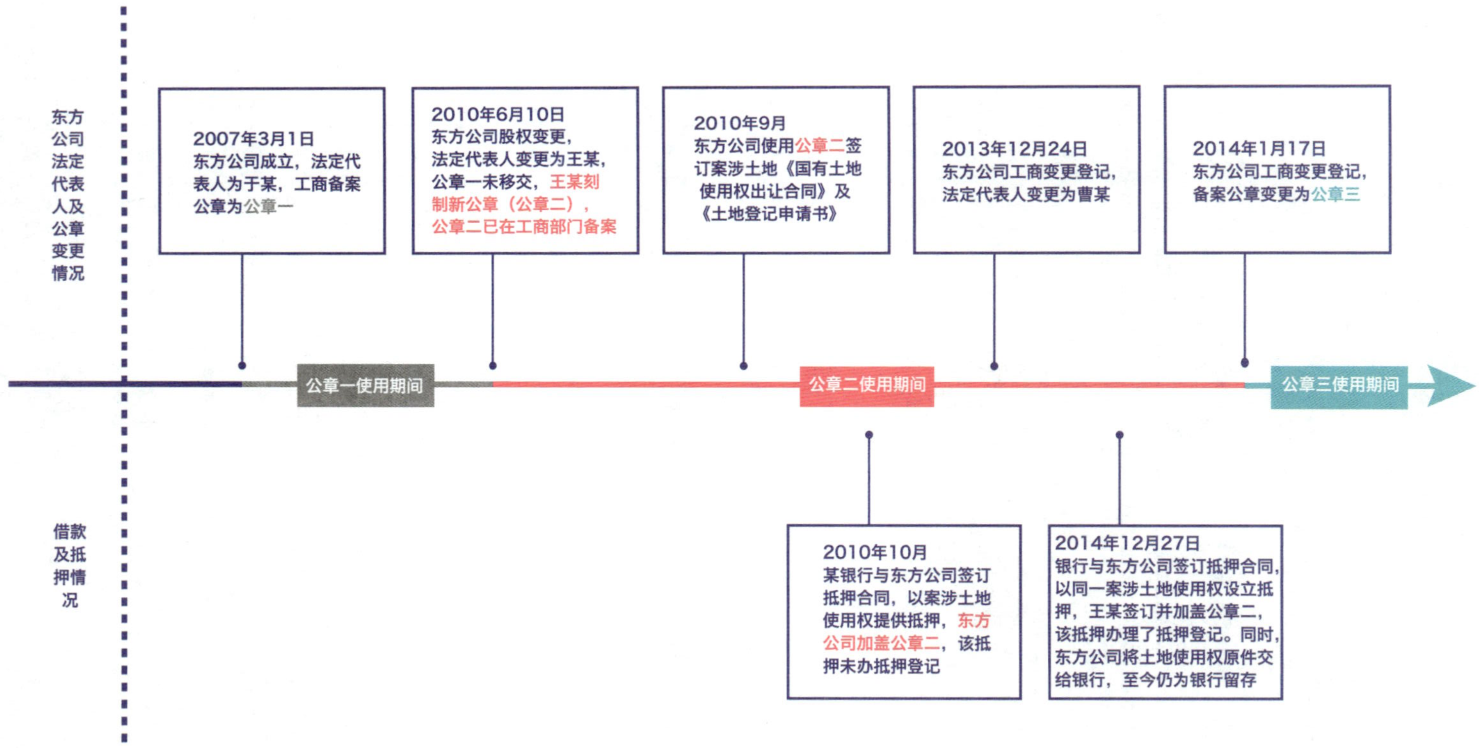
东方公司法定代表人及公章变更情况
2007年3月1日 东方公司成立，法定代表人为于某，工商备案公章为公章一
2010年6月10日 东方公司股权变更，法定代表人变更为王某，公章一未移交，王某刻制新公章（公章二），公章二已在工商部门备案
2010年9月 东方公司使用公章二签订案涉土地《国有土地使用权出让合同》及《土地登记申请书》
2013年12月24日 东方公司工商变更登记，法定代表人变更为曹某
2014年1月17日 东方公司工商变更登记，备案公章变更为公章三
公章一使用期间
公章二使用期间
公章三使用期间
借款及抵押情况
2010年10月 某银行与东方公司签订抵押合同，以案涉土地使用权提供抵押，东方公司加盖公章二，该抵押未办抵押登记
2014年12月27日 银行与东方公司签订抵押合同，以同一案涉土地使用权设立抵押，王某签订并加盖公章二，该抵押办理了抵押登记。同时，东方公司将土地使用权原件交给银行，至今仍为银行留存

图 2-13

在图 2-13 中，我们通过变换时间轴线不同阶段的颜色，来表现该时间区间内公章的使用情况。这么做的好处是图表能够更加简洁。我们想象一下，如果在这张图表上加上箭头或者加入括号，都会使图表变得混乱。

综上所述，当一个案件需要表达时间区间这一概念时，我们可以通过使用括号、箭头或变换线段颜色的方式来对时间轴进行加工。

三 流程图

当一个案件的核心要素是时间时，除了时间轴线图，是否还存在其他与时间相关的图表呢？当然存在，这就是我们经常使用的流程图。

流程图与时间相关，但它的重点并不是某一事件发生的具体时间点，而是不同事件的先后顺序。什么是流程图？举一个最简单的例子，下面这个小品中的经典段子，用图表表达出来就是流程图，如图 2-14：

图 2–14

当然，在法律领域，这张图表肯定是不会出现的。我们经常使用的流程图是在之前“明确对象”章节中，向大家展示过的再审流程图，或者加油站建设流程图。

那么，绘制流程图的注意事项有哪些呢？首先，因为流程图是介绍性图表，也就是告诉读者，某一件事情应该怎么做，可选择的路径有哪些，前后顺序如何分配。所以，**绘制流程图需要注意的第一个原则，就是流程图是给那些不懂这个领域的人看的。这个原则决定了，在绘制流程图时，第一，我们要格外注意图表的呈送对象；第二，我们的图表要简单易懂。**

让我们以案外人救济途径为例，与大家分享流程图的绘制过程。

> 在我国民事诉讼法制度下，案外人一般可以通过第三人撤销之诉、案外人申请再审以及执行异议程序这三种救济方式进行权利救济。但是这三种救济途径在适用主体、法律效果等方面均存在重合之处，使得案外人在权益受到侵害时，很难清晰地判断出应适用哪种途径救济自身权利。这时，如果有一张流程图，能够告诉案外人其可以主张的权利有哪些，各路径之间的关系及法律后果等，将极大地降低案外人面临复杂程序时的不确定性和恐惧感。

那么，案外人救济途径流程图应该如何绘制呢？绘制图表的第一步，是对上述三项救济制度的法律规定进行梳理。

首先，执行异议的相关规定。

我国《民事诉讼法》第 234 条规定，“执行过程中，案外人对执行标的提出书面异议的，人民法院应当自收到书面异议之日起十五日内审查，理由成立的，裁定中止对该标的的执行；理由不成立的，裁定驳回。案外人、当事人对裁定不服，认为原判决、裁定错误的，依照审判监督程序办理；与原判决、裁定无关的，可以自裁定送达之日起十五日内向人民法院提起诉讼。”

可见，对于执行异议驳回裁定，根据不同情况，案外人应采取不同的救济途径：其一，如案外人对驳回裁定不服的原因是认为原判决、裁定、调解书错误的，应申请再审。如甲之财产被法院执行，被执行的原因是某判决认定该财产的所有权属于乙。对此，如甲申请执行异议被驳回的，甲应对原判决申请再审。其二，如案外人对驳回裁定不服的原因与原判决、裁定、调解书无关，应提起执行异议之诉。如甲之财产被法院执行，但法院据以执行的依据仅判决乙对丙负有债务，并未判决甲之财产归乙所有。之所以该财产被执行，系法院执行错误。这时，如甲申请执行异议被驳回的，甲应另行提起执行异议之诉。根据该条规定，我们可以梳理相关流程图，如图 2-15：

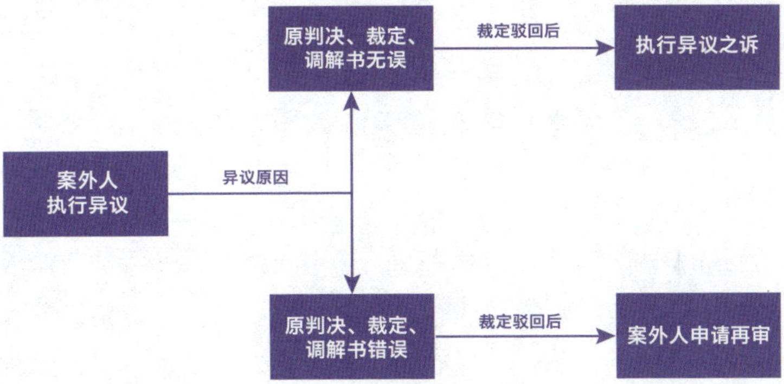

图 2–15

我们注意到，不论是执行异议之诉，还是案外人申请再审，适用的前提均为案外人对“执行标的”提出书面异议。与执行标的相对应的，是执行行为。我国《民事诉讼法》第232条规定，“当事人、利害关系人认为执行行为违反法律规定的，可以向负责执行的人民法院提出书面异议。当事人、利害关系人提出书面异议的，人民法院应当自收到书面异议之日起十五日内审查，理由成立的，裁定撤销或者改正；理由不成立的，裁定驳回。当事人、利害关系人对裁定不服的，可以自裁定送达之日起十日内向上一级人民法院申请复议”。可见，当执行异议的对象并非具体的执行标的，而是法院执行行为本身时，被裁定驳回后，当事人只能申请复议。对此，我们也可以梳理简单的流程如图2-16：

图 2–16

其次，案外人申请再审与第三人撤销之诉的衔接。

在适用主体上，顾名思义，第三人撤销之诉只能适用于原审判决、裁定及调解书的第三人，包括有独立请求权第三人和无独立请求权第三人。而案外人申请再审和执行异议制度的申请主体包括第三人和其他案外人。那么，当第三人同时满足撤销之诉和申请再审的条件时，他可以采取哪些救济措施呢？

《最高人民法院关于适用〈中华人民共和国民事诉讼法〉的解释》第301条规定，“第三人提起撤销之诉后，未中止生效判决、裁定、调解书执行的，执行法院对第三人依照民事诉讼法第二百三十四条规定提出的执行异议，应予审查。第三人不服驳回执行异议裁定，申请对原判决、裁定、调解书再审的，人民法院不予受理。案外人对人民法院驳回其执行异议裁定不服，认为原判决、裁定、调解书内容错误损害其合法权益的，应当根据民事诉讼法第二百三十四条规定申请再审，提起第三人撤销之诉的，人民法院不予受理”。通过该条规定可知，第三人撤销之诉和案外人申请再审这两项救济途径，当事人只能择一行使。

因此，我们可以把之前执行异议流程图进一步加工，如图2-17所示：

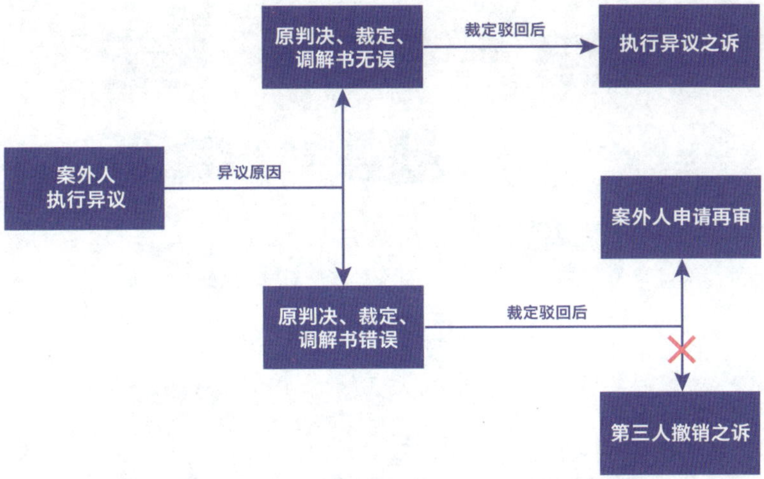

图2-17

第三人提起撤销之诉之后，即使进入执行异议程序，也不能另行申请再审。因此，就该部分内容也可以绘制流程图，如图 2-18：

图 2-18

绘制上述流程图后，我们发现，如果仅仅把上述图表并排放在一起，案外人并不能清晰地知道其应采取的救济措施是什么。究其原因，在于上述流程图所展现的各个程序都是相互独立的，案外人无法判断其应采取哪一程序。因此，**绘制流程图的第二个原则，是统一入口、区分情形。即应给读者一个统一的入口，并根据不同的情况，告诉读者其面临的选择应该有哪些。**

据此，我们需要将上述三幅流程图在一张图表中进行表达。我们看到，上述三幅流程图分别如图 2-19：

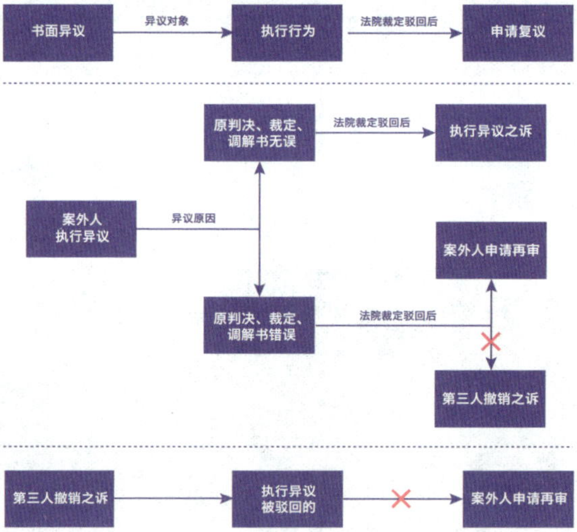

图 2-19

我们看到，三幅流程图的统一入口，就是案外人的救济途径；而适用哪一种救济途径的关键点，在于异议对象的不同（执行行为或执行标的）；以及如均为执行标的时，在于原审裁判是否无误。对此，我们可以把上述流程图统一如图 2-20：

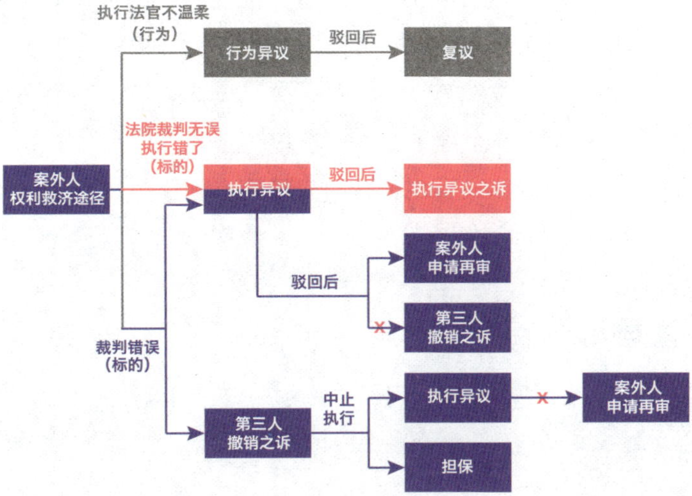

图 2-20

上图对每种程序适用的条件进行了标注，这样，当案外人拿到这张流程图时，就能够清晰地知道其可以采取何种救济途径了。

综上，我们看到，当某一案件的核心要素为时间时，我们应当选择时间图作为基础图表类型。当案件事实越来越复杂时，我们可以通过合理地利用时间轴线的纵向和横向空间，来更好地表达时间节点、对比、分类以及时间区间等概念。此外，当某些行为或程序的先后顺序比具体的时间节点更重要时，我们应该绘制流程图。流程图绘制的要点，在于统一入口、区分情形。

第二节
关系要素和关系图

如同每一个案件都发生在一定的时空维度内，任何一个案件的当事人之间、事件之间，甚至在当事人的自我发展过程中，也会产生不同的事实和法律上的关系。具体而言，交易模式、股权架构、权利义务均可被这一概念“收至麾下”。而所谓关系图，即是将上述复杂的内容通过一定的图表形式呈现。借助图形的直观优势，帮助读图人更简单快速地厘清当事人之间的关系结构。

一 关系图的外延与内涵

（一）关系要素

“这个案子的法律关系应该怎么画？”是我们在初步接触关系图时最常提出的问题。可随后我们发现，在大量的婚姻家庭纠纷、侵权责任纠纷、合同纠纷等案件中，很难将当事人的关系直接通过图表的形式呈现出来。比如，在一起交通事故责任纠纷中，什么样的图表形式可以表现侵权与被侵权的法律关系？如图 2-21：

图 2–21

而之所以会遇到这样的问题，源于我们对关系图的理解出现了偏差。对比时间图和数据图后不难发现，关系图的不同之处在于：关系本身并不能像时间和数据一样被直接地标注和表现出来。**在关系图中，关系要素往往通过图表的结构和关键事实予以体现。**

如我们要绘制 A、B 两个主体之间的借款合同关系，但并没有一种图形专用于表现借贷。通常做法是在 A、B 之间用箭头表示资金流向，并注明资金数额、“借款”字样，双方之间的关系即可一目了然。当然，这么简单的事实绘图未免画蛇添足，我们来看一个略复杂的案例。

> A 和 B 签订了借贷合同，向 B 借款 100 万元，借款期限为 1 年。双方同时签订了《房屋买卖合同》，约定将 A 名下一套价值 100 万元房屋过户给 B。借款期限届满 A 无力还款，B 要求 A 履行房屋过户手续。而此时房屋已经升值为 150 万元，超出了借款本息之和，以房抵债会对 A 造成一定的损失。故 A 向法院主张，双方签订《房屋买卖合同》的本意是以房屋价值对借款进行担保，即所谓的让与担保，因违反了禁止流押流质原则而无效。

作为 A 的代理人，该如何通过图表帮助当事人体现其主张呢？此时若单纯在 A、B 之间画一条线并标注让与担保（具体属于后让与担保类型）之字样，显然与用文字表示并无区别。不妨将双方真实法律关系看作图表的论点，以相关事实作论据予以支撑。本案中能构筑双方本意并非房屋转让而是让与担保的事实如下：双方签订两份合同却只有一笔资金往来；房屋转让合同的签订时间与借贷合同的签订时间吻合，且一年内 B 都没有要求 A 履行过户手续。通过上述事实，以期增强法官的内心确认。

可见，我们要绘制的不是“关系”本身，而是能体现“关系”的事实，并对这些事实在图表结构上调整安排以突出我们的主张。当然，关系图中的关系要素，不仅指法律关系，亦包含事实关系。这些关系的厘清，或有助于案件定性，或有助于表达己方主张。

（二） 关系图使用情景

显而易见的是，虽然每一个案件都与关系要素息息相关，但并非所有案件都需要或适合绘制关系图。根据我们的绘图经验，关系图的适用价值在如下情形下会大大提升。

1 主体繁多

在一个案件中，每一个主体都不可能“茕茕孑立”。该主体既然属于案件事实的一部分，必然会与其他主体产生事实上和法律上的纠葛。一旦主体数量在三个以上并且需要梳理当事人之间关系时，关系图就可派上用场。

假设我们定义，只有他喜欢他人，没有他人喜欢他的人为备胎，那么，下述关系中谁是备胎呢？——男 A 和男 B 同时喜欢女 A，另一个女 B 喜欢男 A。有一个男 C 喜欢女 B，女 A 同时也喜欢男 A。

很明显，面对错综复杂的情感纠葛，试图单纯脑补各方关系而得到答案，效率就显得略低了。不妨尝试用一张关系图解决此问题。如果用箭头的朝向表达“喜欢”这一概念，那么，我们的图表可以制作如图 2-22：

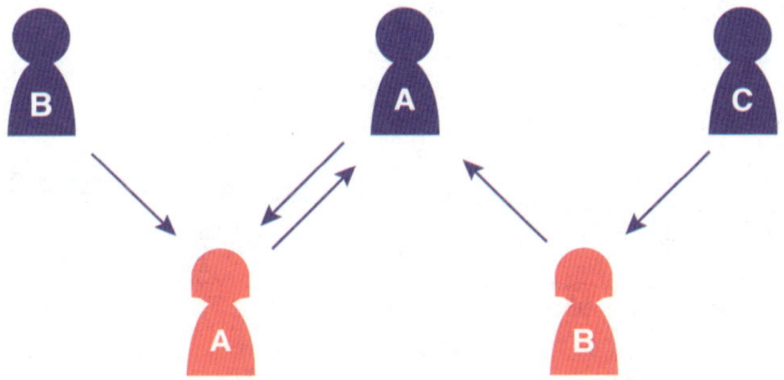

图 2-22

通过图 2-22，我们就能清晰地看出，男 B 和男 C 只有向外箭头而没有向内箭头，也就代表了男 B 和男 C 符合我们对“备胎”的定义。

2 关系本身为争议焦点

另一种适合绘制关系图的情形，是关系（多指法律关系）本身属于案件的争议焦点。除了在前面提到的让与担保类型案件，更为典型的是目前高发的融资性贸易纠纷。此类纠纷不仅主体繁多，且当事人为了规避企业间借贷或被认定无效的法律风险，将真实的融资意图掩盖在虚假的贸易背景之下。

对于此类案件的绘图，需要我们抓取代表性事实反映当事人之间的交易本意。而以融资为主要目的的融资性贸易，往往在如下几处与普通的大宗商品交易形成明显区别：其一，融资性贸易往往会形成贸易闭环。最初的买方以支付货款为名行借贷之实，最终会高价卖出货物，实则收回了贷款和利息。其二，货物往往不存在或仅以提货单代替流通，部分参与企业甚至不从事案涉货物的生产或销售的相关业务。

其三，各方在同一时间段内缔结合约，但总有一方高买低卖，价格波动远非市场价格变化所能及。

2013年8月6日，汇首公司与海游公司签订销售合同，购买正丁醇4000吨，总价款3006万元。同日，海游公司与三零公司签订采购合同，购买同种同量上述化工产品，总价款2979万元。

8月15日，三零公司与华夏公司和乌合公司签订两份销售合同，购买同量正丁醇，合同总价计5028万元。同日，华夏公司和乌合公司与南方公司签订买卖合同，购买同量货物，总价4970万元。最终，南方公司与汇首公司签订采购合同，向汇首公司购买上述同批量货物，总价款计4920万元。

很明显，在上述案例中三零公司高买低卖，亏损近2000余万元。而汇首公司低买高卖赚了近2000万元，可谓盆满钵满。两家公司的盈利亏损绝非正常的市场波动可以解释。加之同一批货物在几乎同一时间内买卖形成了贸易闭环，可以很明确地判断本案属于融资性贸易案件。汇首公司是贸易中的托盘方，而三零公司是本案的融资方，2000万元的差价是其给付的高息。参与贸易的海游公司等企业，不仅仅赚取了差价，更主要的是在业务量上“突飞猛进”，有利于公司对外形象的包装。

但因为案件主体多，当事人之间的关系本身就是争议焦点。如果单纯附以文字，要厘清各方关系怕是需要一些时间。对于有经验的法官来说，图2-23就能很直观地呈现各方交易关系。尤其是承办过此类案件的法官，更是一目了然。

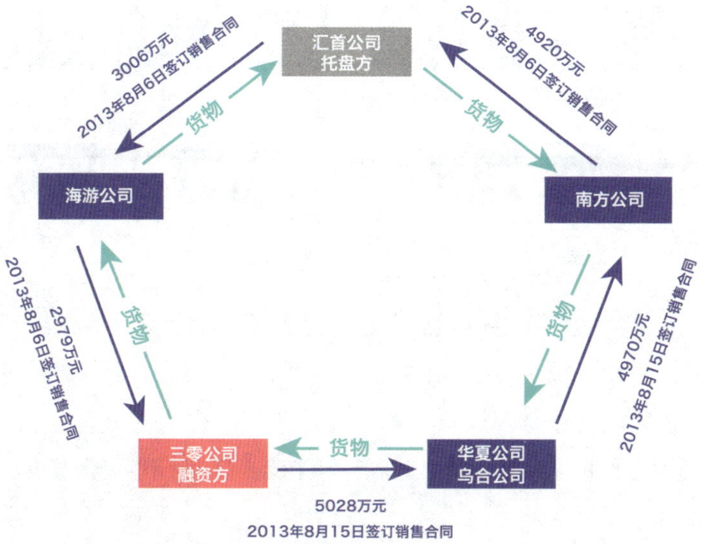

图 2-23

3 关系为叙事逻辑

当我们阐述案件事实的逻辑为各方关系而非时间或者数据时，亦可绘制关系图。

A、B 控股 D 公司，A、C 控股 E 公司。后各方进行股权置换，A 将其持有的 D 公司股权和 C 持有的 E 公司股权进行了置换。置换后，A 独资控股 E 公司，B、C 成为 D 公司股东。

相信大家在看到上面这段文字的时候，已经不由自主地在纸上进行了图表绘制。因为对于此类以“关系”为核心叙事元素的事实，不借助图表，单凭想象梳理结构过于复杂。

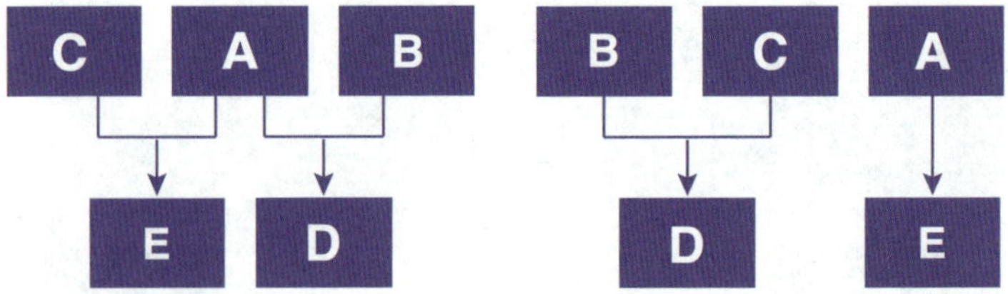

图 2–24

案件事实的阐述与争议焦点总是息息相关的。图 2-24 非常简单地绘制了股权置换前后各公司之间的持股情况，图表虽然简单，但不论上述案件争议焦点是否侵犯 B 的优先购买权，抑或是 A 的债权人能否对 A 资产置换的行为行使撤销权，案件核心事实都可以清楚地用关系图来呈现。

二 关系图的绘制

绘制时间图的时候，第一步几乎会习惯性地先画一道直线。然而很多朋友在面对关系图的时候却感觉无从下手。究其原因，一方面是因为关系千变万化鲜有固定表达方式，另一方面正是前面提出的，关系本身是通过图形结构的选择和对关键事实的撷取得以体现。

（一） 图形结构选择

好的关系图结构，能够使读图人对当事人之间的关系一目了然。虽然有固定图形模式对应的关系少之又少，但我们依然能在通过图表传递信息的时候尽量做到符合读图者的思维习惯。

在某一类型案件中，有些图形结构更符合大家的思维方式。比如对于股权结构，多数人会选择层级图。

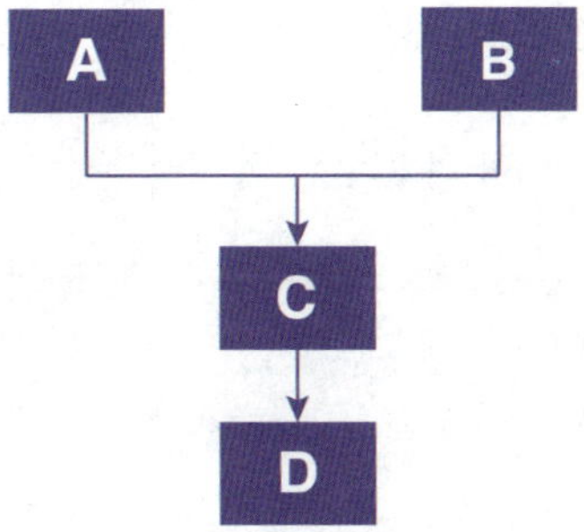

图 2-25

图 2-25 使读者对 A、B、C、D 之间的股权结构关系一目了然。

再如我们之前提到的融资性贸易一类纠纷。既然交易首尾相接，以循环图作为图表结构是最合适的，只需把相应的货物和资金流转标注出来，基本的图表架构就已经搭建完毕。此外，带有特征性的关键信息，如合同签订时间等，也需要使之翔实。如此一来，相对复杂的文字就被我们转换成为一张更加直观和易被理解的图表。

（二）关系图的绘制要领

在选择适宜图形结构的基础上，需保持图表的易读性。我们在日常绘图并修改的过程中发现，从以下几个方面入手能使图表更容易被人理解，也更美观。

1 保持点线的一致性

图表是点与线的结合。在关系图中，点用于表示关系中的主体，线用于表示主体之间的关系。所谓点线一致，是要求作图者在具体图形形状的选择和图形被赋予的含义上保持点点一致、线线一致。

对于关系图中的点即主体的形式选择，大家的习惯性做法是选择矩形或者方形并在该图形中填充文字，很少有人光秃秃地把文字附在图上。当案件有多个主体尤其是内容字数不一致时，应选用同样大小的图形承载文字。因此，在实际绘图过程中，使用图 2-26 第二种表达方法，会使整体图表更加简洁、清晰。

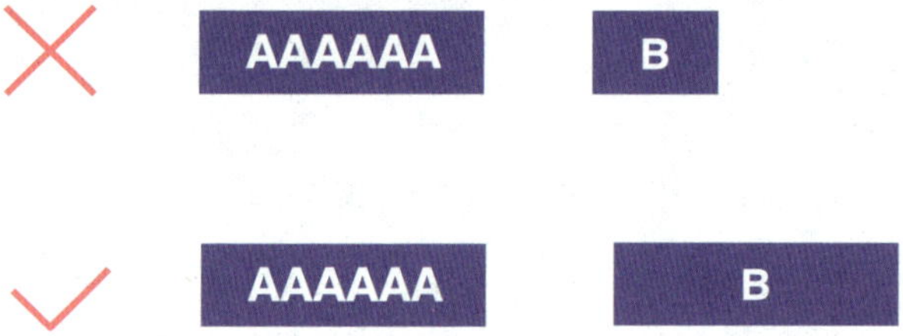

图 2–26

除了在大小上一致，图形形状亦要保持一致，切忌出现一方一圆一三角的七巧板风格。此原则同样适用于线条的选择。其粗细、虚实，甚至于箭头的形状都尽可能保持一致。在图 2-27 中，即使为了突出主体 B 的特殊性，也尽量不要选择用其他图形表现的方式，而可以选择不同的颜色来突出。

图 2–27

除了简单的大小和图形一致，更为主要的是，图表内线条表达的含义应具有一致性。在如下股权结构图中，有 A、B、C 三个主体。其中 A 公司、B 公司分别持有 C 公司 50% 的股权。后 B 公司将其持有的 20% 的 C 公司股权转让给股东 D 公司。

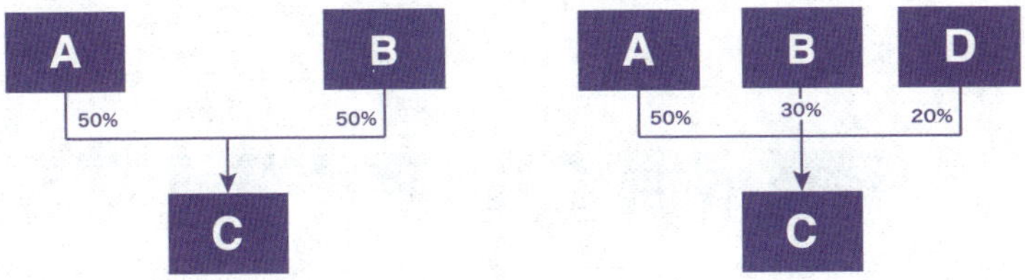

图 2–28

图 2-28 中两张图表可以清晰地展现股权转让前后的股权结构比例。

但是，如果我们希望展现出 B 公司将 C 公司股权转让给 D 公司的动态的过程，可能会绘制图表如图 2-29：

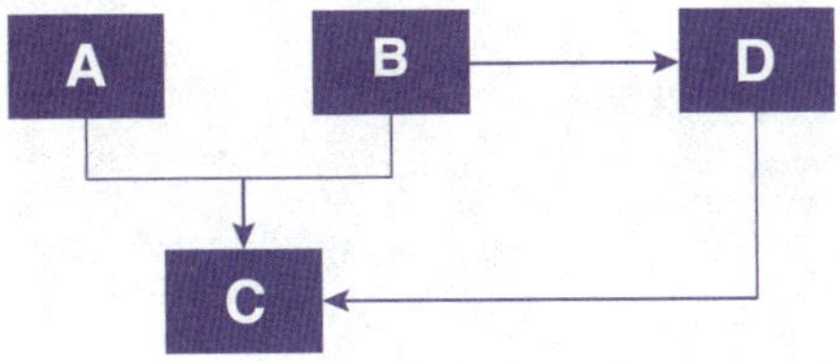

图 2–29

如此一来，原本箭头表示的均为持股关系，而唯独 B 公司与 D 公司之间的箭头表示动态的转让关系，极易给读者造成 B 公司持有 D 公司股权的误解。

2 主体尽量不重复

顾名思义，同一张关系图中，尽量不要让同一个主体出现两次及以上。例如，A、B、C 持有 D 公司股权，B 和 D 公司同时又持股 E 公司股权。在绘制这五个主体的股权结构图时没有必要让 B、D 多次出现，简单地合并同类项即可，见图 2-30。

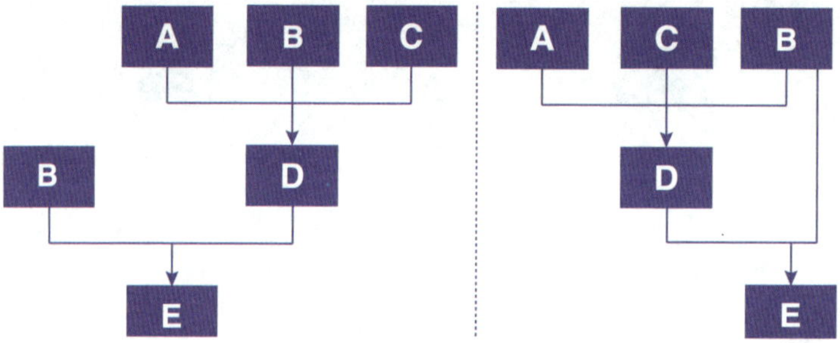

图 2–30

3 避免线条交叉、曲折

合理的图形结构安排，能够减少线条的交叉和曲折，使图表整体看上去更加简洁。在前述案例中，如依然按照 A、B、C 的顺序排列，则表示 B 持股 E 公司的线条势必会出现曲折。而对 A、B、C 的顺序稍加变通，就能避免线路的繁绕，见图 2-31。

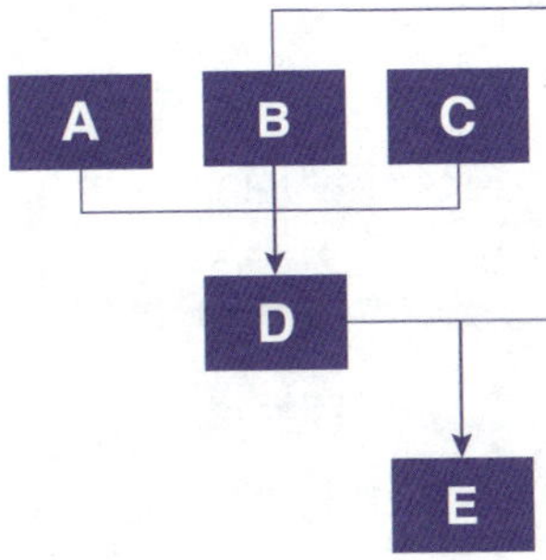

图 2–31

4 符合构图习惯

诚然，绘制图表并不要求律师具备画家的审美和创造力，但鉴于关系图对图形结构的利用程度较高，仍需我们在作图时注重图表的结构安排。整体结构的协调和平衡不仅影响图表的美观，还有助于读图人对图表的理解。

例如，在股权结构图中，我们的读图习惯是股东在图表层级上方，以表示控制。在前述 B 公司将其持有的 C 公司 20% 股权转让给 D 公司的案例中，如果将 D 公司置于 C 公司的下层，容易给读者造成 D 公司系 C 公司子公司的印象，不利于案件事实的传递，见图 2-32。

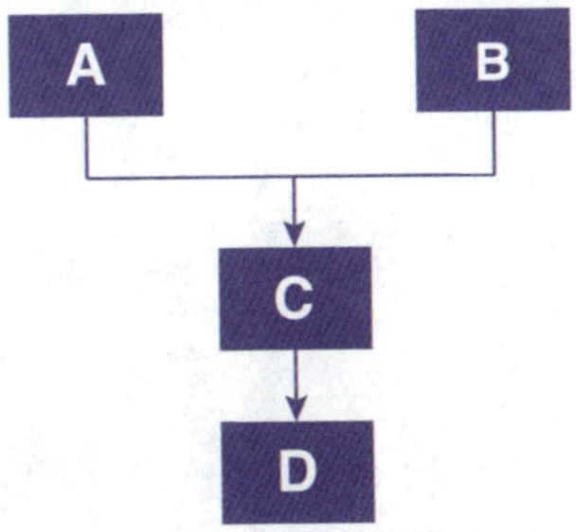

图 2–32

三 实战案例

下面我们以一起撤销权纠纷为例，与大家分享关系图的绘制方式。

> 2005年12月，钢铁公司向某银行申请贷款，贷款金额为5000万元。在《贷款合同》签订时，钢铁公司的股东为张父、张甲、张乙，持股比例分别为40%、30%、30%。此外，钢铁公司与张甲共同出资设立贵州材料公司，两者分别持股80%和20%。钢铁公司持有辽宁材料公司100%股权。
>
> 2006年2月，钢铁公司与张父、张甲、张乙签订《股权置换协议》，约定：第一，钢铁公司将其持有的辽宁材料公司100%的股权，转让给张甲50%、张乙50%；第二，钢铁公司在贵州材料公司80%的股权，转让给张甲30%、张乙50%；第三，作为受让上述股权的对价，张甲、张乙在钢铁公司共计60%的股权，全部转让给张父。
>
> 2007年，贷款到期，钢铁公司无法偿还贷款。银行主张钢铁公司、张父、张甲、张乙通过签订《股权置换协议》的方式，使钢铁公司的优质资产贵州材料公司和辽宁材料公司被无偿转让，因此，申请撤销《股权置换协议》。

这时，如果站在银行的立场为本案绘制法律关系图，一般情况下，拿到本案案件事实之后，我们会第一时间对本案股权转让的过程进行绘制，以突出钢铁公司转让贵州材料公司和辽宁材料公司的股权系无偿转让。这时，图表可能会绘制如图2-33：

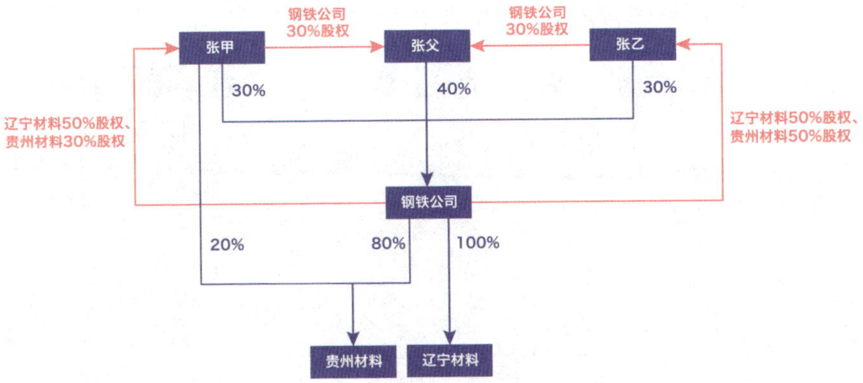

图 2-33

图 2-33 标明了《股权置换协议》约定的张父、张甲、张乙及钢铁公司之间的股权变动情况。我们发现，虽然我们已经极尽所能使图表绘制得简洁，但是图表不可避免地出现了线条的交叉。而且在上图中，箭头同时包含两种关系，其一是持股比例关系，其二是股权转让关系。这样的绘制方式，会使得读者在拿到图表时，没办法清晰地分辨出绘图者的意图。

因此，我们可以换一种思维方式。本案的核心争议焦点是银行是否能对《股权置换协议》行使撤销权，其关键在于《股权置换协议》是否使钢铁公司的财产被无偿转让。这时，我们可以通过静态的财产对比，即《股权置换协议》之前钢铁公司的财产情况与协议履行后钢铁公司的财产情况进行对比。如果其后钢铁公司的财产无偿减少，则应符合撤销权的该项行使条件。

从静态财产对比的角度来分析，可以绘制图表如图 2-34：

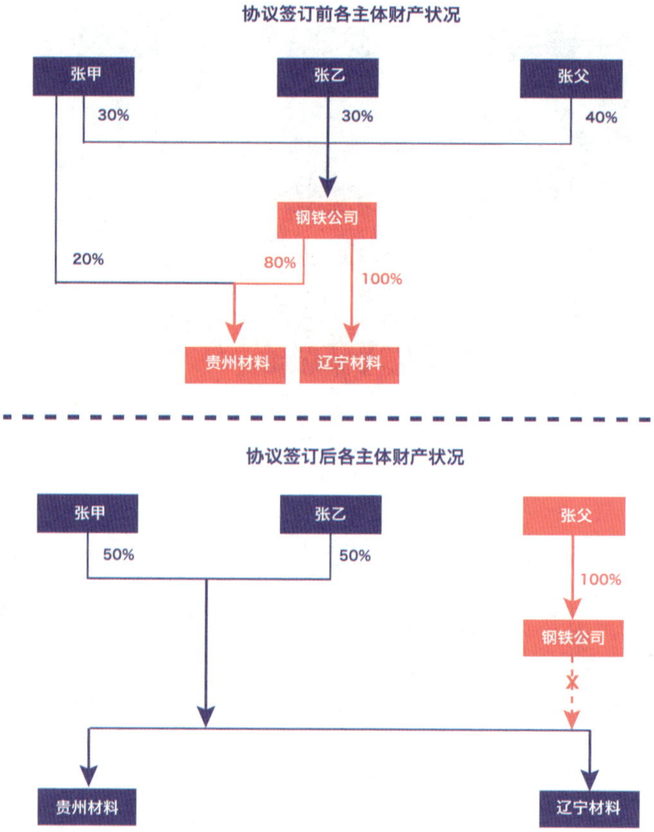

图 2–34

图 2-34 中，上侧图表示转让前，下侧图表表示转让后。所有的箭头表示的都是静态的持股关系。构图层级均为股东在上层，子公司在下层。下图中钢铁公司下面的“×”，表示的是通过股权置换钢铁公司资产被无对价转让。

第三节
数据要素与数据图

时间与关系是每一个案件都包含的要素，但并非每一个案件的核心要素都是时间或关系。我们发现，有些案件的核心争议焦点，既非某些行为发生的时间或先后顺序，也非各主体之间的法律关系，而是隐藏在案件事实中的数据要素，如股东出资纠纷中出资额的认定。当案件的核心要素是数据时，我们需要使用数据图。

其实数据这个概念包括的内容很广泛，我们生活中任何需要用数字去传递的信息，都可以归类为数据要素，但并非每张图表都以数据为核心。在很多案件事实中，数据要素本身不会给受众接受信息造成障碍，或者带来困难。针对数据要素本身，各方也没有争议。

> 以股权转让纠纷案件为例，如甲向乙转让A公司30%的股权。在该案件中，虽然会出现30%股权这一数据信息，但是数据信息量不大，数字也不多，完全可以在阅读文字时一带而过，不需要额外花费精力去记忆或者梳理这些数据，同时针对数字本身也不存在争议。在这样的情况下，大家在绘制诉讼图表时，自然不需要对数据信息格外关注，而是应该把更多的心思和精力放在出让方与转让方之间的法律关系、股权转让合同履行情况等争议焦点上。

那么在什么样的情况下，需要在绘制诉讼图表时格外关注对数据要素的呈现呢？我们认为至少有三种情况：

第一是数据量非常大。也就是说，案件事实中出现大量的、繁杂的数据要素，会给受众接受信息带来困难。同时这些数据信息又是全面了解案情所必需的。此时，就需要对这些数据信息进行加工和整合。

第二是存在重要的数据变动。这时，我们就需要通过同时呈现变化前和变化后的状态，以及变动的过程情况。如某公司各股东之间进行股权转让，A 股东将其持有的 10% 的股权转让给 C、15% 的股权转让给 D；B 股东将其持有的 5% 的股权转让给 E、12% 的股权转让给 F。对于这样一次交易，我们除了需要了解转让前后各股东的持股比例，也就是静态的数据要素；还需要了解“谁将多少股权转让给谁”的股权交易流向，也就是动态的数据要素。如果仅用文字描述，不依赖图表，参与交易的股东人数稍有增加，就很难在头脑中构想出完整的交易情况。

第三是需要强调数据间的关系。如买卖合同纠纷中，如果我们需要表现和强调买方违约，就需要通过图表呈现出买方应付货款和实付货款之间的差距，也就是强调两个数据要素之间的对比关系。

综上，我们会因不同情况呈现数据要素，相对应的，我们采用的呈现数据要素的方式也不尽相同。**当案件中最大的问题是数据庞杂时，我们需要使用表格对数据要素进行集中、归纳和整合；当案件需要呈现的核心内容是数据变动时，我们则要使用折线图等方式进行呈现。**

一 表格

（一）数据的整合与呈现

表格是最重要的数据整合工具，可以将分散在案件事实中的数据要素集中呈现，减轻读者摄取和记忆数据要素的难度。

1994 年，陶某等 15 名股东共同出资设立了某机械公司。在随后的 1994 年到 2007 年间，机械公司先后发生了一次减资和三次增资，共四次注册资本变动。换言之，机械公司共有五次注册资本的登记记载，分别是设立时、减资时、三次增资时。但本案的问题在于，由于种种原因，这五次记载中，15 名股东的实际出资金额和工商登记的出资金额均不一致。其中，陶某每一次的实际出资金额均大于登记的出资金额，其余 14 名股东每一次的实际出资额均小于登记的出资金额。

2007 年，陶某和其他 14 名股东出现矛盾。14 名股东要求按照登记的出资金额享有股权。其他 14 名股东主张，本案登记的出资金额与实际的出资金额不一致，构成股东之间对持股比例的特殊约定，应以登记的出资金额为准。陶某则认为，公司设立时，各位股东均无对持股比例作出特殊约定的意思表示，14 名股东应该按照实际出资金额享有股权。

作为陶某的再审阶段的代理律师，在法律适用方面，我们认为，对持股比例做出特别的约定，需要股东一致的、明确的意思表示。即本案登记出资金额与实际出资金额不一致，不能构成特殊约定，股东的持股比例应以实际出资金额为准。

在明确了法律问题之后，我们再把注意力集中到事实上来。经过前述法律研究，我们发现本案涉及的争议焦点问题并不复杂。但是二审判决却有将近 100 页，原因就在于本案涉及的股东人数众多，法院需要逐一核实、查明每位股东四次注册资本变动过程中的实际出资和登记出资情况。除此之外，在公司十几年的经营过程中，还存在数名股东在多次章程及股东会决议的签字系他人代签的情况。这些内容虽不复杂，但在分析股权变动及股东身份时，却需要翻来覆去地查阅判决书中质证和法院查明部分内容。因此，我们希望能够对本案出现的各股东各个时期的实际出资金额和登记出资金额以更简单的方式进行整合、呈现。

为此，我们制作了下面这个表格，见表 2-1：

表 2–1

单位：元

股东	情形	设立时	收回款项后	第一次增资	第二次增资	第三次增资
A	实际出资	200万	200万	228万	245万	287万
	登记出资	100万	100万	102万	103万	106万
B	实际出资	2万	2万	2万	2万	2万
	登记出资	16万	16万	18万	19万	22万
C	实际出资	2万	0	0	0	0
	登记出资	16万	16万	18万	19万	22万
D	实际出资	1万	1万	3万	3万	6万
	登记出资	8万	8万	10万	10万	13万

表 2-1 是我们截取四位股东出资情况的表格，其中纵向的 A、B、C、D 代表每位股东，横向金额代表该公司每一次资本变动的具体情形。

横纵坐标交错，就可以清晰地对应到每一次注册资本变动时每一位股东的实际出资和登记出资情况。

此外，针对股东的签字真伪情况，我们也制作了一张表格，见表2-2：

表 2–2

股东	名称预先核准申请书	94年股东会决议	94年章程	2000年增资协议	2000年章程
A	×	✓	✓	×	✓
B	×	✓	×	✓	✓
C	×	✓	✓	✓	×
D	×	✓	×	✓	✓
E	×	×	×	×	×
F	×	✓	✓	×	✓

纵坐标仍然是股东，横坐标为公司经营的重要节点，横纵交错对应的是每一次股东会决议中，股东签字真伪情况。可以看到，股东E的全部股东签字均是他人代签的，其并未实际参与公司经营管理，再配合其实际出资情况，就可以更加清晰地确定其股东身份。

上述两个表格的思路和制作过程非常简单，就是把分散的数据从大篇幅的文字描述中提炼出来，再按照事实情况进行整理和集中。但是它起到的效果却非常明显，可以大大提高受众获取和理解数据要素信息的效率。

（二）数据变动

除了集中呈现数据外，因同时具备横向、纵向两个坐标，表格还经常被用来表达数据的变动。

一般情况下，我们论及某一公司的股权结构时，会使用关系图作为基本图表类型。如A、B、C公司分别出资20%、30%、50%设立财务公司。C公司、财务公司和D公司共同出资设立管理公司，出资比例分别为20%、60%、20%。这时，我们可以通过关系图的方式表现各公司的股权结构，见图2-35：

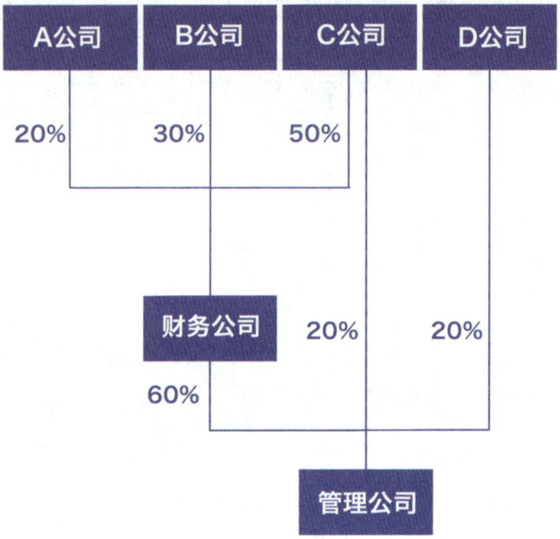

图 2–35

但我们发现，关系图只能展现公司某一时点静态的股权结构，如果需要同时表达不同时期的公司股权变动过程，使用关系图就会使图表内容极为混乱。这时，我们就可以使用表格来呈现变动过程。

房地产公司设立于2010年7月22日，注册资本为5000万元，其中北京科技公司出资2285万元，出资比例为45.7%；吉林化工公司出资450万元，出资比例为9%；自然人李某出资300万元，出资比例为6%；自然人王某出资1315万元，出资比例为26.3%；自然人向某出资650万元，出资比例为3%。

房地产公司2010年9月30日增加注册资本至1亿元，其中北京科技公司增资2700万元，新增湖北公司为股东，出资2300万元。2011年12月20日，房地产公司减资，北京科技公司减资2700万元，湖北公司减资2300万元。2012年6月10日，房地产公司发生股东变动，自然人王某和向某将其出资均转让给湖南工业公司。2012年8月13日，房地产公司增加注册资本至1亿元，其中北京科技公司增资2000万元，吉林化工公司增资450万元，自然人李某增资300万元。同时，房地产公司新增股东张某和长沙资产公司，出资分别为1100万元和1150万元。2012年9月20日，房地产公司股东再次发生变更，湖南工业公司向自然人股东李某、张某分别转让300万股权。

上述案情，房地产公司经历了六次注册资本的变动，在变动过程中，涉及十位股东增资、减资或者股权转让变动。即，本案包含两类数据要素：其一，是静态的数据要素，也就是在某一时刻公司的注册资本、股东情况和股东的持股比例情况；其二，是动态的数据要素，也就是公司增资、减资过程以及股东之间的股权转让行为。面对同时存在静态、动态两类数据要素的情况时，我们可以通过表格的横向、纵向坐标来分别表达。如图2-36所示：

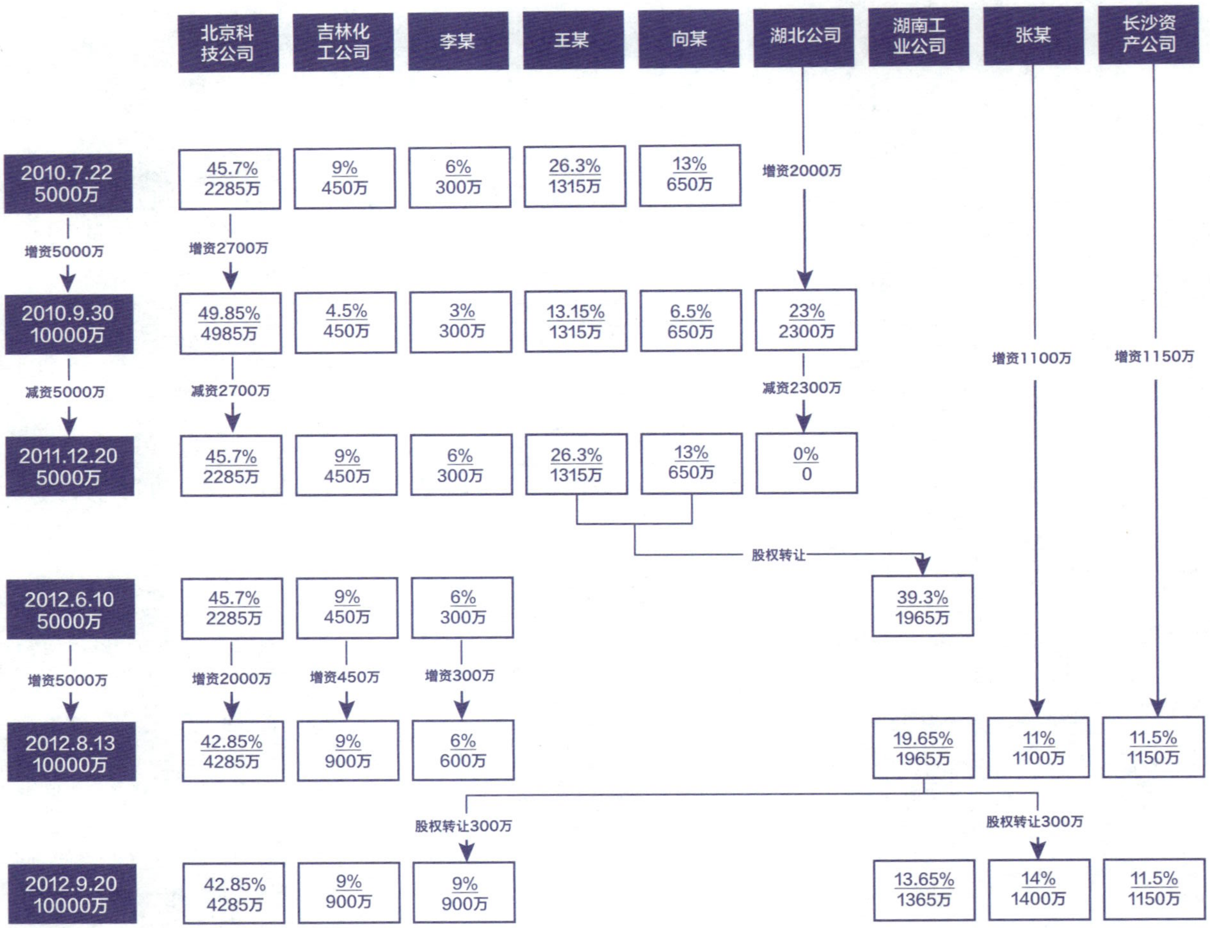
北京科技公司
吉林化工公司
李某
王某
向某
湖北公司
湖南工业公司
张某
长沙资产公司
2010.7.22 5000万
45.7% 2285万
9% 450万
6% 300万
26.3% 1315万
13% 650万
增资2000万
增资5000万
增资2700万
2010.9.30 10000万
49.85% 4985万
4.5% 450万
3% 300万
13.15% 1315万
6.5% 650万
23% 2300万
增资1100万
增资1150万
减资5000万
减资2700万
减资2300万
2011.12.20 5000万
45.7% 2285万
9% 450万
6% 300万
26.3% 1315万
13% 650万
0% 0
股权转让
2012.6.10 5000万
45.7% 2285万
9% 450万
6% 300万
39.3% 1965万
增资5000万
增资2000万
增资450万
增资300万
2012.8.13 10000万
42.85% 4285万
9% 900万
6% 600万
19.65% 1965万
11% 1100万
11.5% 1150万
股权转让300万
股权转让300万
2012.9.20 10000万
42.85% 4285万
9% 900万
9% 900万
13.65% 1365万
14% 1400万
11.5% 1150万

图 2-36

图 2-36 虽然与传统的表格形式略有不同，但其横向坐标是每位股东，纵向坐标是每次公司资本变动的时间点，实际上利用了表格横纵交错的思维方式来表达股权动态的变动过程。

二 数据图

除了最常使用的表格之外，我们还经常使用饼状图、柱状图、折线图等数据图来表达数据要素。数据图能够帮助我们更加鲜明地展现比例、对比、变化趋势等内容。

> 以上述房地产公司股权变动案件为例。之前案情中，我们提到了房地产公司的六次注册资本变动情况。事实上，在 2013 年 5 月 1 日，房地产公司进行了第七次注册资本变动，再次减资为 5000 万元。其中，北京科技公司减资 3000 万元；湖南工业公司减资 1000 万元；吉林化工公司减资 500 万元；李某减资 500 万元。需要说明的是，本案中，房地产公司的每一次减资都是有瑕疵的，都没有充分告知其债权人减资的情况。
>
> 最后一次减资后，房地产公司债权人提起诉讼，认为减资程序瑕疵，且导致房地产公司不能偿还债务，损害了债权人利益，要求减资股东在减资的范围内对公司的债务承担补充清偿责任。债权人起诉时，将曾经是房地产公司股东的湖北公司列为被告。

作为湖北公司的代理人，我们梳理了湖北公司在房地产公司的出资情况。我们发现，2010 年 9 月 30 日，湖北公司出资 2300 万元成为房地产公司的股东。此时房地产公司总注册资本达到1亿元。2011年12月20日，湖北公司将全部2300万元出资撤回，房地产公司当时的注册资本减少至5000万元。由于湖北公司的这次减资未经法定程序，如果此时债权人主张权利，我们认为湖北公司难辞其咎。

但是，此次减资后并未出现任何纠纷。2012年8月13日，北京科技公司、吉林化工公司、李某等股东公司对房地产公司增资，同时房地产公司又新增股东张某和长沙资产管理公司。总注册资本再次回到1亿元。随后，房地产公司再次减资，方才发生与债权人的纠纷。

基于上述事实，我们认为，房地产公司减资程序虽有瑕疵，但是湖北公司撤回出资后，房地产公司的注册资本由于其他股东的出资再次达到1亿元，也就是回到了湖北公司减资之前的状态。我们如果从湖北公司的角度来看，这种情况属于其他股东代湖北公司补充了出资。因此，本案债权人在湖北公司出资被补齐之后提起本案纠纷，只能要求房地产公司2013年5月1日最后一次减资行为中，减少出资的股东承担补充清偿责任，即北京科技公司、湖南工业公司、吉林化工公司及李某在非法减资的范围内承担责任。

《最高人民法院关于适用〈中华人民共和国公司法〉若干问题的规定（三）》第17条规定，股东抽逃出资的，在办理法定减资程序或者其他股东或者第三人缴纳相应的出资之前，债权人可追究该股东责任。根据该法条文义，如果其他人补足了出资，即抹消了损害债权人利益的状态。此时原抽逃出资的股东也就无须再对债权人承担责任。举重以明轻，减资的股东更应适用这一情形。

需要说明的是，由于本案在审理中各方达成和解，法院没有判决，所以我们前述观点能否成立暂无定论。但为了更加简要地表达上述观点，我们提交了图 2-37：

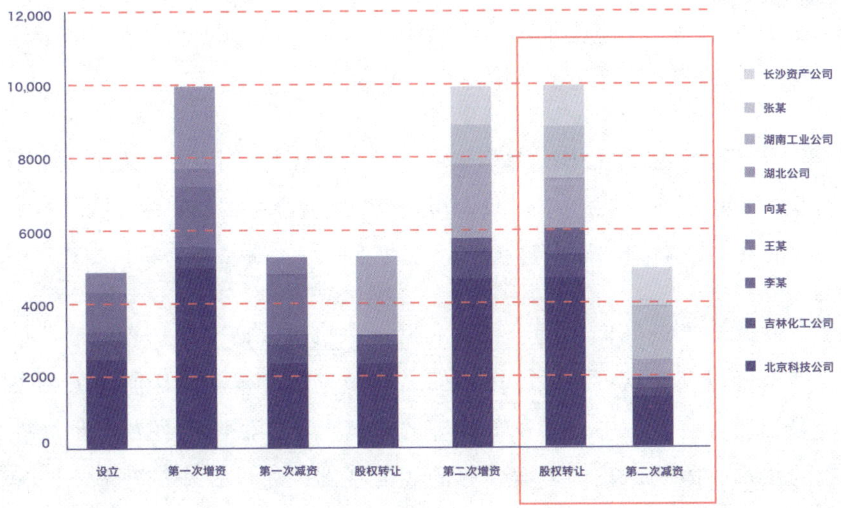

图 2–37

在图 2-37 中，我们希望强调一个事实：湖北公司减资后，房地产公司的注册资本重新达到了湖北公司减资之前的 1 亿元。因此，我们希望法官将关注重点放在房地产公司最后一次非法减资的行为中，即图 2-37 的右侧部分。

之所以选择图 2-37 的表达方式，是由于我们发现，本案的核心焦点包含了一组数据间的对比。就是第二次增资后的地产公司的注册资本，与第一次增资后的房地产公司的注册资本是一样的，都是 1 亿元。因此，我们采用了柱状图的方式，用两个柱状等高的直接观感来表达注册资本恢复到 1 亿元的事实，吸引法官关注两个时点注册资本金额的对比，以便我们进一步论述我们的观点。

其实我们的工作中还有大量可以使用数据图的情况。如在法律顾问业务的年度工作报告中，我们可以使用柱状图来呈现顾问单位纠纷发生的数量及类型，使用饼状图呈现律师工作的内容及时间，等等。

除此之外，**我们也可以在研究报告中使用数据图。**图表能够使枯燥的报告内容更具可读性。以我们之前做过的仲裁与诉讼制度的相关研究为例。该报告中，涉及不同标的额情形下，法院和仲裁案件受理费的比较。因此，我们以案件标的额为基础，通过表格梳理了不同梯度下，仲裁机构和诉讼下的收费标准。但是，纯粹的表格整合和列举，不能使读者更加直观地体会到不同仲裁机构和法院的收费对比及增长趋势，因此，我们对表格内的数据制作了折线图，如图 2-38。

	500,000	1,000,000	5,000,000	10,000,000	50,000,000	100,000,000	500,000,000	1,000,000,000
国内法院一审终审	8800	13,800	46,800	81,800	291,800	541,800	2,541,800	5,041,800
国内法院二审终审	17,600	27,600	93,600	163,600	583,600	1,083,600	5,083,600	10,083,600
CIETAC	30,000	49,600	160,000	235,000	635,000	885,000	2,805,000	5,155,000
BAC	24,550	34,550	62,550	92,550	287,550	487,550	2,087,550	4,087,550
SCC中位	137,581	182,589	456,078	659,371	1,244,288	1,531,283	2,450,704	4,382,347
SCC高位	156,280	209,783	538,525	787,112	1,495,748	1,831,403	2,994,180	4,382,347
HKIAC	184,212	288,976	874,888	1,238,120	2,298,222	2,794,421	5,028,085	5,785,183
SIAC中位	157,979	235,597	727,540	1,026,230	1,817,218	2,190,307	3,907,243	4,638,423
SIAC高位	209,502	313,000	964,478	1,357,906	2,402,425	2,899,914	5,164,492	6,139,471
ICC中位	186,670	285,483	768,419	1,159,904	2,286,634	2,738,440	4,446,485	5,130,125
ICC高位	272,624	424,551	1,165,162	1,775,496	3,487,750	4,159,829	6,738,488	7,832,691

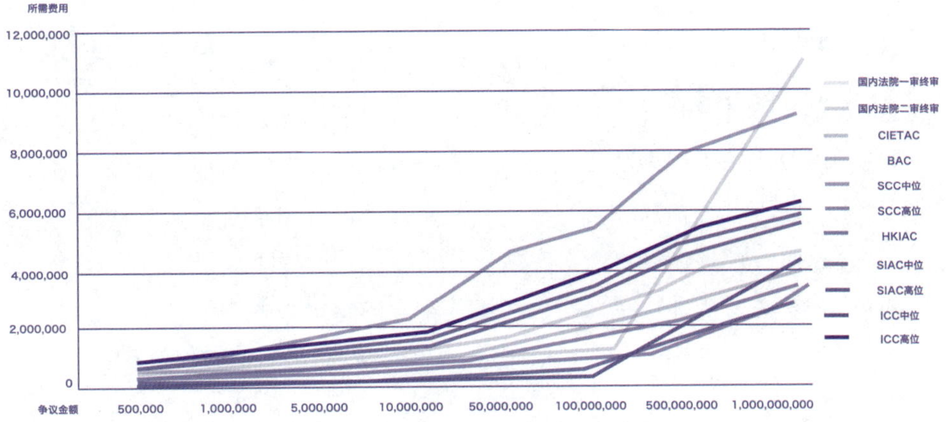

图 2–38

综上所述，当一个案件的核心要素是数据时，我们应该使用表格的方式来进行数据整合呈现，或表达数据之间的对比关系；也可以将表格生成数据图，来更加鲜明地展现数据之间的对比关系、变动趋势以及比例关系。

第四节
其他要素与相应图表

时间、关系和数据是诉讼图表中的基本要素。它们拥有各自的优势，可以在实际使用中灵活地根据案件情况加以组合运用。但是现实当中的案件情况纷繁复杂，在某些案件中，时间、关系和数据可能都不是至关重要的要素，这时需要将一些特殊的结构应用于图表的绘制。

一 路线图

对于路线的描述经常使表达者和听众一头雾水。路线是否清晰，一方面取决于表达者的表达能力，另一方面听众对于地理词汇的敏感度也决定了这种描述能否有效。有些案件的内容包括对于地理位置的描述，而且地理位置可能对案情非常重要，这时候单凭语言可能难以让人理解清楚。即便是口头表述极佳、方向感很强的介绍，也未必能保证听众与你的思维保持一致。这时候一张路线图就能解决问题。

最简单的路线图，就是根据具体的地点，表明道路、建筑物、构筑物、设备、管道等元素的位置。现在通过网络可以轻松地获得平面地图、卫星地图甚至实景地图等，使用这些形式的地图作为辅助，可以轻松地说明某些地理位置信息。

在一起交通事故赔偿纠纷中，交警部门认定机动车负有主要责任，机动车主认为事发地点是在一个路口，是由于电动车闯红灯导致事故，应当由电动车负担主要责任。事故各方在庭上描述经过时，对当时的情况都无法作出准确的说明，因为各方处于路面的不同位置，其描述的方法都是以自己的视角为中心，再以东西南北或前后左右进行描述。这样导致各方听不懂其他方的陈述，法官更听不懂各方的描述，一时间法庭上吵得沸反盈天。而其中形势最为不利的是机动车主，因为要举证推翻交警事故认定结论是很困难的。这时我们可以采取的方法就是通过地图示意的方式，建议各方都以地图为依据，说明当时自己所处的位置、在地图上示意事故发生的经过。

图 2-39

不仅如此，利用地图的放大和缩小功能，律师可以根据需要截取地图的全部或者局部用以说明案情。在这个案件中，各方在地图的基础上说明了案情，将事故发生地点定位在了图示的位置。从该位置可以看出，这个路口是有信号灯的，那么直接相碰的两方中必然有一方违反了信号灯，交警的现场勘查却没有记录该问题，这引起了法庭的重视。法官根据当事人的申请，调取了有关车辆轨迹等证据，进一步查明了案情，避免了直接相信交警结论而引发的错判。

二 平面图

路线图所要描述的重点内容是点与点之间的路线，而涉及点与面或者面与面之间的关系时，就要使用平面图。平面图在房地产及建设工程纠纷中经常使用。例如，在房屋买卖纠纷中，常见的纠纷如房屋结构、周边设施是否符合约定等争议，均可以通过平面图的方式加以说明；又比如建设工程案件中，涉及具体施工情况的内容时，由于大多数情况下不可能把法官请到现场查看，而且随着施工进展，需要说明的情况可能早已无法重现。

在一起工期延误案件中，承包方一共施工完成了八个单项工程，发包人认为承包人未合理安排工程进度，导致工期延误，要求赔偿。承包人大呼冤枉，因为八个单项工程虽然是互相独立的，但是在同一场地内，而且工程内容不同，有的是楼宇建筑，有的是地下室，分处在不同位置，所以不可能同时开工，必须按照先后顺序施工。可是双方发生纠纷时，工程早已全部完工，所有工程都已经投入使用，无法判断施工过程。承包人律师根据施工的现场情况，制作了如下四张施工现场平面图，见图 2-40，其中，红色部分表示尚未施工完成的项目，绿色部分表示已完成项目。这样，随着绿色部分的不断增多，展示了案涉施工工程的逐步建成过程。在法庭上将平面图展现给法官以说明施工的具体情况和进度，获得了良好的效果。

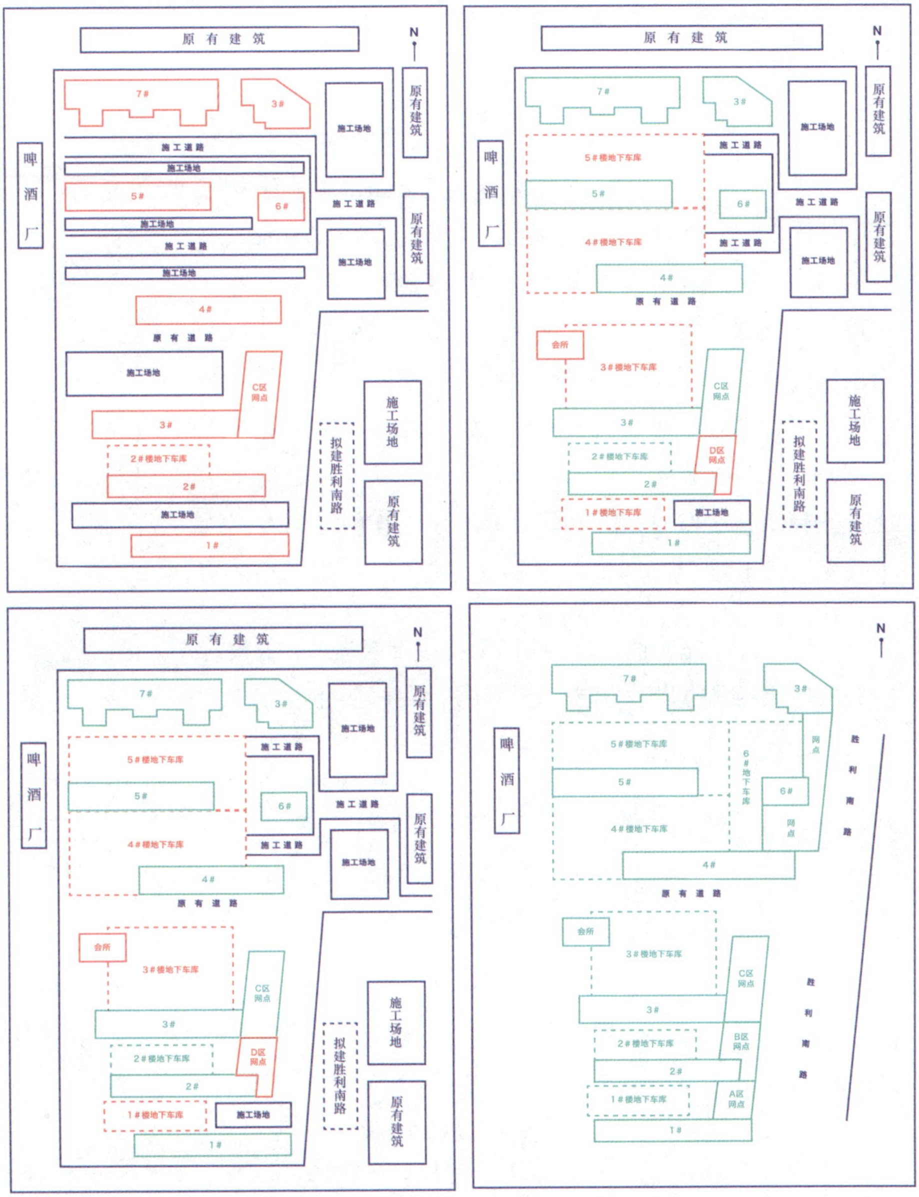

图 2-40　本案施工现场图

三 立体图

在一起道路施工合同纠纷中，发包方与承包方在工程结算时，对工程量计算发生了极大争议。双方修建的公路的施工分为两部分共9期：其中1~5期是一部分，6~9期是另一部分。承包方主张完成了全部6~9期的施工，但是发包人抗辩称6~9期的绝大部分施工是由发包方自己完成的，证据是发包方施工记录中有关于“西亭路段”的施工记录，而西亭路段公路属于6~9期。承包方也承认西亭路段公路是6~9期的施工范围，而且不可能与6~9期分别施工。一审法院自然得出这样的结论，即发包方施工了西亭路段，而西亭路段工程与6~9期工程不可能分开施工，所以发包方必然是6~9期工程的施工人，判决驳回承包方要求支付工程款的诉请。

承包方介绍完案情之后，我们觉得法院的推理方式没有什么错误。我们根据承包方的陈述绘制了修路工程示意图，见图2-41。

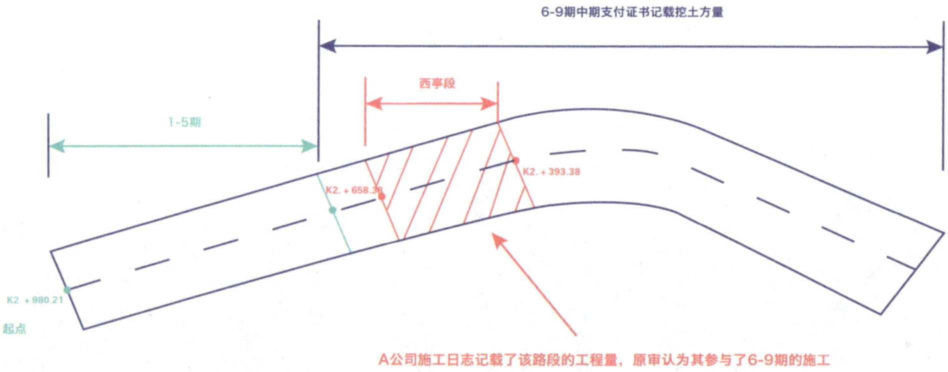

图2-41

从图 2-41 来看，一审判决的理由确实成立。然而通过与承包方的深入交流，我们发现了案件中存在的问题，即修路的方式没有体现在这张图中，导致了我们对修路工程施工方式发生了误解。

根据日常生活经验，修路都是一段一段进行的，例如，街头常见的铺设柏油路面的方式。根据一审法院的裁判理由，可以想见其认为的修路方式也是如此。但是本案中的这条路是一条位于山区中的公路，不同于城市里平面公路的施工，山区公路的施工是需要完成大量的土方挖掘工作的，而路面的铺设仅仅是整个工程当中的一部分。通过反复向当事人了解其具体施工的过程，我们决定采用立体图表的方式，将修建工程更加形象地展示给法官。

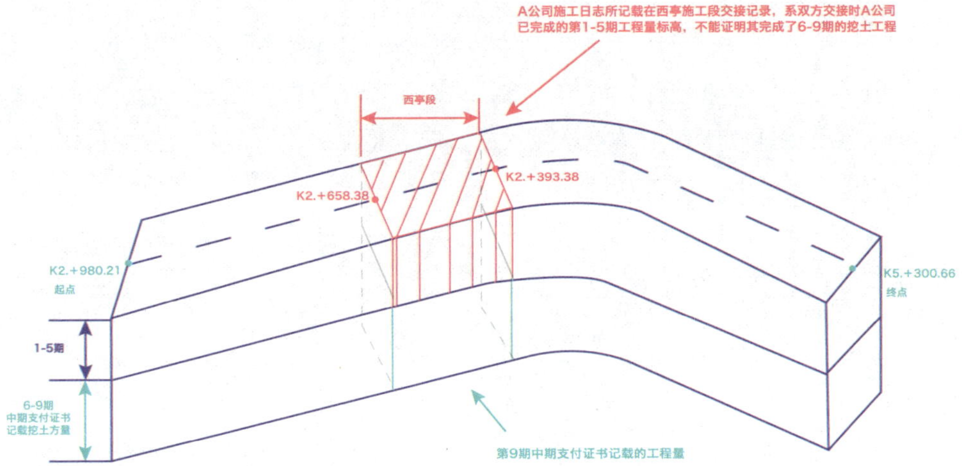

图 2–42

在图 2-42 中，我们向法院说明了所谓西亭路段不能简单归结为属于哪一期工程，A 公司施工记录记载的关于西亭路段的工程量，是其应当完成的工程量在西亭路段的体现，不等同于其完成了所有西亭路段的工程量。

在这个案件中，我们在工程示意图中添加入立体元素，将工程现场的情况生动地呈现在法官面前。在很多建设工程案件中，立体元素是呈现案情的最佳做法，因为建设工程本身就是一个立体的事物，口头表述、书面文件、工程图纸甚至实物照片都无法给法官以立体感。在实务中，并不是每一个案件的法官都会到现场去勘验实况，有的案件中即使实地勘查也未必能获得有效的信息。在这种情况下，我们就需要在图片中增加一些立体的元素，让工程的全貌能够生动地展现在法官面前，尤其是在某些细节上可以放大或者重点使用立体元素，以期取得更好的效果。

以上，仅是我们对于其他要素表达的举例说明。案件事实千变万化，我们没有办法对其他要素的绘图方法进行类型化分析，但是，诉讼可视化思维在这些案件中是一以贯之的，即以更加简单、高效的方式传递信息。

第三章

诉讼可视化第三步：确定内容

任何一张诉讼图表都必须依存于具体的案件事实及法律规定，即我们的图表不是空泛的框架，而必须是言之有物的案件分析。因此，在明确图表呈送对象并选择合适的图表类型之后，我们需要做的是确定在图表中展示的具体内容。

确定内容的结果，是不同案件所涉千差万别的事实及法律关系，**但确定内容的方式与途径却是共通的——即对繁多复杂的案件事实和法律规定进行提炼和加工**——这也将是本章重点论述的内容。

通过对数十个案件的总结分析，我们认为，确定内容可以分为以下三步：

第一步，全面罗列，即对全部案件事实和细节进行罗列；第二步，逻辑整合，即按照时间或关系逻辑对全面罗列形成的细节图表进行整合；第三步，精简内容，即根据案件事实，对与争议焦点无关的事实进行精简。

第一节
全面罗列

所谓全面罗列，是条分缕析地对案件材料进行逐步分析，对其中每一个能够且有价值的案件事实和法律关系绘制图表。

全面罗列的关键，在于记下每一个可以作图的细节。

记下每一个可以作图的细节，实质是将复杂的案件分解为多个相对独立的案件事实和法律关系。而这些案件细节图中的一点或几点，经常成为整个案件的争议焦点或制胜关键。

全面罗列，要求我们以事无遗漏作为首要原则，而无须先行对细节图的作用和价值作出价值判断。如某一股权置换合同纠纷涉及两家公司的股权结构，在进行案情全面罗列时，并非评价两家股权结构图是否有作图的必要，更非衡量哪一家股权结构与案件争议焦点关系更为密切，而是应该对两家公司的股权结构均绘制细节图。原因在于，在对案件事实进行全面掌握之前，任何对于细节的取舍都将影响案件的全盘分析。因此，我们确定内容的第一步，是全面罗列。

2008 年 3 月，A 公司与王某签订股权转让协议，A 公司将其名下的金融公司 51% 的股权转让给王某，转让价款为 5100 万元。王某为了支付股权转让款，于 2008 年 4 月与信托公司签订《信托贷款合同》，贷款 5100 万元。李某为此贷款提供连带责任保证，张某以其名下一处房产作为抵押，并办理了抵押登记。为了保证贷款能够全部收回，同日，信托公司与王某又签订了《股权投资资金信托合同》，约定王某将其购买的金融公司的股权信托给信托公司管理，受益权人为王某，金融公司分红由王某享有。在王某偿还全部 5100 万元贷款后，股权投资资金信托终止，金融公司股权返还给王某。根据《股权投资资金信托合同》，信托公司直接将贷款支付给 A 公司，并直接从 A 公司名下受让 51% 的金融公司股权。

上述案件事实包含了王某、李某、张某与信托公司、A 公司等多方主体之间的多个法律关系。我们可以先就上述事实中展现出来的本案事实细节进行全面罗列，并绘制细节图：

第一，王某与信托公司之间通过《贷款合同》成立了借款合同关系，由信托公司贷款 5100 万元给王某。此部分细节图如图 3-1：

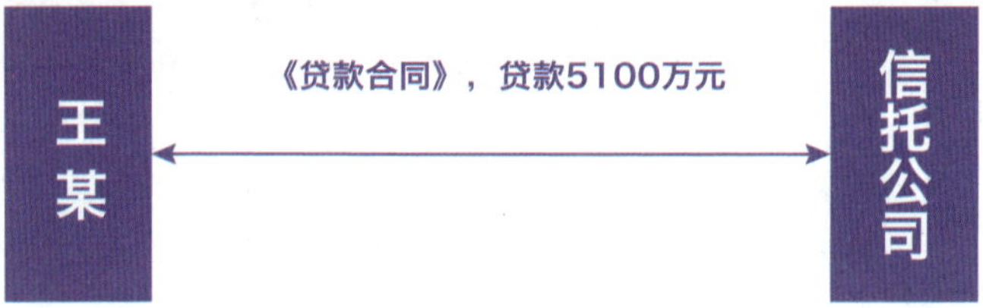

图 3–1

第二，张某、李某与信托公司之间通过《保证合同》《抵押合同》形成的担保合同关系，由张某、李某对信托公司 5100 万元贷款提供担保。此部分细节图如图 3-2：

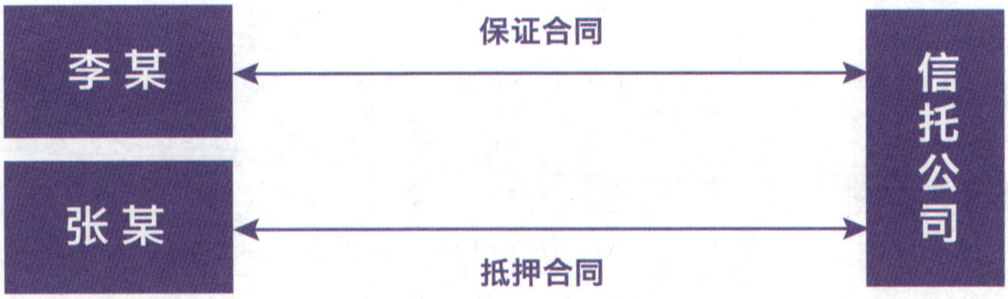

图 3-2

第三，王某与信托公司之间通过《股权投资资金信托合同》成立了信托合同关系，由王某将金融公司股权委托给信托公司管理，王某享有受益权，有权收取信托公司分红。此部分细节图如图 3-3：

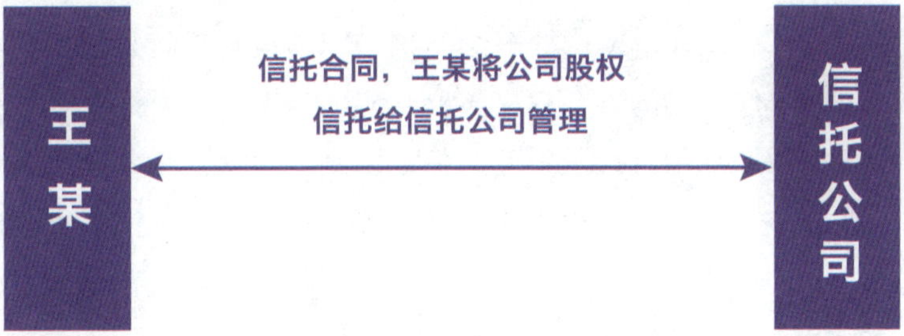

图 3-3

第四，信托公司与 A 公司之间转让股权法律关系。根据各方当事人约定情况，金融公司 51% 的股权转让顺序为 A 公司转让给王某，王某再通过设立股权资金信托的方式转让给信托公司。但本案事实未进行间接转让，而是由 A 公司直接将股权转让给信托公司，信托公司直接将 5100 万元贷款支付给 A 公司。此部分细节图如图 3-4：

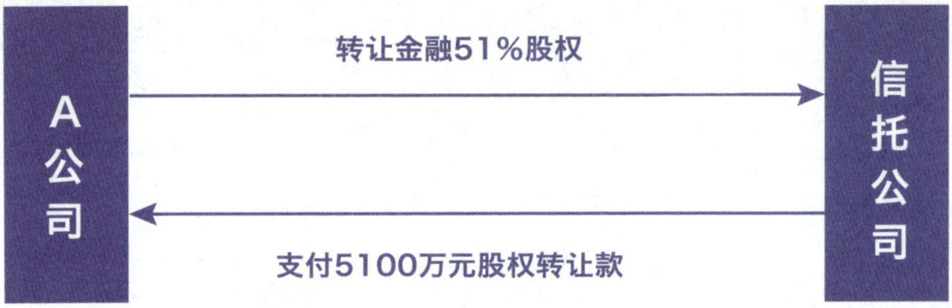

图 3–4

图 3-4 将案件事实逐一分解绘制细节图的过程，就是全面罗列的过程。因为案件事实的难易程度不同，有些情况下，全面罗列这一步骤是在我们的思维中直接成形的。但如果案件事实更为复杂时，通过各个击破的方式来寻找图表绘制的切入点，是我们确定图表内容的重要步骤。

第二节
逻辑整合

在将复杂的案件材料中每一个能够画图的点转化为细节图后，将这些细节图通过案件主线有机组合在一起，就形成了整个案件的图表。

所谓案件的主线，实质上是关乎案件整体事实及法律关系的逻辑结构，即各个细节图之间的逻辑连接关系。

图表的主线，一般分为法律关系主线和时间主线两种。

一 法律关系主线

与普通人看待案件事实不同，律师眼中的事实不仅是各方当事人的一定行为，更是将这些行为转化为当事人之间的权利义务关系，并通过对权利义务关系的评价来判断案件情况。

律师的工作之一，即是将客户陈述的客观事实，转化为体现各方当事人法律关系的法律事实。从这个意义上来说，法律关系维度是每一个案件都具备的。因此，在将细节图有机组合成整个案件的图表时，寻找各争议主体之间的法律关系是首要方式。

以法律关系作为主线，关键在于找到案涉各主体之间的逻辑连接点，通常以反复出现的主体作为核心主体，并以其为核心向四周扩散法律关系。

上文我们与大家分享了王某与信托公司之间信托交易安排的案例，并对案件事实逐一绘制了细节图。那么，如何将这些细节图按照一定的逻辑结构组合起来呢？我们发现，本案反复出现的核心争议主体系信托公司，实质上是王某、张某、李某、A 公司围绕信托公司展开的各项法律行为，形成了王某持有金融公司股权的整体法律关系图。因此，应以信托公司为核心，将其他主体围绕信托公司绘制法律关系。将上述细节图通过法律关系轴线整合后的图表为图 3-5：

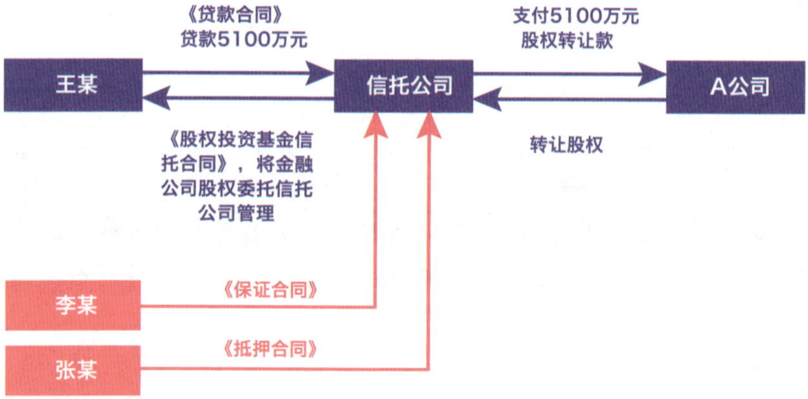

图 3–5

二 时间主线

当时间要素成为案件的核心争议焦点，或者图表的主要表现内容为案件发生的前后顺序时，时间轴线就成为构建起整个案件的逻辑连接点。

> 上述案例是某继承案件中王某获得金融公司股权信托受益权部分。该继承案件尚有下列事实：2007年，根据工商资料显示，金融公司共有A公司、B公司、C公司、D公司四名股东，持股比例分别为51%、28%、11%、10%。2008年3月至4月，王某通过上述案例方式，与信托公司签订了《贷款合同》、《股权投资资金信托合同》等，获得了信托受益权。2008年5月，王某与其妻结婚，婚后王某于2008年12月购入房产一套，2009年1月购入汽车一辆。2010年3月，王某使用金融公司分红偿还了全部贷款，股权投资资金信托终止，4月金融公司股权自信托公司转让至王某。2011年，王某去世。王某妻子与王某父母对于金融公司股权是否属于婚内共同财产、应否先进行婚内财产分配再进行继承问题发生了争议。

在此案件中，除了王某获得金融公司股权信托受益权部分外，尚有金融公司股权结构、王某婚内财产取得情况以及继承情况等细节图。首先，我们按照全面罗列的方法，对本案其他细节性事实绘制图表如下：

第一，金融公司的股权结构情况，是典型的股权结构图。此部分细节图如图3-6：

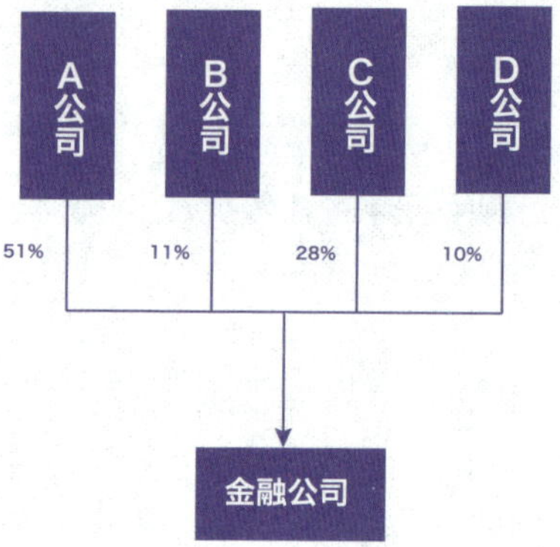

图 3–6

第二，王某获得金融公司股权信托受益权部分事实，如上所述，此部分细节图如图 3-7：

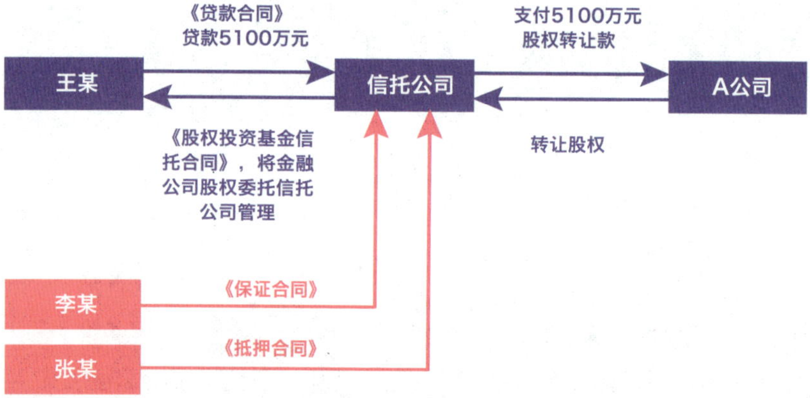

图 3–7

第三，婚内财产取得行为。王某购买的各项财产是否属于夫妻共同财产，关键在于财产取得的时间是否在婚姻存续期间内。因此，婚内财产取得行为应绘制时间图，此部分细节图如图 3-8：

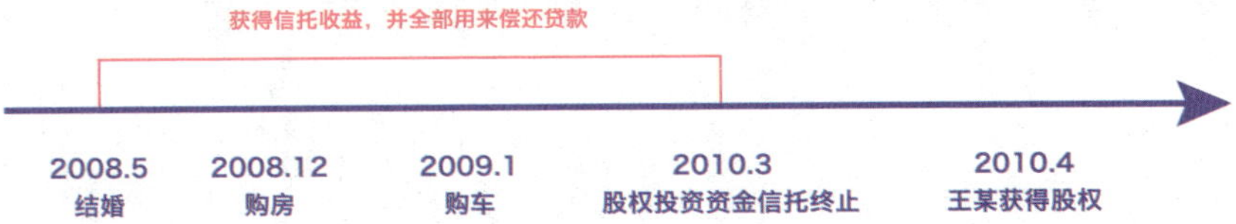

图 3-8

第四，王某名下财产发生继承时，应首先区分哪些财产属于夫妻共同财产，哪些财产属于王某个人财产，再将其个人财产由王某妻子、王某父母继承。该事实应通过结构图的方式予以表述，此部分细节图如图 3-9：

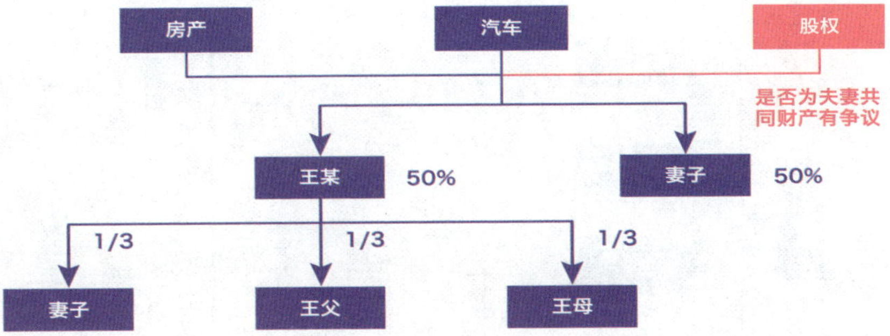

图 3-9

以上，是对整个继承案件的各个独立事实绘制细节图的过程。如何将金融公司持股结构图、王某持有股权信托受益权过程图、王某婚内财产取得图以及继承图有机地结合起来呢？我们发现，此时统一的法律关系已经不复存在，而案件的核心争议焦点转化为王某取得的股权是否属于婚内共同财产，即股权取得的时间是在婚前还是婚后。因此，本案的核心关键在于股权取得时间问题，应以时间作为搭建整个案件图表的主线。

因此，以时间为基础，上述各细节图可有机组合成如下整体图表，如图 3-10：

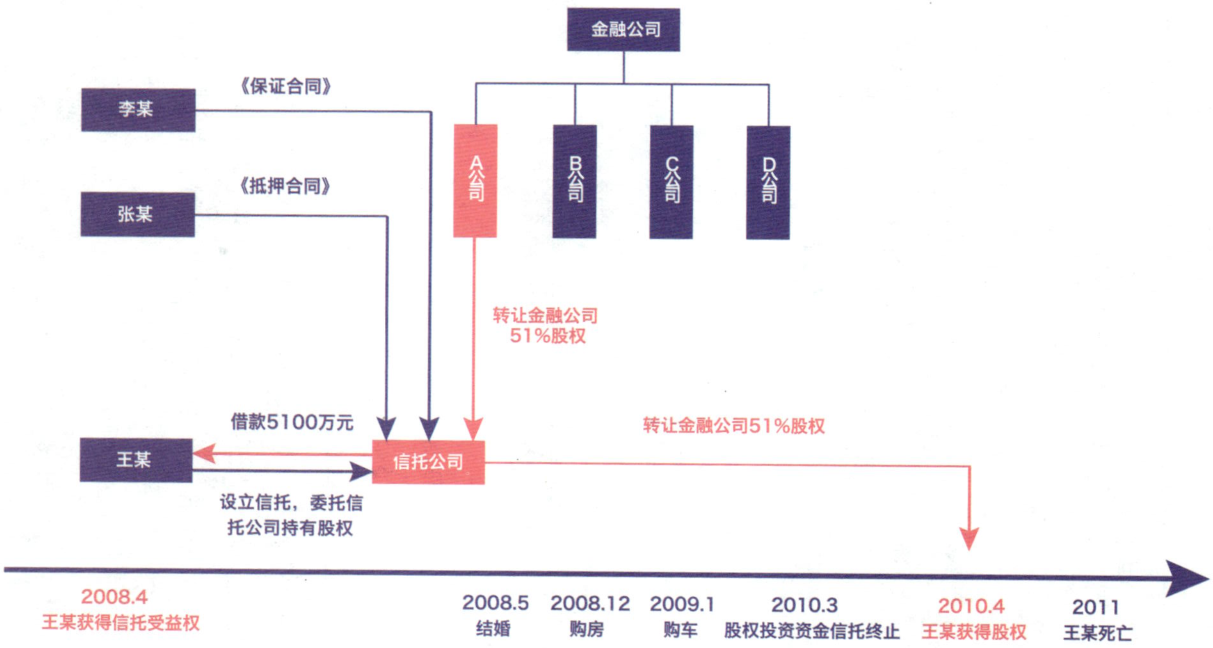
金融公司
李某
《保证合同》
张某
《抵押合同》
A公司
B公司
C公司
D公司
转让金融公司
51%股权
借款5100万元
王某
信托公司
设立信托，委托信
托公司持有股权
转让金融公司51%股权
2008.4
王某获得信托受益权
2008.5
结婚
2008.12
购房
2009.1
购车
2010.3
股权投资资金信托终止
2010.4
王某获得股权
2011
王某死亡

图 3-10

第三节
精简内容

空间与时间的双重有限性，即表达者必须要以受限的篇幅与表达机会，在严格限定的时间内，向受众传达尽可能多的信息，并保证这些信息能够在受众的脑中建构最有利于己方的观念。

在这种情况下，为达到最佳表达效果，表达者就需要主动和有意识地对其自认为“有用”的信息进行甄选，选择那些对受众来说最“有效”的信息，而非将所有信息一股脑地抛给受众。这一要求反映在制作诉讼图表的过程中，就是要求律师和当事人“忍痛割爱”，排除繁芜的细枝末节，在自己的诉讼图表上只体现最直接、最无歧义、最核心的“有效”信息。

正是基于上述原因，在做完上述步骤之后，需要做的不只是满足于内容详尽的图表，而是努力在图表的信息中甄别出有效的信息，将无用的信息剔除出图表中。

一 精简内容的 3S 原则

（一）Simple（简单）

简单、明了，这是有效表达的第一要义。**用最简单的文字表现制图者所欲传递的核心信息，对于一份合格的诉讼图表来说，既是最基本的要求，也是最重要的品质。**

诉讼图表大多数情况下系配合文字材料使用，因此一方面，图表起到配合文字的作用，而另一方面，文字本身也可以视为诉讼图表的注脚和配套说明。在这种情况下，图表中的文字必须是明确、简洁的，否则将造成信息重复、冗余，丧失图表独立于文字之外的特殊意义。

一般情况下，简单的文字表达有如下技巧：

（1）若起诉状、代理意见等文字材料中已经列明了案件主体、相关法律文件的全称与简称对应关系，则在图表中大可以直接使用其简称。

（2）对于案涉合同等文件的具体内容，如果文字材料中已有专门摘录，或者能够通过所附证据得以反映，则在图表记叙中提到该文件时，仅需标明其名称即可，而不应将重要的版面分配给大量意义不大的细节内容，误导读者的注意力。

（3）如果涉及核心内容或需要刻意凸显的信息，为了追求特殊的表达效果可以在一定程度上修正简洁原则。例如，在对“某某省 AB 建筑有限责任公司”这样的一个企业名称拟定简称时，一般首选是“建筑公司”，如果同案还有其他建筑公司，才会选择将其称为“AB 公司”或“AB 建筑公司”。但在具体案件中，为了凸显当事主体之间的关联关系，可以采取特殊的简称规则凸显各关联企业在商号方面的关联性，如“AB 建筑公司”“AB 置业公司”“AB 集团”等。

（二）Straight（直接）

在诉讼中，图表往往被用以配合文字材料进行说明。要起到配合与辅助作用，而非给受众增添额外负担，图表表达就要足够直接。在诉讼图表中，“直接”原则主要是指传递信息要直接，包括两个方面：

首先，描述事实要直接。

传递信息本就是诉讼图表的“使命”，但同样是传递信息，其效果与质量却可能千差万别，最重要的原因之一就是，有的图表表意不够“直接”或是“绕”，制图人想向读者展示的事实明明就在那里，却没有直接点出，而是让读者自己去“顺藤摸瓜”、整理归纳，同时又不给读者明确的指示，读者难免迷失路津；或是“藏”，将案件中对我方当事人最有利的事实掩藏在一大堆繁芜的无关痛痒的信息之中，和盘呈现在读者面前，无形之中给读者附加了去繁存精的负担。上述两种情况的不利后果就是，给读者留下了过多的自我理解的空间，造成知觉偏差和信息失真；甚至最严重的一点，读者因害怕麻烦而走开，图表的目的彻底落空了。

例如，在一起股权转让纠纷中，我们绘制图表的目的是显示出让方如约完成内部审批手续、取得标的公司其他股东放弃优先购买权声明，并积极配合受让方进行过户登记，但受让方却存在迟延支付转让款等违约情形。要达成这一目的，最好选择时间轴图。那么在绘图时，只需将双方在转让合同项下权利义务有关的行为与事实列明即可，至于此后受让一方将标的股权在其关联公司之间转手与分拆的事实，则大可不必呈现，以避免法官将注意力转移到股权流转的主体关系树状结构上，而忽略了本案核心争议原本是以时间为第一要素的双方履约事实。

其次，发表观点要直接。

除案件事实外，诉讼图表一般情况下需要传递的另一类基本信息是制图人的观点。这里所谓的观点，即当事人在具体案件中的诉讼主张；但体现在诉讼图表中，却不能仅仅止步于对当事人主张的罗列，还应当包括该主张与案件客观事实之间的合理联系，即该主张应当得到法院支持的原因。这一目标要靠法律逻辑来实现。

呈现在读者面前的，一定是最严密而直接的逻辑，是不需要读者自主推理的逻辑，是不存在断点的、必然的、能够无缝连接客观事实（诉讼图表中也应直接体现）与制图人诉讼主张的逻辑。不能达到上述要求的其他逻辑关系，最好不要出现在诉讼图表中，或者至少不能安排在最核心的构图中。

（三）Strategy（策略）

诉讼图表的一个重要意义是协助法官掌握案情与双方当事人的争议，因此客观与真实应当是诉讼图表天生的品质。也只有客观、真实，诉讼图表才能赢得法官的信任和倚重，从而为律师及其所代理的当事人在法官心目中的印象加分。但客观与真实，并不表示制图人不能在图表中表达自己的立场与主张，在使用诉讼图表传达观点、提出主张时，应与己方的战略目标相一致。

精简必须有度，即对内容的筛选必须符合律师的整体诉讼策略。

因此，诉讼图表中文字当减则减，但不等于文字越少越好。这就要求我们在精简内容的基础上，需要格外关注重要的事实细节。诉讼图表能够描述案件事实的发展过程、能够搭建当事人之间的法律关系，但所有图表的绘制都是在案件事实的基础上形成的。而案件事实中的具体细节，往往决定了一个案件的结果与走向。如双方当事人合同中的具体语句、当事人某一行为发生的具体时间，甚至是其原审庭审中说过的某一具体话语，都是必须通过文字体现在图表中的关键细节。

首先，精简内容的策略性要求我们通过文字精准体现案件核心细节，以帮助法官了解案件原貌。

如在某股权转让合同纠纷案件中，股权出让方主张其享有先履行抗辩权，请求权基础为双方《股权转让合同》中明确约定：出让方于受让方支付股权转让款十个工作日内，协助受让方办理股权转让手续。现因买受方未按照合同约定支付转让价款，出让方没有义务协助其办理股权变更手续，出让方不构成违约。因此，出让方的代理律师绘制本案图表时，应将合同的该条约定的具体条文原原本本地重现在图表中，让法官在阅读图表时就能够了解双方具体的权利义务，而不应为了简化文字，以“《股权转让合同》相关约定”等模糊的语句进行表述。

其次，精简内容的策略性要求我们通过文字的精准体现突出己方观点。

除了让法官在阅读图表时即了解案件原貌外，文字的精准体现有时还能够帮助律师更好地表达己方观点。

如在一起不正当竞争纠纷案件中，A、B两公司在某特定领域具有竞争关系。2013年9月1日，A公司在某报纸刊登广告，称B公司产品使用的是落后淘汰技术。次日，B公司也在该报纸刊登广告，称A公司产品使用的是虚拟不存在的技术。后A公司起诉B公司构成不正当竞争，B公司提出反诉。经法院审理，认定两公司均存在不正当竞争的行为，并判决双方当事人自判决生效之日起30日内同时在某报纸的同一版面刊登道歉声明。判决生效后，A公司认为B公司的反诉请求不符合《民事诉讼法》关于反诉的法律规定，原审法院受理其反诉违反法定程序，并以此理由申请再审。

在本案中，作为B公司的代理人拟证明B公司符合反诉时，除了要证明B公司提起诉讼的各个条件与反诉要件相契合外，还应论证原审将两案合并审理具有良好的诉讼效果。该等诉讼效果，不仅体现在对诉讼资源的节约、当事人诉累的减少，还体现在原审判决要求两公司在同一时间、同一报纸的同一版面发表致歉声明，这更有利于本案对竞争秩序的维护。因此，在绘制本案的诉讼图表时，原审判决改判项应该精准地表达在图表中，见图3-11：

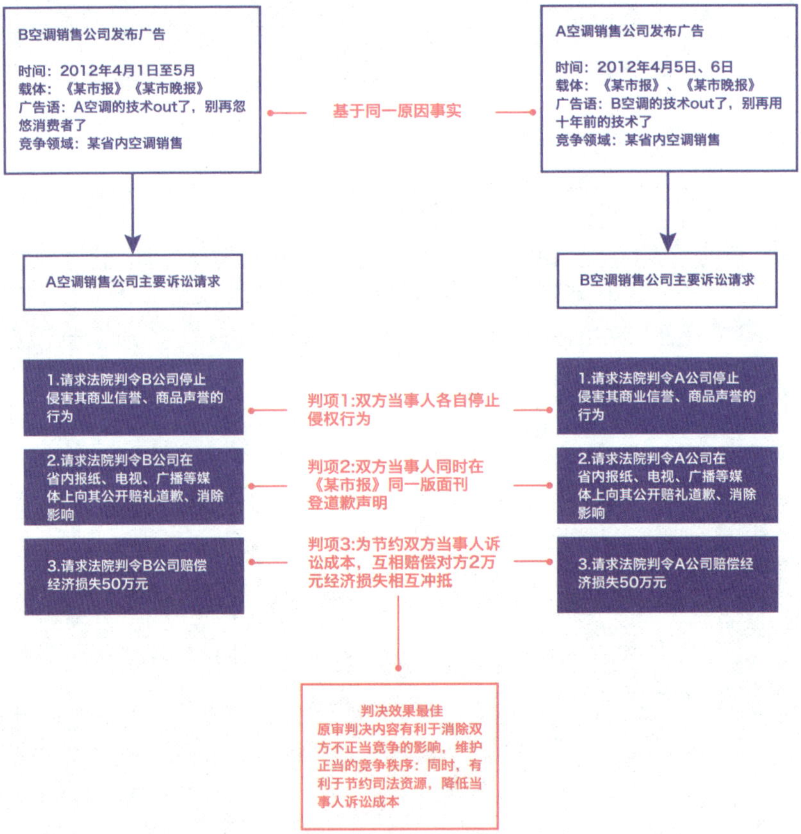

图 3-11

二 精简内容的具体应用

回到“全面罗列”和“逻辑整合”部分与大家分享的遗产继承纠纷案件。通过时间主线和法律关系主线组成的案件图表如图 3-12：

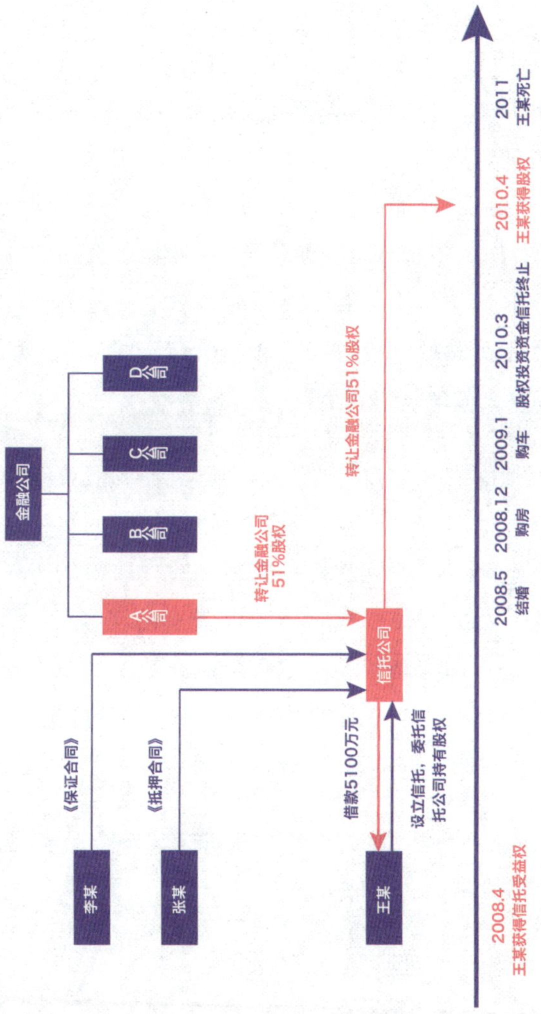

图 3-12

通过与案件事实的对比，我们发现，上图能够清晰地展现案件事实的各个细节。但这些细节性的案件事实都是有效的信息吗？是否存在一些信息，即使不在图表中展现，仍然不会影响己方观点的传递？

深入图表内部，我们会发现，这样的无效信息不仅存在，而且很多：

根据案件事实，为了担保王某与信托公司签订的《贷款合同》，李某和张某分别与信托公司签订了《保证合同》和《抵押合同》。诚然，该两细节事实是客观存在的。但本案的最后结果是，王某按照《贷款合同》的约定履行了全部还款义务，即王某与信托公司之间的债权债务关系消灭了，作为该贷款合同的从合同，《保证合同》与《抵押合同》也随之消灭。本案并非债务人未能按时还款而引起的借款担保合同纠纷，本案的重点在股权获得时间，而非借款法律关系。因此，两份担保合同的内容是无效的，可以删除。

与上述类似的无效信息，还包括金融公司的股权结构和王某婚内购买的其他财产情况。绘制金融公司股权结构图的目的是表明王某的持股情况。但本案中，争议的核心问题是股权取得的时间，而非股权的多少。因此，金融公司股权结构图也属于无效信息。同理，王某妻子及其父母对婚内期间购买的其他财产没有争议，双方均认可这些财产属于婚内共同财产，应先进行婚内财产分配，再发生继承。因此，其他财产的购买时间也并非法官关心的问题。

可见，根据上述分析，通过全面罗列和逻辑整合形成的案件事实图，有三部分内容需要精简，具体如图 3-13：

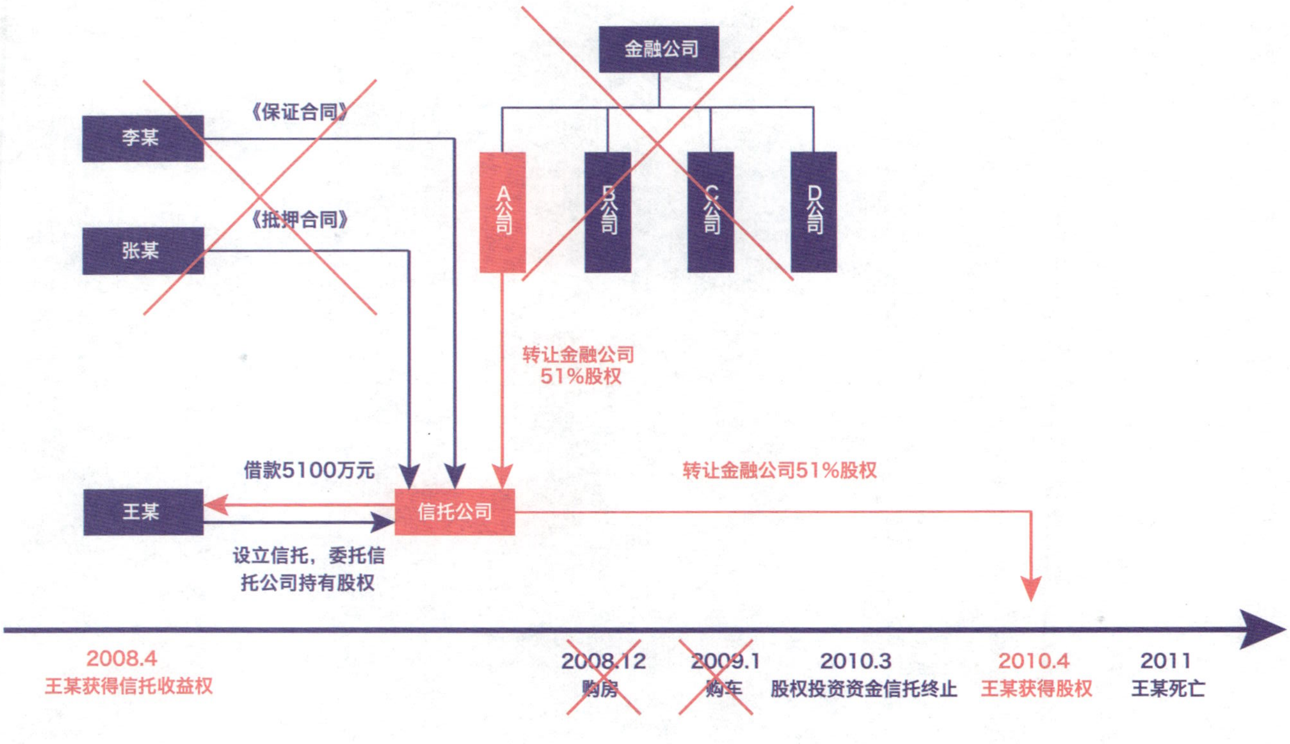
金融公司
李某
《保证合同》
张某
《抵押合同》
A公司
B公司
C公司
D公司
转让金融公司
51%股权
借款5100万元
王某
信托公司
设立信托，委托信
托公司持有股权
转让金融公司51%股权
2008.4
王某获得信托收益权
2008.12
购房
2009.1
购车
2010.3
股权投资资金信托终止
2010.4
王某获得股权
2011
王某死亡

图 3-13

如果律师要向客户或团队内部汇报本案，则本案图表所展现的案情可以进一步简化，即将全部精力放在本案的争议焦点——王某取得股权的时间是婚前还是婚后。此时，本案图表可以变更如图 3-14：

图 3–14

图表中只展现三个重要时点，分别为王某取得信托受益权的时间、王某结婚时间以及王某获得股权的时间。如果站在王某父母代理人的角度，即应该努力论证王某取得的信托收益权等于股权，因此，股权于婚前取得，不属于夫妻共同财产。如果站在王某妻子代理人的角度，即应该努力论证信托收益权不等于股权，因为按照信托合同的约定，只有在王某按时偿还全部借款的情况下，信托收益权才会转化为股权。此时，股权的真正取得时间是婚姻存续期间，该财产应属夫妻共同财产。

综上所述，诉讼可视化方法论的第三步——确定内容——实际上解决了诉讼图表从哪里来的问题。诚然，很多诉讼图表，是在律师对案件事实和法律问题有了深入理解并形成了己方观点之后，把整个案件作为一个整体统一绘制的。但这并不是我们强调的图表绘制方法。真正的图表绘制，并非仅仅是在有好的观点的基础上，通过更好的方式表达出来，而是在律师尚未形成好的观点时，帮助律师分析案件、形成观点。因此，绘制图表应从阅读案卷开始，在阅读案卷的同时对每一个可以绘图的点绘制细节图，再通过寻找法律关系主线或时间主线的方式，将细节图按照一定的逻辑架构有机组合起来，并不断分析案情、去粗存精，最终形成可以向客户或法官提交的图表。

第四章

诉讼可视化第四步：更好表达

在将纷繁复杂的案件事实和法律规定整理出核心争议焦点和主要观点后，在确定了图表拟表达的主要内容后，我们需要做的是，让图表美观大方并发挥作用。图表的作用，不仅要“赏心”，更要“悦目”。一张图表放在你的受众面前，在尚未开始陈述案情和观点时，对方已经接收到何种信息？可能在这对图表的匆匆一瞥间，合理的设计、清晰的表达，已经让他产生了继续研读和聆听的兴趣，或许更深植了某些“第一印象”。而这需要在前面种种工作的基础上，从设计的角度去完善图表，让图表在真实、准确的基础上更具感染力。

在这里，其实有两个层次的工作需要完成：

其一，让我们的图表符合大众审美。

在开始诉讼可视化之前，您可能认为自己与设计师这个行业相去甚远。的确，一般的法律人是理性、遵从逻辑的群体，而设计恰恰是感性、富含情感的行业。但是，在可视化表达、通过图表展现法律问题的角度上，我们法律人在一定程度上恰恰要承担设计师的工作——通过设计的视角优化我们的图表，利用设计元素表达我们的观点。因此，本章的第一部分，将向大家介绍设计领域基本的色彩及构图规则。在我们绘制图表的过程中，其实我们的审美标准已经被无形地刻入图表之中，我们不由自主地遵守着一些朴素的设计原理。而本章的目的，是将这些无形的原理显性化，以便大家在之后的绘图中能够有意识地使用。

其二，让我们的图表能够表达观点。

不论掌握多少设计理念，一名从未接触过法律的设计师也永远画不出诉讼图表。因为，诉讼图表除了保持简洁美观之外，另一重要作用是对案件事实及法律规定的内容表达。如何进行更好的内容表达？如何突出己方的观点？**在诉讼可视化领域，我们可以通过线条、颜色、框架的使用和变换，对文字的处理和布局，来对信息进行突出、强调或淡化处理。**正因如此，同样一个案件，不同立场的律师绘制出的诉讼图表往往是不同的。因此，本章的第二部分，将向大家介绍在图表中突出己方立场的常用技巧和方法。

第一节
设计基础：色彩与构图

与内容相比，诉讼图表的设计往往处在更为边缘性的位置上，倾注构图者精力的往往是案件事实和法律规定形成的图表内容，而非设计本身。

但神奇的事情往往出现在意想不到的事情上：看似不重要的颜色、线条及框架的配比，反而决定了图表传递信息的效果及效率。已有科学研究证明，**设计能够影响人类接受信息的先后顺序和强烈程度。我们总是先看到那些设计者想让我们看到的内容，同样，我们也总是会忽略那些设计者想让我们忽略的内容。**所以，好的设计，是好的诉讼图表不可或缺的一部分。

但本书并不是专业的设计书，所以，我们只在本章简单介绍设计理论中的一些基本知识和原则。不知道大家有没有这样一种感受：有的时候，我们觉得某个设计不舒服，却不知道到底是哪里出现了问题。之所以会时常出现这种情况，是因为从未接受过设计学习的我们，有的时候会违反设计的一些基本常识和原则。而这些知识其实非常简单，只要我们在绘图的过程中有意识地去遵循这些原则，我们图表的设计感就将有非常大的提升。当然，本章第一节介绍的内容，不仅可以适用在绘制图表的过程中，在我们日常工作的呈报文件制作、演示文稿制作等领域也是非常有效的。

在绘制图表时，实际上我们会用到两个方面的设计知识，一是色彩，二是构图。两者相互配合，会使我们的图表简洁美观。

一 色彩

（一） 认识色彩

在我们的生活中，色彩无处不在，它构成我们生活环境的重要组成部分。色彩就是光、物、眼、心四者综合作用的一种客观现象，而色彩对于事物的表达能力有着其他形式无法比拟的超强效果。可以说，我们在认识一件新的事物，都是从事物本身的色彩形状上开始的，我们用色彩创造出丰富的视觉空间，用色彩的语言进行沟通。当人们对色彩有了一定的了解，便形成了一定的规律，所以，你会发现不同的颜色，有它不同的感情意义。

色彩学习的重点在于——感受，感受，再感受；实践，实践，再实践。

在学习色彩时，首先需要了解的是色彩三要素：任何一个色彩都有特定的明度、色相、纯度。所以我们把明度、色相、纯度称为色彩的三要素。其中：

色相，又称为光谱色，还记得小学课文的赤橙黄绿青蓝紫么？明调，即往色相颜色中加白色，使其更亮。暗调，即往色相颜色中加黑色，使其更暗。饱和度，即色相的鲜艳程度，纯度的低到高。

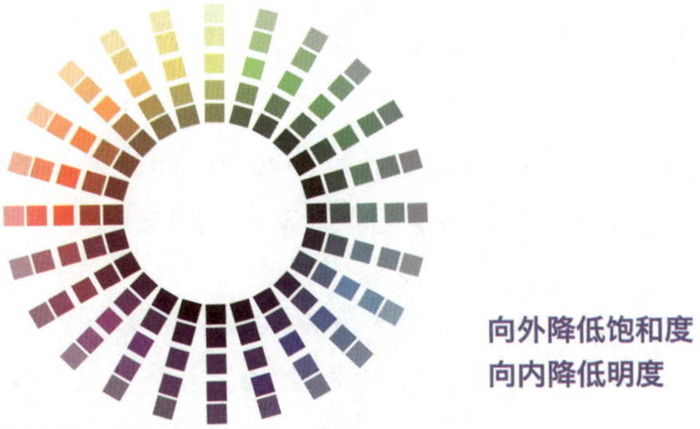

图 4–1

色彩能够表达情感，因为色彩本身有冷暖之分。

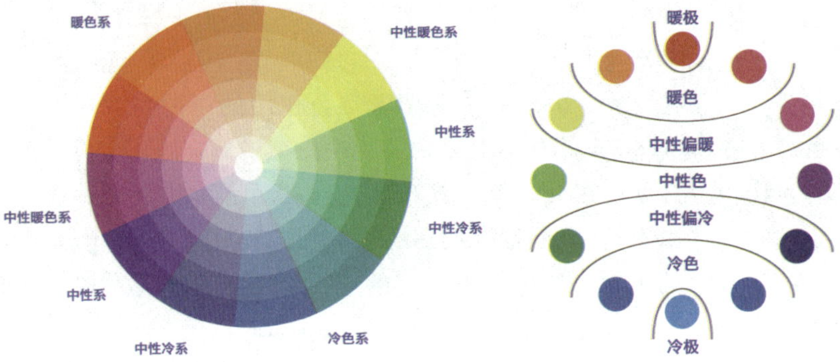

图 4–2

（二） 图表中的色彩运用

图表中的色彩运用是如此的重要，运用得好的话，可以有力地增强图表的信息传递，提升专业形象，用得不好的话却很“危险”，所以把握颜色运用是做好专业图表的第一步。

1 基本配色方法

其实，在色彩的应用中，我们每个人对颜色程度的不同理解，会直接影响到我们熟练地运用色彩搭配和视觉的整体表现。一份优秀的作品，首先它的色彩搭配是和谐且得体的。在图表的绘画过程中，我们可以利用颜色的一些固有的搭配思维来让我们的图表更完善。

其中，根据不同的色相，可以将色彩做如下区分：

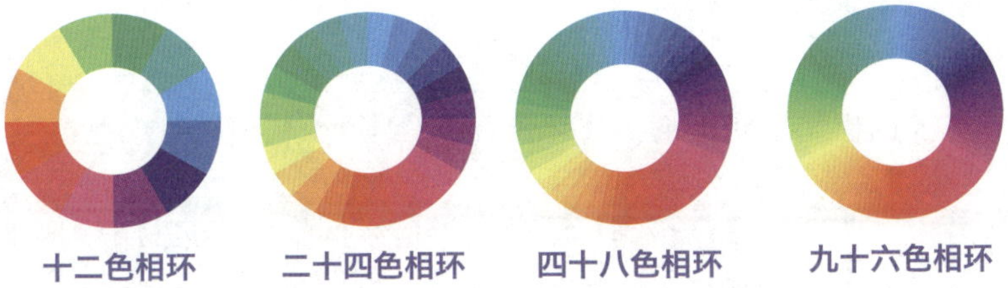

图 4–3

同类色：在色相环中 30 度左右关系中的色彩叫同类色。同类色之间协调柔和，对比相对较弱。如果使用同类色作图，画面色相对比相对微弱，如果使用不当，会使画面单调。

邻近色：在色相环中 60 度左右关系中的色彩叫邻近色。用邻近色的颜色来表现主题，可以得到色彩的融合，与自然色的色彩接近。

对比色：在色相环中 90 度左右关系中的色彩叫对比色。在画面中使用对比色会实现画面的丰富性，把对比和协调都做到，是一个比较理想的色彩关系。

互补色：在色相环中 180 度左右关系中的色彩叫互补色。红色和绿色，蓝色和橙色，黄色和紫色是典型的三对互补色。互补色给人一种强烈的视觉冲击力。

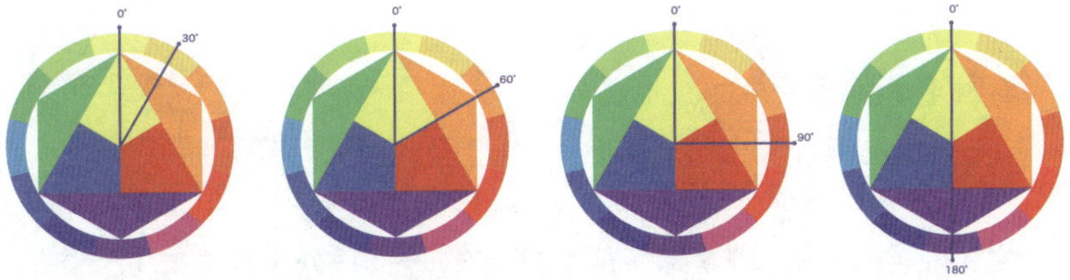

图 4–4

2 明度配色及彩度配色

除了色相配色外，还可以灵活地利用明度及彩度进行配色：

其中，明度配色是指利用颜色明度的异同搭配来进行应用。同一明度：明度相同，色相不同的颜色搭配；邻接明度：将色环上明度差值小的两个颜色进行搭配；对照明度：将色环上明度差值大的两个颜色进行搭配。

彩度配色是指利用颜色彩度的异同搭配来进行应用。同一彩度：彩度相同，色相不同的颜色搭配；邻接彩度：将色环上彩度差值小的两个颜色进行搭配；对照彩度：将色环上彩度差值大的两个颜色进行搭配。

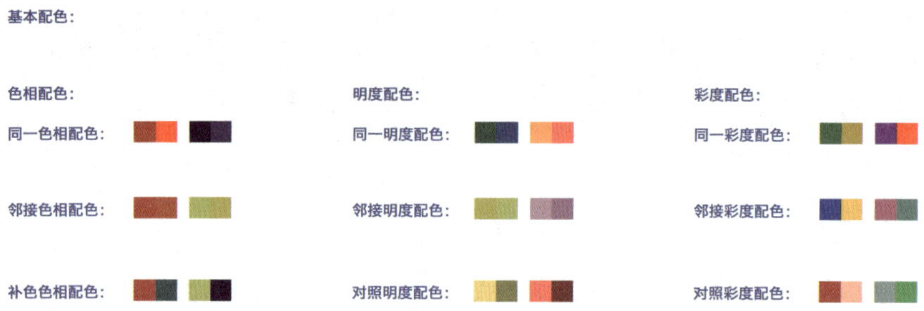

图 4–5

3 主色配色

当一个文件中需要使用多张图表时，我们可以使用主色配色的方法。主色相当于一个领导者，他支配着整体，且处于主导地位。

除此之外，还可以使用主色调配色。主色调配色，可以是不同的色相，只要是属于一个相同的色调搭配起来，就会给人一种统一的感觉。最能使大家感受到的就是深色搭配和浅色搭配了。即使色相不同，但是色调的统一性会给人一种共通的感觉。

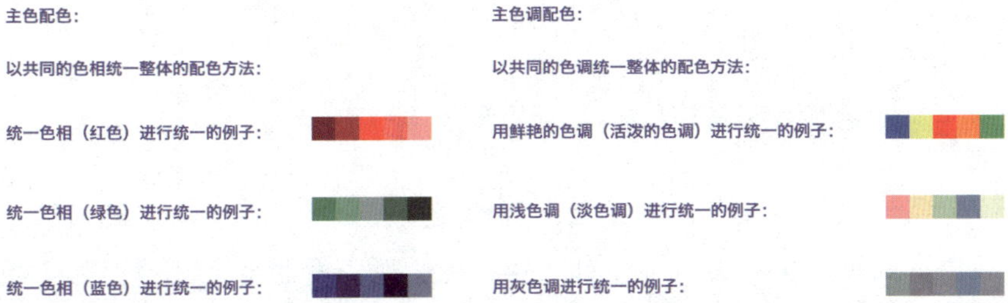

图 4–6

除此之外，还可以使用同色调不同色相的配色方案。这样的配色就是使色调固定，变换色相；还有一种是固定色相，变换色度。

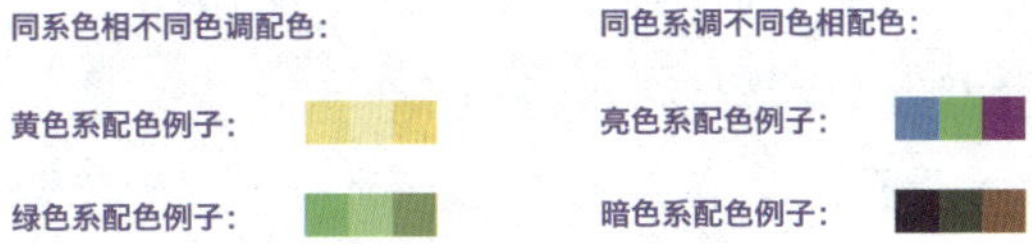

图 4–7

（三）使用技巧

在调整好配色的基础上，在文件制作或绘制图表的过程中，有一些小的注意事项可以与大家分享：

1 要保持一致的颜色风格和使用规范

在同一份分析报告、演示文稿内，一旦选定了图表的颜色配色方案，就应该始终保持一致，给人统一的感觉，切忌没有意义的更换颜色。否则会使整个报告或演示文稿的颜色过于混乱，很难营造出律师的专业形象。

2 一定要有明确的目的才使用颜色

我们使用颜色不是为了把图表做得漂亮，而是为了特定的目的，即更有效地展示己方观点。如突出特定行为，颜色代表需要引起关注的地方；区分不同的类别，颜色有利于区分相关的项目，等等。

虽然利用颜色美化了图表，但是我们不能盲目地使用好看的颜色，不要认为自己使用的都是好看的颜色肯定能做出来好看的图表，颜色使用过多只会使图表变得花哨。

除此之外，在细节的处理上，应也注意同一主体使用同一颜色，在使用填充色时，边框与填充的颜色应尽量一致。如下图中，左侧主体的填充色与边框色不一致，如果图表中包含该类主体内容过多，整张图表将显得较为混乱。

图 4-8

3 尽量使用色彩饱和度低的颜色

饱和度是指色彩的鲜艳程度，也称色彩的纯度。饱和度取决于该色中含色成分和消色成分（灰色）的比例：含色成分越大，饱和度越大；消色成分越大，饱和度越小。

色彩饱和度富含情感，饱和度越高的颜色，情感越强烈，与法律工作的严肃与冷静相悖。因此，在诉讼图表制作过程中，应尽量使用色彩饱和度低的颜色。

如图 4-9 两个表示主体的图表要素，右侧主体则使用了饱和度更低的颜色，会使读者感觉更加商务。

图 4–9

二 构图

在绘制图表的过程中，除了合理使用色彩之外，构图的整洁与平衡对图表的整体观感也至关重要。由世界著名设计师 Robbin 创作的通俗读物 *The Non–designer's Design Book* 一书中，作者提出了设计的四个原则，可以帮助我们从专业的水平来考虑图表创作中的构图。

（一） 构图四原则

1 对比

所谓对比原则，就是把不同元素之间的不同特点更清楚地体现出来。对比原则是最重要的设计原则，它是为画面增加视觉效果的最有效的方法之一，当然如果想实现有效的对比，一定要对比强烈。

如果想实现画面的强烈效果，以及信息的有效整合，那么我们从何下手呢？

如在下列图表中，我们希望将 C 事件发生的时间与 A、B 事件的时间进行明确的区分。图 4-10 中，虽然使用了对比的原则，但是我们仅将框架和线条的颜色进行了区分，并未更改字体的颜色，使得对比的效果并不明显。图 4-11 中，我们同时变更了字体颜色，相较于图 4-10，我们发现这种对比更加鲜明、统一。但是，可以做的还不仅如此，我们可以想办法进一步凸显 C 事件的差异性，这时，不妨为事件增加填充色，是各个事件更加明显，如图 4-12 所示。

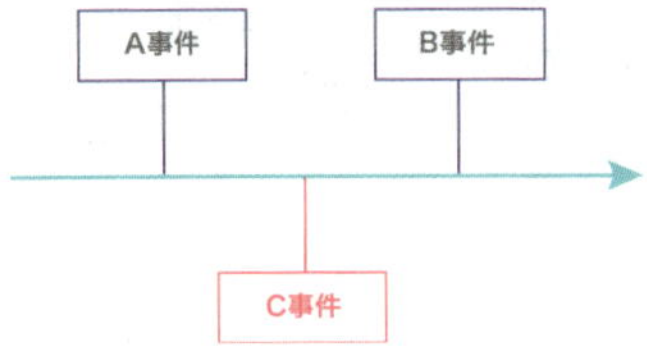

图 4-10

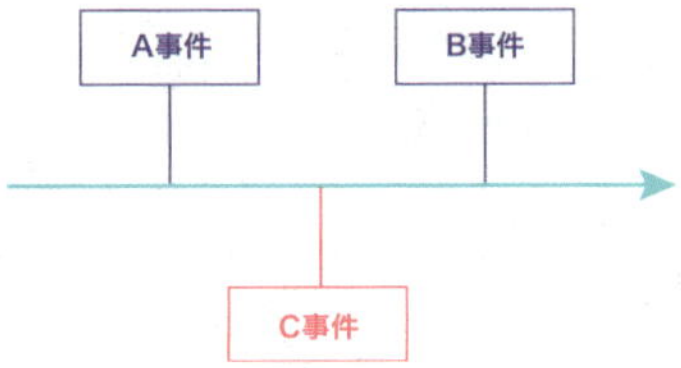

图 4-11

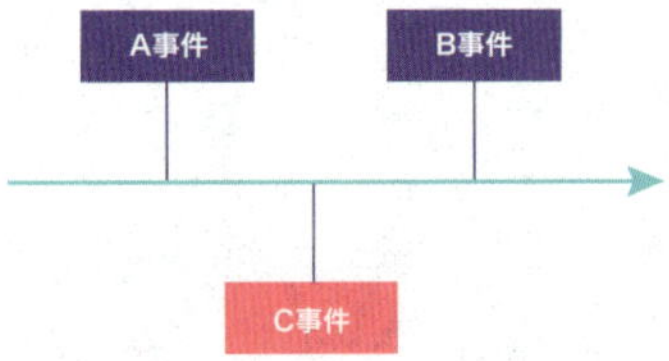

图 4-12

2 重复

上文说过对比原则是突出不同，那么重复原则就是突出统一。读者能见到的颜色、线宽、文字、形状、大小、空间等有效元素都是可以作为重复出现的元素。

以下这件作品，充分地在颜色、线条、字体、形状等元素上实现重复。所以你能很清楚地看出来它们是统一的，是有一定规则的。

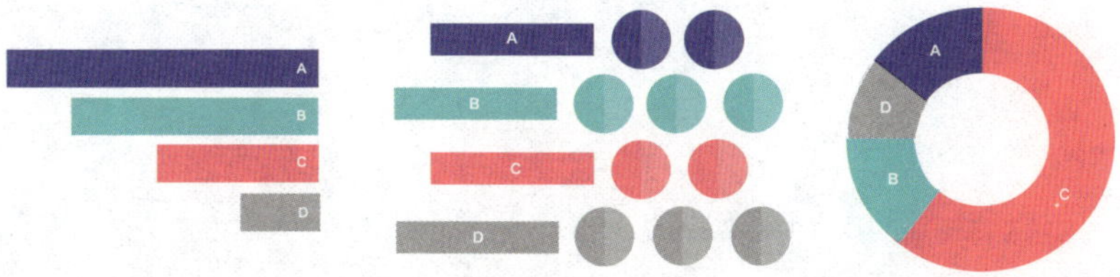

图 4–13

3 对齐

一说对齐，大家肯定都知道。对齐就是不允许所有的元素随意地摆放。一些元素在画面上的某一个内容上要形成一种视觉联系。

如果看到文档的信息外观不是那么令人满意，那肯定是没有对齐。对齐会给人一种规律的感觉，它会让人感到平静。条件允许的情况下，作图的时候可以设置图表的参考线，在隐形中形成一种规律。

图 4-14 中的图表，使用了对齐的原则（红色的辅助线位置）。

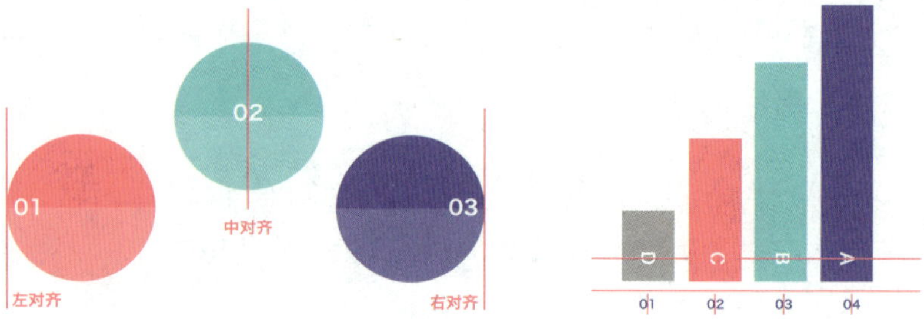

图 4–14

4 亲密性

亲密性，简单来说就是把相互联系的元素放到一起，并与其他元素呈现出空间上的距离。在设计师的眼中，只要是互相联系的元素就应该放在一起，否则，各个元素之间的联系就将不复存在。

亲密性要求图表呈现给读者的是一种有组织的有效信息。很显然，有组织的有效信息可以让读者有一种清晰明了的感觉。

在图 4-15 中，我们将合同法和物权法两个领域的问题放在一起，未进行亲密性的区分。这时，读者需要将全部内容阅读完毕并进行分析后，才能知道内容包括了物权法和合同法两部分内容。而图 4-16 仅做了细微的变动，将物权法和合同法的内容在图表上进行了区分，就能在读者尚未阅读具体内容之前，给其两者存在区别的潜在印象。

- 合同的订立
- 合同的效力
- 合同的履行
- 合同的变更
- 物权设立
- 所有权
- 担保物权
- 用益物权
- 占有

图 4–15

- 合同的订立
- 合同的效力
- 合同的履行
- 合同的变更

- 物权设立
- 所有权
- 担保物权
- 用益物权
- 占有

图 4–16

（二） 使用技巧

在秉持上述构图的原则之外，在绘制过程中，还有一些使用技巧和注意事项可与大家分享：

1 尽量避免线条交叉

诉讼图表最基本的构成要素包括区块与线条。其中，前者用于列示主体、展现内容，而后者则一般用以串联行为、标明事件的进展，在部分图表中也可以用以表现思维的推演过程。因此，诉讼图表中的线条要顺滑、明显，不能与其他元素相挤压，在设计构图时线条之间也要尽量避免交叉或过分迫近，以免打扰读者在阅读图表时的思路。

2 尽量避免线条“长途奔袭”

有时我们在绘制图表时，由于案情复杂、主体众多，难免存在整张图在结构上左右互指、上下缠绕的情况。同时，为了尽量避免线条直接交错，我们往往会想到使用长线条，避开构图的中心结构，而从其外部远途绕行。其结果是，一张图上往往有一条乃至几条笔直的线条横贯整个画面，更有甚者，如果跨越整个纸张的一条边仍无法触及的，还要再弯曲转折，直至够及目标图形为止。这种做法，虽然避免了发生错乱的风险，但其对构图美观的影响，不亚于线条交叉。

解决这一问题的方法其实很简单，只要记住“山不向我走来，我就向山走去”即可。对于需要以线条进行连接的区块和图形，在位置上应当尽量靠近。另外，对于那些需要与较多图形连接的要素，要避免放在纸张角落，而应尽可能安排在构图的中央位置，以便充分利用其四周的空间。

3 应对文字进行合理布局

合理安排文字位置，主要是指将说明性文字主要集中在图表的底部或侧面，而在图表主体布局中以简化的符号进行指代。

> 如某借款合同纠纷案件中，沈阳公司向杨某、孟某分别借款900万元和100万元。随后，沈阳公司在杨某在场的情况下，将一张面额为1000万元，背书人盖章，被背书人空白的承兑汇票交给孟某，且孟某出具了《收条》，内容为：沈阳公司对杨某及孟某的借款1000万元已全部偿清。后杨某起诉沈阳公司，要求沈阳公司偿还借款900万元。

通过上述事实可知，汇票交付当时杨某在场，以及孟某出具的《收条》具体内容对本案的处理结果具有重大影响。因此，在绘制图表时，不能省略上述信息。图表可绘制如图 4-17：

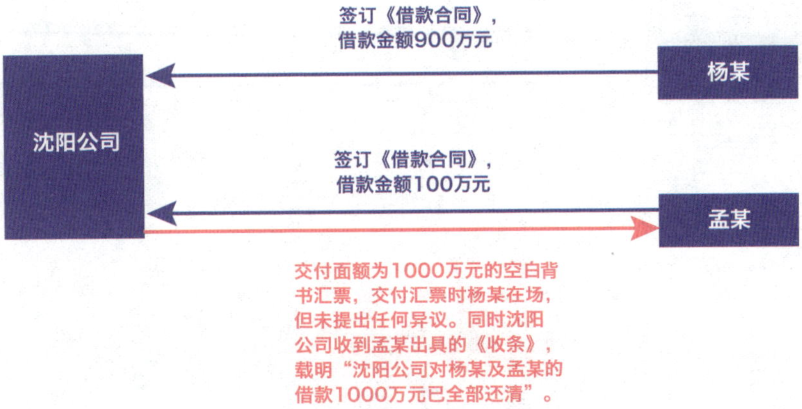

图 4–17

上述图表能够表现出《收条》的具体内容，如果本案只有这三方当事人之间的法律关系，如此进行文字表述没有问题。但本案事实非常复杂，除上述三方当事人外，还涉及空白背书汇票流转过程中多家实际持票人及票面记载背书人，同时，还涉及贴现款项流转的多个账户。在复杂的案件材料下，如果每一个法律关系涉及的具体内容都要在图表主体内表达的话，将造成文字过多、影响图表美观的问题。因此，应该将具体内容通过标注的方式统一安排。

因此，图 4-17 可修改成图 4-18：

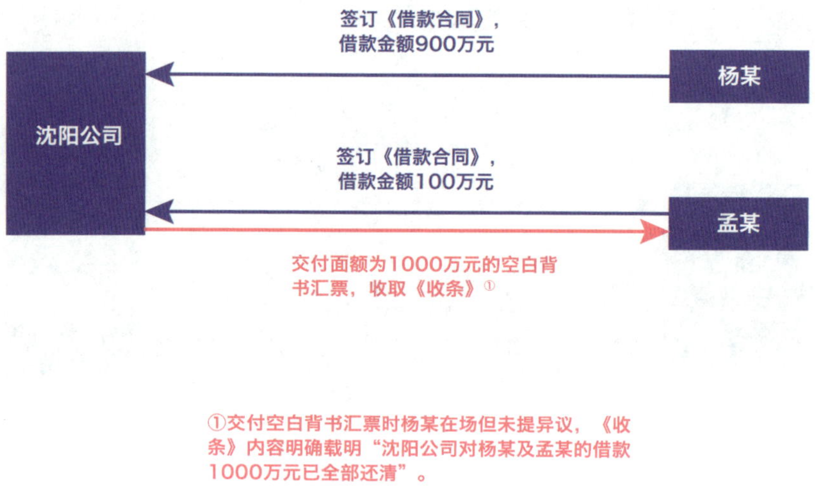

图 4-18

既不在图表主体框架内进行过多的文字描述，也不完全省略或简化处理，而是通过代指的方式，将具体文字内容集中放在整张图表的底部或侧面，既突出了文字的具体内容，又不影响图表结构的简洁和美观。特别是在法律关系复杂、当事主体众多的案件中，通过代指的方式对文字进行合理布局，至关重要。

4 图表绘制不应过于拥挤

在图表绘制的过程中，不论是文字在框架中的排列，还是整个图表在纸张中的排列，都不应过于拥挤，而应该留有余地。

如在图 4-19 两个表达相同内容的图表中，左侧图表的文字与边框留有空白，这样能够使读者更加舒适，反之，右侧图表则给读者较强的压迫感。如果图表内容进一步增多，则压迫感将更加强烈。

图 4–19

综上所述，在明确呈送对象、选择图表类型并确定内容之后，我们需要做的是通过图表本身的线条、颜色、框架的使用，使得我们能够在图表中更好地表达。而更好表达的基本功，是使图表在配色和框架的使用上更加美观、大方。

第二节
设计进阶：突出观点

设计的基础，在于符合大众审美，但这还远远不够。

每一张图表，都根植于具体的案件事实及法律规定；每一张制作后的图表，都有其特定的受众：同事、客户或裁判者。因此，每一张图表实质上都是一张有立场的图表，这个立场会随着绘图者和受众的不同而进行转换。

图表的立场，与图表秉持的客观、真实原则并不冲突。突出观点，与篡改事实是完全不同的。后者是不诚信的诉讼行为，严重的甚至可能受到法律制裁，自不待言；至于前者，鉴于诉讼图表的本质是为了支持一方当事人的观点与诉求，带有天然的立场属性，而在目前普遍奉行的对抗主义的民事诉讼结构中，每个人都没有“自证其不当”的义务，而对于律师来说，更有责任在合法限度内谋求委托人利益的最大化，因此，在图表中呈现诉讼策略及核心观点，不但不违反律师职业道德，更应当得到充分研究和使用。

一 线条、颜色、框架的使用

熟练地使用线条、颜色和框架，可以帮助我们在图表设计中更多地凸显构图者观点。

线条可以用来构建主体、事件之间的联系，勾画出案件中重要的法律关系、资金流向、标的物流转等信息。通过线条的连接，将原本零散的信息搭建起一定的逻辑关系，呈现出对于案件的认识和观点。对于连接型线条的可视化，可以通过线条的粗细、箭头的增加以及辅助性文字的设置，实现相应的效果。

通过颜色的深浅来表达指标值的强弱和大小，也是图表可视化设计的常用方法。不同的颜色具有不同的自然属性，如红色代表强调、警示、危险，蓝色或绿色代表平静、安全、可行，灰色代表模糊、平庸、辅助等。而在诉讼图表中，则应该充分利用这些颜色本身的属性，转化我们对案情观点的表达方式。如在图表中，可以将双方履约行为表示为蓝色，将对方违约行为表示为红色，既起到突出作用，也传达了对该违约行为的负面评价。同样，在存在多种法律关系的图表中，可以用不同的颜色区分法律关系。如在当事人之间存在多笔款项往来，可以用蓝色或绿色表明双方已经结算完毕的款项，而用红色表示存在争议的款项。

框架是表达绘图者观点的另一重要方式，框架的整合或分割，可以把原本平铺直叙的案件图表，根据时间阶段、法律关系、利益集团等因素，划分图表中的内容，并以分块表现的形式展现作者对于案件事实的分析结论。

> 假设我们在案件中遇到这样一个事实，需要用可视化的方式表达：A、B 公司共同投资某项目，其中 A 公司出资 5000 万元、B 公司出资 1.5 亿元。

对于这样简单的案件事实，我们可以通过图 4-20 来展现：

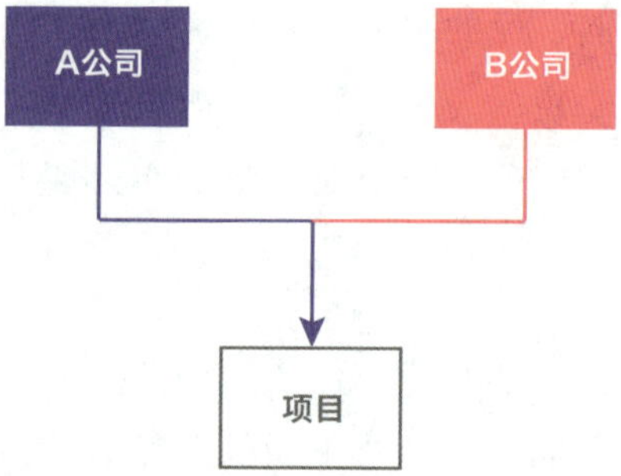

图 4–20

这时，让我们加入绘图者的立场：

如果我们是 B 公司的代理人，我们能够对上述图表进行怎样的设计变动呢？我们发现，因为 B 公司的投资额为 15000 万元，远远高于 A 公司的投资额，B 公司应在图表中将这一优势信息进行明确的标明。此外，因 B 公司的投资额度高于 A 公司，以 B 公司的立场出发，其应该对项目享有更多于 A 公司的收益。因此，我们可以将 B 公司与项目相连的线条变粗，以彰显其对项目享有更多的权益。

设计变动之后，我们的图表如图 4-21：

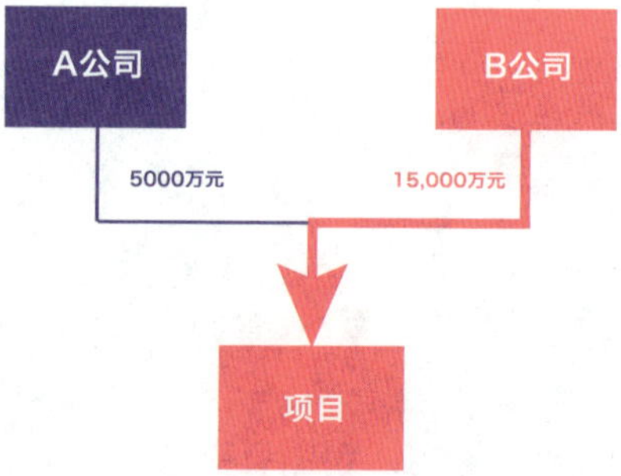

图 4–21

假设存在如下案件事实：项目公司有A公司、B公司两个股东。现B公司拟将其持有的项目公司股权转让给C公司，但享有优先购买权的A公司未予同意。因此，C公司通过其母公司C集团，收购了B集团持有的B公司的股权，以达到间接控制B公司在项目公司股权的目的。

在上述案情下，如站在A公司的立场，我们会主张B集团收购B公司股权的行为等同于间接控制了项目公司，同样侵害了其优先购买权。这时，我们需要做的是，论证B集团与B公司、C集团与C公司实际上是利益共同体，母公司的股权变动，同样影响子公司的利益。此时，我们可以使用虚线框架的方式，将我们认为属于利益共同体的各个主体框起来，形成一个整体。如图4-22所示：

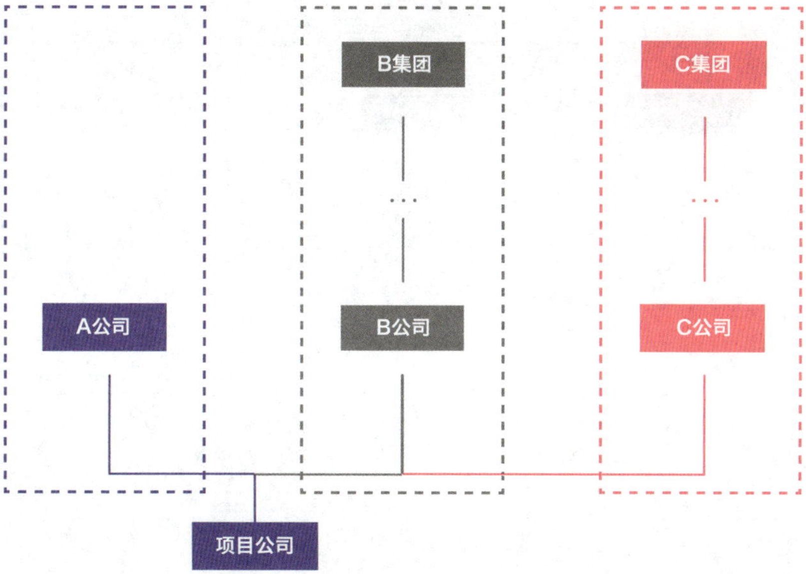

图4-22

但如果我们换一个角度看，站在 C 公司的立场主张 C 集团收购行为并未影响 A 公司的优先购买权。这时，我们的核心观点，应为论证项目公司的股东仅有 A、B 两公司，C 集团收购行为并未引起项目公司股东变化。根据公司的独立性原则，B 公司上层母公司股权的变动不应受到 A 公司的影响。这时，我们需要调整框架的位置以突出项目公司股东未发生变动这一核心观点，如图 4-23 所示：

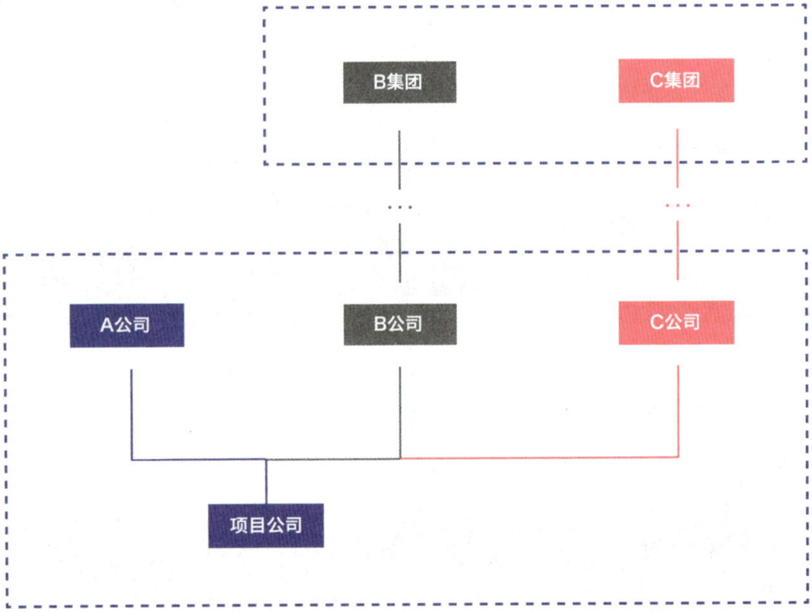

图 4–23

假设我们在案件中遇到这样一个事实：贷款人与借款人签订《借款合同》，借款金额为500万元。合同签订后，按照借款人的指示，贷款人直接将款项交付给第三人。合同到期后，借款人未按期还款，贷款人拟向借款人提起诉讼。

就上述案件事实，如果站在贷款人的立场上，我们可以绘制法律关系图，见图4-24：

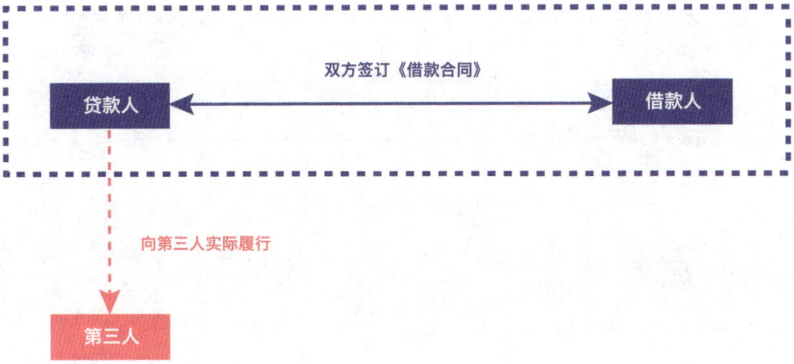

图4–24

在图4-24中，我们认为本案借款合同关系的双方当事人是贷款人和借款人，因此，我们将贷款人、借款人这两个主体使用相同的颜色表示，双方之间用实线线条连接，并用虚线框架将二者框起来。而贷款人向第三人支付款项，属于合同法上的向第三人实际履行，并不影响借款人偿还款项的义务。

这时，我们变更绘图立场，假设我们现在作为借款人的代理人，借款人向我们阐明，本案的真实情况是，贷款人与第三人才是真正的《借款合同》的当事人，本案借款人仅是名义借款人。因第三人的特殊身份，其无法与贷款人直接签订《借款合同》，但款项已经被第三人实际使用，对此事宜贷款人也是明知并认可的。这时，我们作为借款人的代理人，可以绘制如图 4-25：

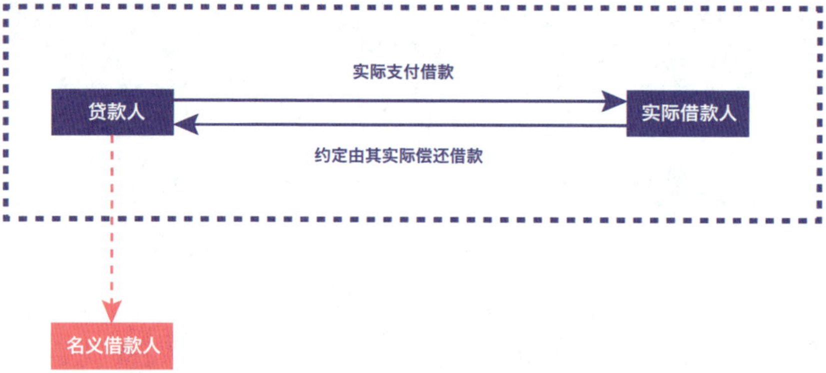

图 4–25

在图 4-25 中，我们把贷款人和实际借款人（即原图中的第三人）作为图表核心，二者是《借款合同》的双方当事人。因此，我们将两者使用了相同的颜色进行表示，两者之间使用实线连接，并用框架框在一起。至于本案借款人，其作为名义借款人并非借款合同的真正主体，使用的颜色与贷款人及实际借款人并不相同，且线条使用虚线。

可见，在图表绘制的过程中，我们应该根据立场的不同、想要表达的观点的不同来变换颜色、线条以及框架的使用，并最终达到展现己方立场的目的。

二 线条、颜色及框架使用的注意事项

首先，设计的方案至少适用于两个层次：既能够在图表整体上体现宏观观点，如将主体区分阵营、将案件事实分类，让读者能够快速地了解图表所要表达的整体概念；同时，也要兼顾对局部的详细内容的呈现，以合适的方式强化或突出重点事实和核心观点。

其次，在可视化设计实践时，上述三种方法是需要混合使用的，尤其在表达组合型概念时。例如，我们想要呈现案件中某一事实没有证据证明时，既可以通过将该事实的边框变为虚线，与其他事实进行区分；也可以将该事实的颜色变为灰色，弱化在案件图表整体中的效果。

最后，也是最为重要的一点是，所有可视化的设计，都是为了图表易于理解，在显性化的基础上越简单大方越好，切忌华而不实。

综上所述，对于图表的进阶化设计，实际上是“千方百计”地使图表能够突出己方观点，而工具则是对线条、颜色、框架的运用。到底如何才能更好地表达观点？这个问题没有放之四海而皆准的规律，但是“想办法表达好”的思维方式，却永远都是正确的。

第二部分

可视化应用

第五章

典型纠纷类型的可视化应用

现在，当我们面对复杂的案卷材料时，我们已经知道如何一步一步将其转化为诉讼图表了。那么，当我们面对一个全新的案件时，我们是否有一些固化的经验可以借鉴？虽然我们知道，不同的案件事实、不同的法律适用所形成的图表各不相同，“一千个案件就有一千张各不相同的图表”，但是，相类似的案件，是否存在相类似的图表思维和构图思路呢？答案无疑是肯定的。相同类型的纠纷，核心争议的焦点是存在共性的，因此，图表的构图也存在共性。

本章将对典型纠纷类型的不同争议事项进行总结，以期读者能够按图索骥，在碰到相同或相似类型的纠纷时，能够对案件材料所展现出来的各项要素进行排列、组合。

本章以商事争议的六种主要类型——借款合同纠纷、票据纠纷、建设工程合同纠纷、国际货物买卖纠纷、土地交易及开发纠纷、与公司有关的纠纷——为例，分别论述每种纠纷项下的主要争议类型以及每种类型项下普遍适用的构图方法和绘图重点。

第一节
借款合同纠纷

根据我国《民法典》第667条、第668条第2款的规定，“借款合同是借款人向贷款人借款、到期返还借款并支付利息的合同”，借款合同的“内容一般包括借款种类、币种、用途、数额、利率、期限和还款方式等条款”。在具体司法实践中，借款合同纠纷又根据当事主体的不同，分为金融借款、同业拆借、企业借贷、民间借贷、小额借款、金融不良债权转让等纠纷。

借款合同纠纷虽然在法律关系层面仅涉及贷款人、借款人、担保人三方主体，各主体间权利义务也相对简单。但随着市场经济的发展，借款合同纠纷不断呈现出多样化、复杂化的发展趋势。有些借款合同纠纷涉案主体繁多、关系交错，有些则表现出实为借贷、名为其他法律关系的黑白双重法律关系，有些则存在真假难辨的资金流向。

这时，就需要借助图表这一工具，方便我们更加清晰、简明地展现案件事实。

借款合同纠纷涉及的案件事实和法律问题非常复杂。但有些问题主要涉及法律适用，如“借新还旧”情况下保证责任的认定、以存单为表现形式的企业间借贷的认定等，在这些问题下，图表发挥作用的空间比较有限。因此，对于该类纠纷本章不再予以赘述。下文将针对图表能够发挥作用的纠纷类型，进行分析。

一 借款合同签订主体与履行主体不一致的纠纷及构图

（一）基本构图

借款合同主体主要包括贷款人和借款人两方，但在实践中，经常出现借款合同的签订主体与实际履行主体不一致的情况。

根据《民法典》第522条第1款、第523条的规定，在第三人代为履行或由第三人履行的情况下，借款合同法律关系仍建立在合同签订主体之间，第三人只是履行方或被履行方，不因此成为合同主体。

因此，在该类案件构图时，如果借款人拟向合同签订主体主张还款责任，则应着重从借款合同法律关系出发，论证实际用款人只是接受履行的第三人。此时，借款合同可以构图如图5-1：

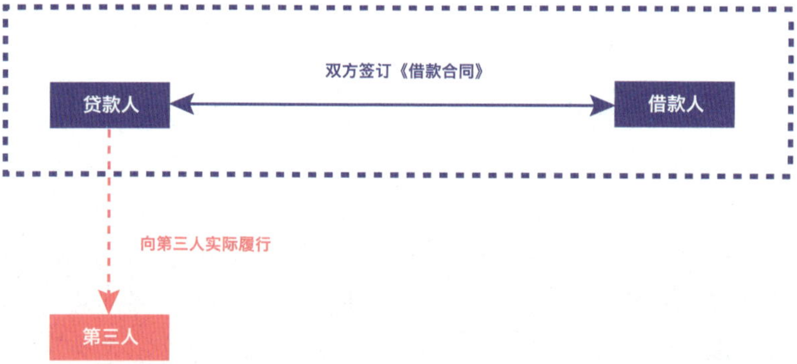

图 5–1

通过上述基本构图可知，在借款合同签订主体与履行主体不一致的情况时，图表类型以法律关系图为主。构图重点为圈定构图者拟主张的实际借款合同关系的各方当事人。

（二）复杂构图

在上述基本构图的基础上，司法实践中，借款合同签订主体和履行主体不一致的情况出现时，通常伴随有多个合同、多个主体同时出现的情况。此时，对此类纠纷的构图应在基本构图的基础上，增加合同主体及各方法律关系。

2010年3月12日，沈阳A公司与沈阳B公司签订《协议书》(以下简称312协议)，约定两公司各出资2000万元，共同出借给北京A公司；由沈阳B公司与北京A公司签订借款金额为4000万元的《借款合同》，借款期限一年。沈阳B公司并未提交其付款4000万元的相关证据。

2010年3月22日，长沙B公司与李某签订《借款合同》(以下简称322协议)，约定长沙B公司支付李某借款金额为4000万元，期限一年。随后，李某出具指令付款函，要求长沙B公司将借款汇入北京A公司账户。经法院查明，李某系北京A公司的法定代表人，沈阳A公司与北京A公司系关联企业，沈阳B公司与长沙B公司系关联企业。

2011年5月，北京A公司向沈阳A公司陆续支付往来款2000万元、向长沙B公司陆续支付往来款2000万元。现长沙B公司起诉李某承担剩余2000万元的还款责任，李某主张北京A公司偿还给沈阳 A 公司的款项即为剩余 2000 万元的还款，李某债务已履行完毕。

此案中，存在两个《借款合同》，且两个《借款合同》签订主体与实际款项的交付主体均不同。此时，需要在基本构图的基础上，同时表现出两个《借款合同》的当事主体及相应的资金流向。

因此，可以通过图 5-2 表示该案的案件事实：

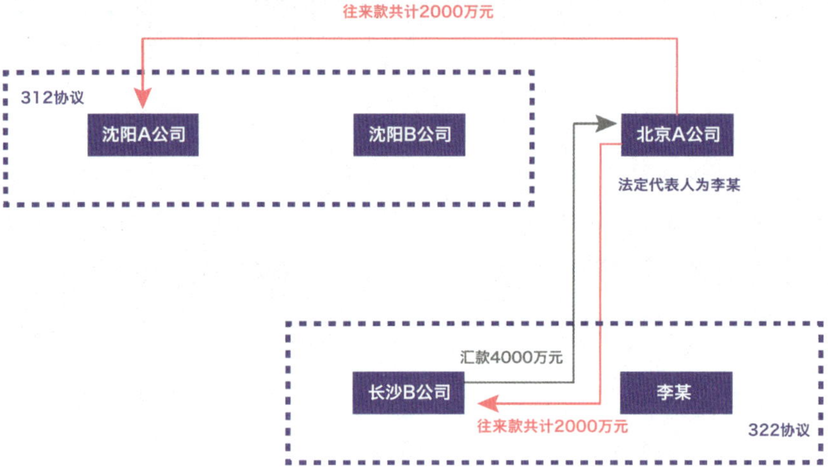

图 5–2

图 5-2 是站在案件客观事实的角度绘制的。但如果站在李某的角度分析本案会发现，强调沈阳 B 公司与长沙 B 公司之间的关联关系对李某更为有利。对于李某而言，如果能够证明 322 协议系 312 协议的实际履行，即证明长沙 B 公司向北京 A 公司汇款的 4000 万元中，有 2000 万元系来源于沈阳 A 公司，那么北京 A 公司各自还款 2000 万元在事实上即可成立。

此时，绘制图表的关键是通过图表呈现出沈阳 B 公司与长沙 B 公司的关联关系。因此，可以绘制图 5-3：

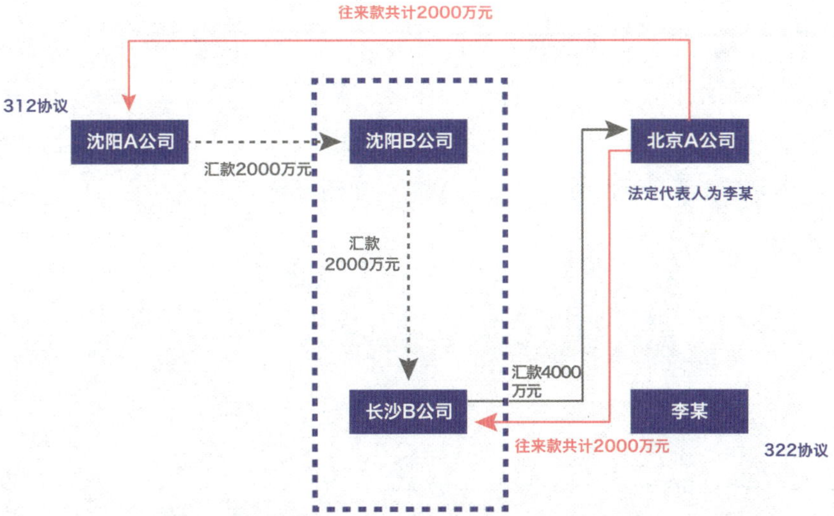

图 5–3

综上可知，在借款合同纠纷中出现借款合同签订主体与合同履行主体不一致的情况时，应使用法律关系图表构图。在绘制图表时，可以通过虚线框的方式，将构图者拟证明的实质借款合同主体框定起来，以表达构图者的立场。

二 以特殊方式还款的借款合同纠纷及构图

借款合同属于消费借贷中的金钱借贷，是当事人约定一方将金钱转移给他方，他方在约定的期限内偿还借款本金及利息的合同。因此，借款合同的履行应为交付金钱。但在实践中，如双方当事人协商一致，也可以采取其他方式偿还借款，如以房抵债，交付空白背书汇票等方式。

（一）基本构图

在以特殊方式还款的借款合同纠纷中，图表的绘制除了需要展现借款合同法律关系外，还应同时展现特殊还款方式的法律关系。在构图时，通常将贷款人或借款人作为两个法律关系的连接点，同时使用不同颜色的箭头线段分别表示借出款项和还入款项。

以简单的债权转让作为还款方式为例，构图时应同时绘制借款合同法律关系和债权转让法律关系。如甲与乙签订《借款合同》，约定甲向乙贷款 500 万元。债务到期后乙仅偿还 300 万元，剩余 200 万元以丙对第三人享有的 300 万元债权抵偿。

对此，可以绘图 5-4：

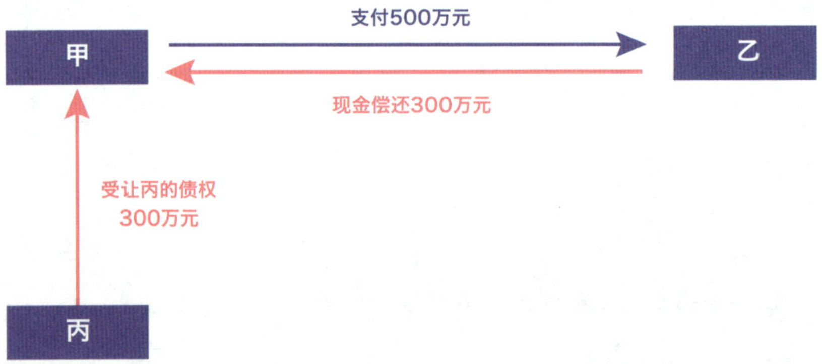

图 5-4

（二）复杂构图

除了以债权转让这种较为简单的法律关系偿还借款外，实践中通常存在的还款方式为使用空白背书汇票还款。在此情况下，构图的要点与上述简单构图相同，即同时展现借款合同法律关系和票据贴现法律关系。

> 茶叶公司与李某签订《借款合同》，约定茶叶公司向李某借款2000万元。借款到期后，茶叶公司使用一张出票人为茶叶公司，收款人为北京公司的汇票还款，汇票面额2000万元，收款人处盖有背书章，被背书人处空白。李某取得该汇票后，立即联系浙江公司进行贴现。后法院查明，汇票背书栏处显示北京公司将该汇票背书转让给科技公司，科技公司又转让给实业公司。该汇票最终于宁波银行贴现成功。现因浙江公司擅自挪用贴现款1000万元，李某向茶叶公司主张剩余1000万元的债权。

此案中，因为李某联系浙江公司实际贴现，因此在票据法律关系上，存在法律上的票据背书转让关系以及实际票据流转关系两部分内容。前者以茶叶公司（出票人）作为连接点，后者以李某（实际持票人）作为连接点。因此，本案可以绘图如图5-5：

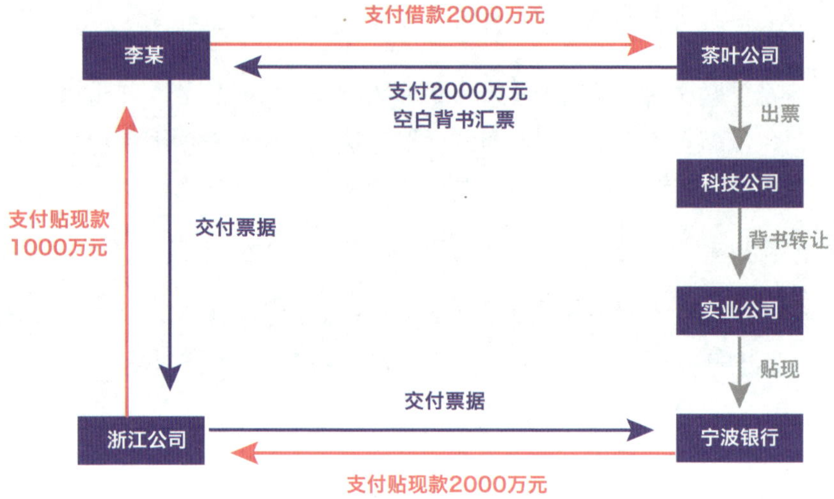

图 5-5

在图 5-5 中，红色箭头表示资金流向，蓝色箭头表示票面记载的票据流向，灰色箭头表示票据实际流向。

综上可知，在借款合同纠纷中出现借款人与出借人合意约定使用其他方式还款时，应使用法律关系图表构图。在绘制图表时，应同时展现借款合同和其他方式两种法律关系，并以借款人或出借人为连接点，将多种法律关系连接起来。

三 存在多笔借款、还款时的借款合同纠纷及构图

不论是何种类型的借款合同，借款人的主要义务均为偿还借款。因此，借款金额的全部、按时偿还是借款合同履行的重要内容。

一笔借款合同中，借款是否全部偿还当然简单明晰。但在借款合同实践中，特别是民间借贷纠纷中有时会存在数十笔贷款、还款交叉存在的情况，此时，就需要通过图表的方式梳理借贷双方的借款金额。

（一）基本构图

在统计多笔借款、还款交错进行的借款金额时，最常使用、也最能够清晰展现借款情况的图表类型是表格。

一般情况下，我们将表格的纵列设定为不同笔借款，将横列分别设定为借款金额、时间、利率，以及该笔借款对应的还款金额、时间，并在最后一列设置每一笔借款的余额情况。在绘表时，还可以将借款情况和还款情况用不同颜色表示。如表 5-1：

表 5–1

借款序号	金额	借款时间	利率	还款金额	还款时间	借款余额
1						
2						
3						
4						

（二）复杂构图

司法实践中面临的民间借贷纠纷往往不如上述基本构图中展现的那么简单，经常碰到的情况是，签发借条的当事人与实际履行借款义务的当事人并不一致，此时，可以在上述基本构图的基础上，增加当事人信息。如表 5-2：

表 5-2

<table>
<tr><th>借款人</th><th>借款序号</th><th>金额</th><th>时间</th><th>利率</th><th>还款金额</th><th>还款时间</th><th>借款余额</th></tr>
<tr><td rowspan="4">甲向乙支付款项</td><td>1</td><td></td><td></td><td></td><td></td><td></td><td></td></tr>
<tr><td>2</td><td></td><td></td><td></td><td></td><td></td><td></td></tr>
<tr><td>3</td><td></td><td></td><td></td><td></td><td></td><td></td></tr>
<tr><td>合计</td><td colspan="3"></td><td colspan="3"></td></tr>
<tr><td rowspan="4">丙向乙支付款项</td><td>4</td><td></td><td></td><td></td><td></td><td></td><td></td></tr>
<tr><td>5</td><td></td><td></td><td></td><td></td><td></td><td></td></tr>
<tr><td>6</td><td></td><td></td><td></td><td></td><td></td><td></td></tr>
<tr><td>合计</td><td colspan="3"></td><td colspan="3"></td></tr>
<tr><td rowspan="5">甲向丁支付款项</td><td>7</td><td></td><td></td><td></td><td></td><td></td><td></td></tr>
<tr><td>8</td><td></td><td></td><td></td><td></td><td></td><td></td></tr>
<tr><td>9</td><td></td><td></td><td></td><td></td><td></td><td></td></tr>
<tr><td>10</td><td></td><td></td><td></td><td></td><td></td><td></td></tr>
<tr><td>合计</td><td colspan="3"></td><td colspan="3"></td></tr>
</table>

综上可知，当借款合同纠纷中存在多笔交叉的借款、还款金额时，应使用表格的方法对各笔借款及对应的还款情况进行整理。

上文以实践中经常出现的三类借款合同纠纷为例，讲述了不同纠纷类型适用的不同构图方式和构图重点。在实际操作过程中，随着案件事实和法律适用的变化，读者可以在基本构图的基础上，对案件图表进行扩充和演变。

第二节
票据纠纷

一 概述

票据是指出票人以支付为目的而签发的，由自己或指示他人见票即付或到期后无条件支付一定金额给持票人或收款人的有价证券。本节所讨论的票据纠纷，指围绕《票据法》所规定的汇票、本票、支票所发生的相关纠纷。

票据因其支付价值及便利的流转属性，已成为常见的支付方式。根据人民法院近年来审理的涉票据类案件，票据纠纷主要呈现出如下特征：

（一）主体关系复杂

票据关系的基本主体包括出票人、收款人及承兑行，但基于流转，一张票据在有效期内可能历经数次背书、贴现、转贴现等程序，使得票据纠纷涉及主体众多，相互关系也较为复杂。

（二）流转过程复杂

目前社会经济正处于转型发展期，社会信用有待进一步加强，伪造基础交易关系、提供虚假材料、虚列背书流转、票据诈骗等情况屡见于各类涉票据类纠纷之中。厘清真实的票据流转关系，是对代理律师的首要要求。

（三）民刑交叉，程序复杂

虚构基础交易关系、虚假背书、伪造贴现材料等情形不仅使案件事实难以查明，而且可能导致一个票据关系涉及民事诉讼和刑事诉讼两套程序。这时，民事程序和刑事程序的处理流程，是适用民刑分离还是先刑后民，对案件最终处理结果影响重大。

由于票据纠纷的上述三大复杂特性，弄清纠纷发生的过程及实质，是处理此类纠纷最基本、最核心的要求。

二 票据纠纷基本构图

借助图表直观、形象的特性，以时间、主体、流转、层级结构等关系为要素，辅之以色彩、虚实线等技术手段，可以更加清晰地还原票据纠纷的来龙去脉。

票据纠纷构图时，要以时间为线，抓住人、钱、物三主体，根据票面记载的流转状况，以流转的先后时间为序，对各个主体及相互之间的基本关系进行构图。具体而言，应当厘清票面的记载情况，包括背书流转及特殊标记，如禁止担保；把握票载资金的实际流向，即钱进了何人账户；票据的实际流转情况，即票据实际经何人之手。如遇个案特殊情形，应当以此基本结构为基础进行演变。

根据票据主体及在流转中的关系，票据纠纷的基本构图主要包括关系图、时间轴图及流程图三大类型。

（一）关系图

关系图系将票据法律关系的主体及其行为在图表中相应的位置予以标示，是票据纠纷中最常用到、最基本的构图形式。票据行为至少以出票人、收款人及付款银行三方为参与主体，该三方主体亦为票据纠纷的基本构成单位。因此在结构图中，往往将此三方主体捆绑标示，见图 5-6：

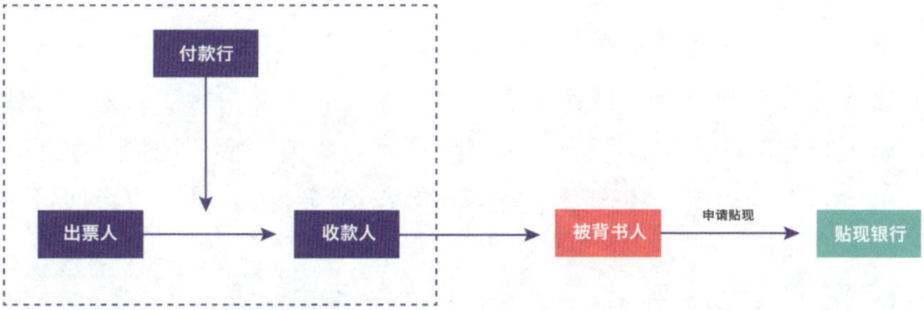

图 5–6

关系图在构图时应主要考虑以下因素：

第一，当事人的完整性。将票面记载的流转当事人全部罗列，查看背书是否连续，并核实粘单是否完整连续。完整罗列当事人，也便于追索权的行使。

第二，将票据纠纷中涉及的主体及各自地位以流转关系为线索进行标示。考虑到背书人与被背书人实际参与到票据的流转过程之中，且与出票人与收款人的同等地位，故将背书人、被背书人及贴现银行等主体在同一水平线上进行标示。

第三，争议发生的环节。在基本构图的相应位置将发生争议的环节用色彩予以标示，将注意力锁定在特定的环节，避免冗杂信息干扰。

第四，票据现状。在流转关系的结束时点，标明涉案票据的现状，即仍处于背书流转之中、已贴现或已解付。

（二）时间图

除主体外，时间也是票据基本构图中的重要因素。票据纠纷涉及的重要时间主要包括出票日、到期日、贴现日、查复日等。重要时间的把握将有可能对案件性质产生决定影响。如在某纠纷中，为了证明出票人与收款人之间恶意串通，以票据贴现为掩盖形式的借贷关系，突出密集办理出票、连续背书及贴现中存在的非常理性，可以通过时间轴表示如图 5-7：

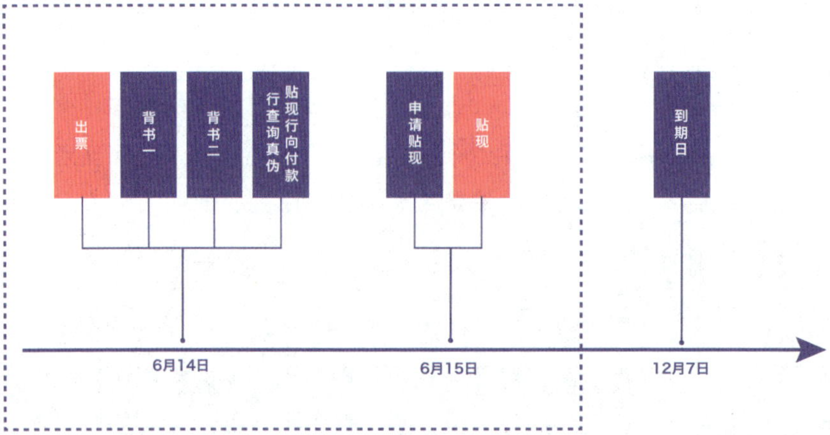

图 5–7

（三）流程图

流程图主要是为了便于表述银行内部复杂的票据贴现程序而生，以此说明银行在办理票据贴现业务中是否存在过错，从而分辨其责任。构图时，应务求业务环节的完整性。既是为了证明银行在贴现业务办理过程中是否存在过错，就应当对其贴现业务的每一个环节进行详细梳理，逐项明确。此外，贴现环节的完整阐述也是法官对律师专业性认可、信任感建立的有效方式。银行票据贴现业务流程可构图如图 5-8：

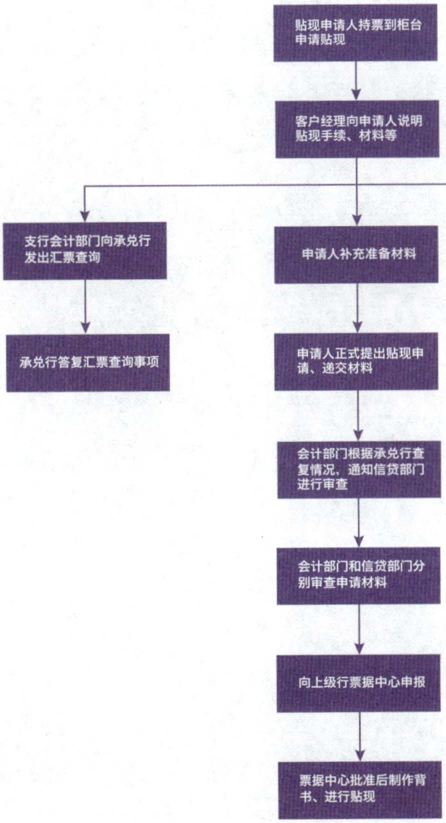

图 5–8

上述三种类型仅为票据纠纷的基本构图形式，在处理个案时应当根据纠纷的特征，或变通，或结合使用。在具体构图时，应把握以下注意事项：

第一，一目了然。对票据纠纷画图的目的就是以最简单的语言和最简洁的方式将复杂的案件事实在最短的时间内描述清楚。因此，构图时应始终围绕这一初衷。

第二，省略无关信息。票据纠纷在最初构图时虽务求完整，将出票、流转、贴现环节予以完整展示，但个案纠纷很可能并不涉及票据全流程，仅为其中一环。在这种情形下，应当将与案涉纠纷无关的信息在图中略去，以免己方观点冲淡在庞杂的无用信息之中。

第三，色彩的合理使用。为了向法官重点传递某项信息，往往以色彩对相关主体及其行为进行重点提示。但色彩的使用以不超过三种颜色为最佳，切不可过多。红、蓝两色常被用来表达对比关系。

第四，整体视觉性。除了完整表达案件事实及观点外，构图还应当从接受者的角度考虑整体布局的舒适性。

三 票据纠纷构图示例

票据损害赔偿纠纷是最为常见的票据纠纷类型。司法实践中，由于通常涉及交易关系的性质认定、贴现行为的合法性认定及在过错贴现情况下引发的损害赔偿问题，故此类票据纠纷的实质涉及过错侵权行为的认定问题。因此，在构画此类纠纷的法律关系图时，应依据票据法及侵权责任法，结合损害事实、行为人的过错程度及因果关系等因素综合考量。示例说明如下：

2007年6月15日，经D公司申请，贴现银行在查询了涉案汇票的真实性后，办理了A公司于同年6月14日签发、收款人为B公司的票据贴现业务。同时，审查了贴现申请书、购销合同及增值税发票复印件并确认背书记载连续。

之后，A公司向公安机关报案称，裴某将A公司签发并委托其转交B公司的涉案汇票进行虚假背书并贴现后潜逃。又以出票行为未完成、案涉汇票24小时内数次背书流转不合常理、未审查贴现资料原件及银行贴现业务员程某同时系D公司财务负责人、公司监事，贴现银行恶意或存在重大过失取得票据为由，诉请判定贴现银行不享有票据权利，并宣告票据无效。

公安机关询问D公司贴现经办人李某的笔录载明，用于贴现的合同、发票及前手背书均系伪造，目的就是贴现；李某办理贴现时，未告知程某所提供的合同及发票复印件是伪造的事实。另查明，A公司与裴某之间曾多次以办理银行汇票的形式进行资金借贷。本案A公司的承兑保证金，来源于A公司向信用社借款。即A公司向信用社借款后，用以向承兑银行缴纳涉案票据的承兑保证金。随后，票据由信用社主任等人实际控制，贴现银行向D公司支付贴现款后，贴现资金经信用社扣除欠款后交给裴某。

一审法院认为，贴现银行查询了汇票的真实性，并审查了贴现申请材料，履行了必要的审查义务，不存在重大过失的情形，故驳回了A公司的诉请；二审法院以贴现银行未核对贴现资料原件、贴现业务员程某对D公司无真实业务发生应当清楚等为由，认为贴现银行存在重大过错，不应享有汇票权利，并判令赔偿A公司损失。贴现银行不服该二审判决，向最高法院申请再审。

该案不仅涉及主体较多、流转过程庞杂，且贴现银行在办理贴现业务时确有过错。另外，由于裴某为了骗取资金伪造了一系列背书，票面记载流转情况与实际流转情况并不相符。为了查明案件事实及纠纷实质，我们通过绘图，以票面记载流转为基础，抓住票据实际流转及资金流向两条线索，最终帮助法官查明案涉纠纷的实质，是以票据为表现形式、发生于A公司与裴某之间的借贷关系。

本案中，票面记载流转、票据实际流转及资金流向各自不同，对此三项可分别作图如下：

（一）票面记载流转过程

票据纠纷中最常见的一种情形是，票面虚假背书泛滥，表现为伪造交易合同、增值税发票，加盖虚假印章等。通过票面记载流转过程的构图，可向法官展示案涉票据基本的流转关系。

对票面记载的流转情况，可做图如图5-9：

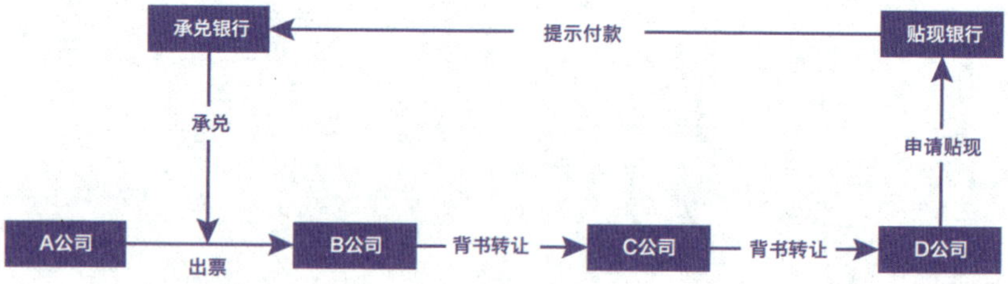

图5-9

（二）票据实际流转过程

票据发生了不同于票面记载情况的实际流转，并最终贴现获取贴现款。票据的实际流转脱离于票面记载的流转情况，但实际流转情况却体现了各方主体之间真实的交易关系。

A 公司出票后，将案涉汇票交给了裴某，裴某又将汇票交给他人持有、流转。对此，可图示如图 5-10：

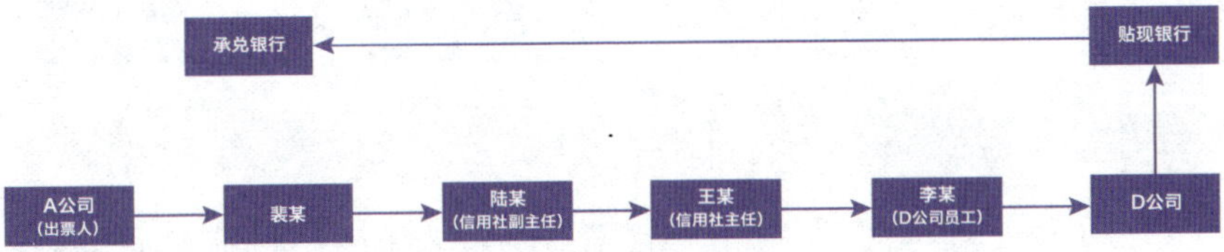

图 5–10

（三）资金流向

把握住资金的流向就抓住了此类纠纷的命门。顺着各主体的流转顺序，紧跟资金的出发点、途经点、落脚点，可进一步印证票据实际流转所体现出的纠纷实质。此外，通过对资金的跟踪把握，亦可对各主体应当承担的赔偿数额作出直观标示，实现定性与定量的完美结合。

本案第一笔资金源于 A 公司向信用社借款，用以向承兑银行缴纳涉案票据的承兑保证金。贴现银行向 D 公司支付贴现款后，贴现资金经信用社扣除欠款后交给裴某。之后，裴某又向 A 公司法定代表人赵某支付 20 万元作为酬谢。该资金流向情况见图 5-11：

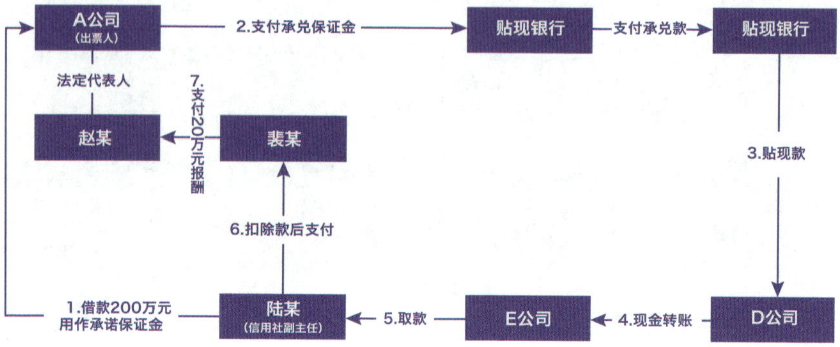

图 5-11

为了便于表达，可将上述三图合并为一张图表。此外，考虑到票面记载流转、据实际流转与资金流向三者之间存在的区别及结合使用的目的，可以对比效果较为强烈的三色分别进行表示。最终成图如图 5-12：

如图 5-12，顺着红色资金流向情况的线条方向，自 A 公司为出票而向信用社举债始，涉案票据贴现款自贴现银行流出后，途径信用社并最终由裴某、赵某实际占有使用。再结合裴、赵二人以往多次以类似手法进行资金借贷的实际情况，A 公司所遭受的损失实际是因裴某未依约偿还资金所致，贴现银行在贴现过程中虽然存有过错，但并未影响 A 公司出借资金给裴某使用的真实意思表示以及该真实目的已经实现的事实。

另一方面，蓝色线条表示的票面记载情况表明，涉案票据出票行为完整、背书贴现连续、票据真实，贴现银行据此办理贴现业务符合

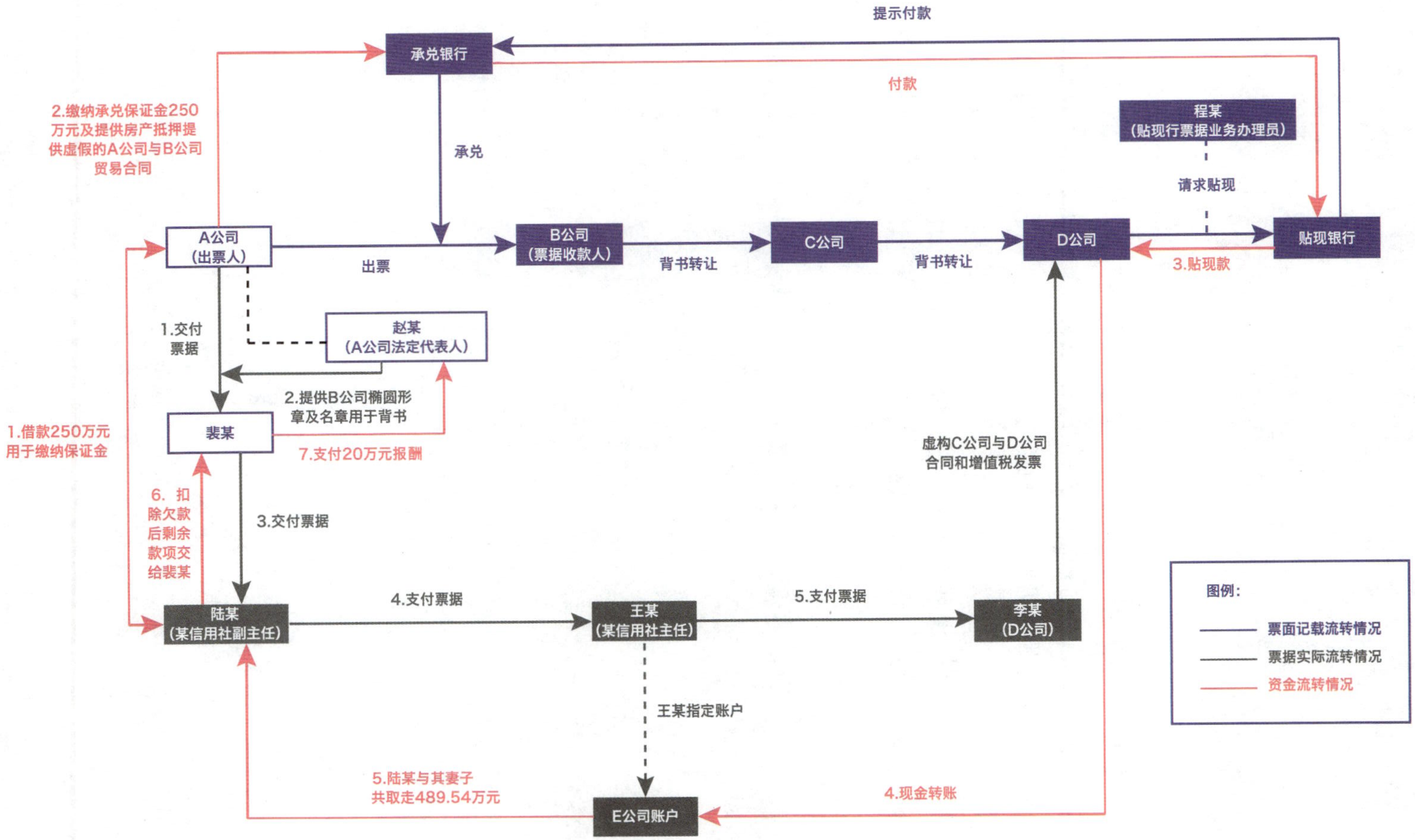

提示付款
承兑银行
付款
2.缴纳承兑保证金250万元及提供房产抵押提供虚假的A公司与B公司贸易合同
承兑
程某
（贴现行票据业务办理员）
请求贴现
A公司
（出票人）
出票
B公司
（票据收款人）
背书转让
C公司
背书转让
D公司
贴现银行
3.贴现款
1.交付票据
赵某
（A公司法定代表人）
2.提供B公司椭圆形章及名章用于背书
1.借款250万元用于缴纳保证金
裴某
7.支付20万元报酬
虚构C公司与D公司合同和增值税发票
6. 扣除欠款后剩余款项交给裴某
3.交付票据
4.支付票据
5.支付票据
陆某
（某信用社副主任）
王某
（某信用社主任）
李某
（D公司）
图例：
票面记载流转情况
票据实际流转情况
资金流转情况
王某指定账户
5.陆某与其妻子共取走489.54万元
E公司账户
4.现金转账

图 5-12

相关规范要求。黑色线条表示的票据实际流转情况则真实地反映出本案纠纷系借贷的真实内涵。A公司开出汇票后，并未如票面载明的情况进行流转，而是由出借保证金的信用社实际控制，并由其指定专门的人员与公司进行贴现、控制贴现款的流动，扣除欠款后交付裴某。至此，A公司实现了以票据为形式、套取银行资金出借给裴某使用的真实目的。弄清楚这一点，对贴现银行是否应当承担责任、承担多大的责任已然有了明确的界定。庭审中，结合这张图表向法官详细阐述了我方观点，取得了良好的效果，并最终帮助我们赢得了案件。

第三节
建设工程合同纠纷

一 建设工程合同纠纷概述

建设工程合同，是指承包人进行工程建设，发包人支付价款的合同，主要包括工程勘察、设计、施工合同等合同类型。由于建设工程合同的主要内容，是承包人按照发包人的要求完成工作，交付工作成果，发包人给付报酬，因此发包人与承包人之间构成承揽法律关系。

建设工程合同属于较为复杂的法律关系类型，具体体现为：

（一）合同主体的多样性

建设工程合同的主体结构，是围绕发包人和承包人构建的。但是这种简单的二元结构，可能由于法律关系的叠加而不断扩充。例如，发包人分别对勘察、施工、监理工作发包，形成一对多的横向扩充。再如，承包人将工程再次分包，形成纵向扩充。但是，无论如何扩充，最基本的法律关系单元仍为二元结构。

（二）合同内容的专业性

建设工程的质量关系到发包人合同目的是否能够实现，而当工程标的为桥梁、道路、地下设施等基础设施时，还会对社会公共利益造成重大影响。因此，只有经认可的专业技术人员，才有资格从事建设工程施工工作。为此，《建筑法》规定了“工程项目许可＋施工单位资质许可”的双许可管控机制。

（三）法律关系结构不断创新

典型的建设工程施工法律关系可以简单表述为发包人出钱，承包人干活。但是在市场及相关专业人士的推动下，资金与项目的结合方式不断出奇出新，例如BOT（Build-Operate-Transfer, 建设—经营—转让）,EMC(Energy Management Contract, 又称EPC，即Energy Performance Contracting，国内均称之为能源管理合同）等创新结构，均突破了建设工程施工合同模式，并融入了更多的法律关系元素。

（四）行业状况较为混乱

伴随着人民生活水平及购房热情的不断上扬，我国商品房市场在过去的十余年间经历举世瞩目的高速发展。与之相应的，是建设工程及房地产行业的飞快成长。由于市场处于不断完善之中，法律法规配套也并不完善，为了获取更高利润，房地产及建设工程领域的不规范现象比比皆是，甚至已经演变为“行业惯例”。

（五）多部门法交叉

为了根本解决建设工程行业的乱象，也由于建设工程案件涉及不同领域，因此国家出台了大量的法律、行政法规和部门规章。根据相关专业人士统计，仅关于建设施工合同效力的强制性规范就有60多条。[①]

正因为建设工程案件结构复杂，涉及法律条文内容众多，所以要求办案律师具有更深厚的经验积累，以及更有效的案件分析工具。

---

① 参见奚晓明、韩延斌、王林清：《房地产纠纷：裁判思路与规范指引》（上），人民法院出版社2014年版，第243页。

二 建设工程合同纠纷的主要类型及构图

（一） 建设工程合同效力纠纷

根据《最高人民法院关于审理建设工程施工合同纠纷案件适用法律问题的解释》（已废止，以下简称《建设工程解释》），导致建设工程施工合同无效的原因主要包括：承包人未取得建筑施工企业资质或者超越资质等级的；没有资质的实际施工人借用有资质的建筑施工企业名义的；建设工程必须进行招标而未招标或者中标无效的；承包人非法转包建设工程的；承包人违法分包建设工程的。

1 挂靠关系特征及构图

没有资质的实际施工人借用有资质的施工企业名义承揽工程的情形，通常被称为“挂靠”。挂靠行为一般有如下特征：

一是挂靠人没有从事建筑活动的主体资格，或者虽有从事建筑活动的主体资格但不具备所承揽的建设工程项目要求的资质等级；

二是挂靠人向挂靠的建筑企业缴纳一定数额的“管理费”；

三是被挂靠人对挂靠人及其承揽工程的施工、质量、技术均不参与任何管理行为，挂靠协议约定被挂靠人对外也不承担任何责任；

四是挂靠人与被挂靠人之间无产权联系、无统一人事及财务管理。

借用资质案件的核心问题是挂靠人、被挂靠人及发包人之间的关系，比较适合以关系图的形式表现。例如，挂靠行为的特征可以用图 5-13 表现为：

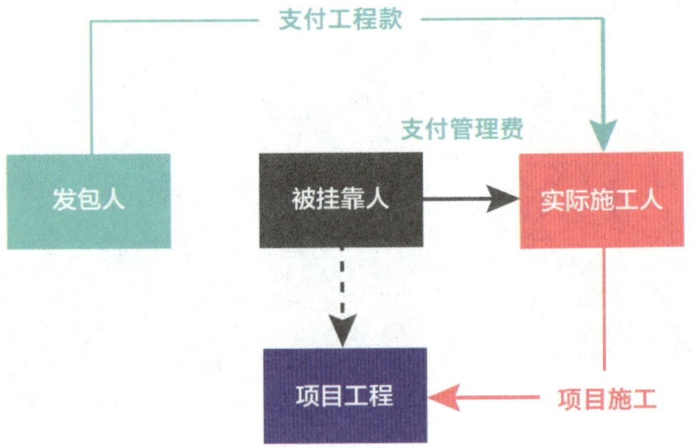

图 5–13

如果律师的目的是证明存在挂靠关系，在构图时可以考虑如下因素：

第一，被挂靠人只是形式上的施工合同当事人，并不实际参与合同履行，可以通过图形或者颜色的调整，淡化其在法律关系图中的地位；

第二，可以通过实线虚线或者不同颜色的线段，表现施工合同约定的履行方式和实际履行方式间的差别。

2 强制招标关系特征及构图思路

根据《招标投标法》，有三类工程建设项目需要进行强制招标，包括：关系社会公共利益、公共安全的大型基础设施、公共事业项目；全部或部分使用国有资金投资或者国家融资的项目；使用国际组织或者外国政府贷款、援助资金的项目。2005 年 5 月 1 日，原国家发展计划委员会下发《工程建设项目招标范围和规模标准规定》（已失效）对三类强制招标项目进行明确，同时授权省、自治区、直辖市人民政府根据实际情况制定区域标准。

通常而言，判断项目是否属于强制招标范围，主要考虑四个要素：一是项目的性质，是否属于关系社会公共利益、公共安全的大型基础设施、公共事业项目；二是项目资金来源，是否使用国有或国际组织、外国政府资金；三是项目资金规模，是否属于单项合同超过 200 万元等情况；四是工程面积，如北京等地区均要求一定面积以上的工程需进行强制招标。在具体案件中，可以根据项目所在地的地方性规定，对前述要素进行增减，见图 5-14。

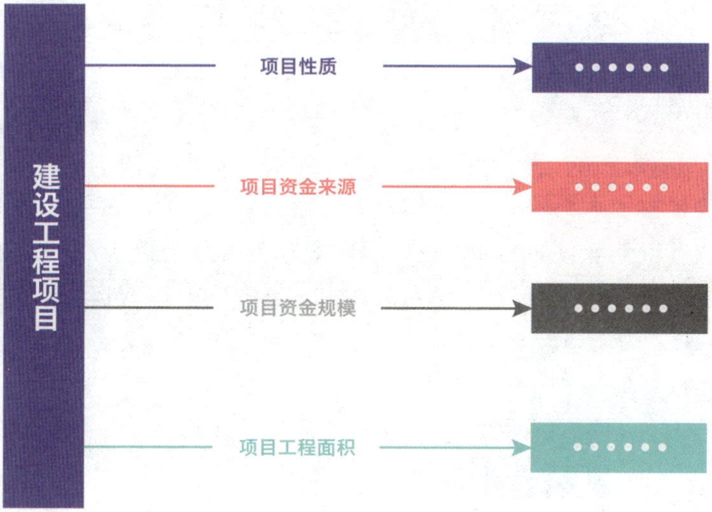

图 5–14

3 分包、转包、违法分包关系特征及构图思路

分包是法律所允许的。根据《建筑法》第 29 条第 1 款的规定，总承包单位可以根据约定，将部分工程发包给具有相应资质的分包单位，但建筑工程主体结构除外。

分包关系图如图 5-15：

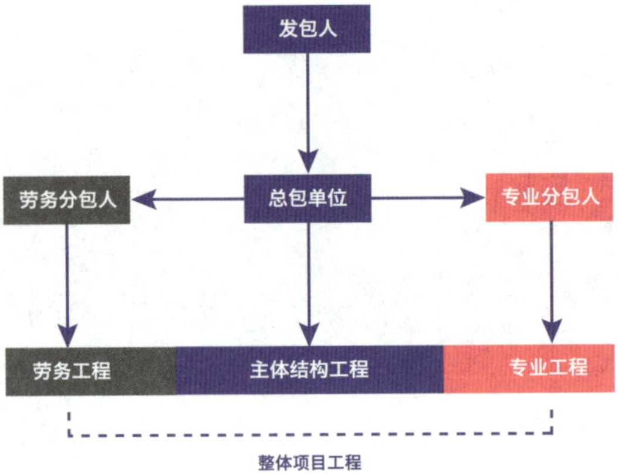

图 5-15

如果承包人不履行合同约定的责任和义务，将全部建设工程转给他人或者将其承包的全部建设工程肢解以后以分包的名义分别转给其他单位承包，则构成转包。转包的两种形式是：整体转包和肢解分包。

整体转包关系图如图 5-16：

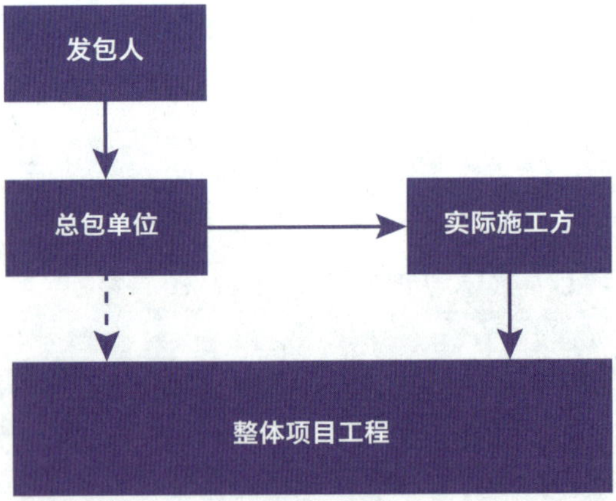

图 5-16

在此关系中，总包单位仅是名义上的项目施工主体，因此用虚线表示其与项目间的关系，而用实线表示实际施工方与项目间的关系。

肢解分包关系图如图 5-17：

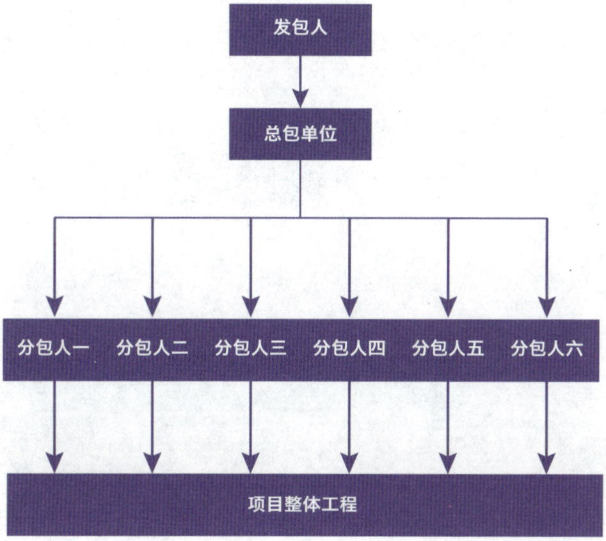

图 5-17

4　示例

发包人 A 公司与承包人 B 公司签订建设工程施工合同，合同约定工程款计算方式为固定总价，任何市场价格行情的变化都不能成为调价的理由。施工过程中，B 公司以 A 公司欠付工程进度款为由退场。黄某向人民法院提起诉讼，主张其为案涉项目的实际施工人，是借用 B 公司资质签订施工合同。黄某举证，其曾指令 C 公司向 A 公司支付预交报建费。

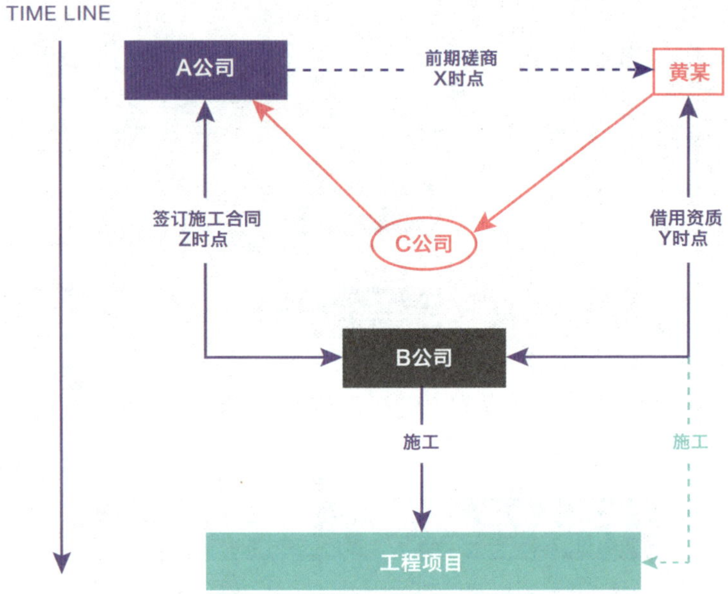

图 5–18

图 5-18 是在结构图基础上，根据案情修改而形成的。我们希望通过图表，展现和强调如下信息：

第一，时间因素。上图增加了两条平行的时间轴，并在表现当事人主要行为的线段中标注时间信息（x 时点等），目的是更清晰地展示 x、y、z 三个重要时点间的先后顺序，从而表明黄某与 A 公司磋商以及与向 B 公司借用资质的时间在 A、B 公司签订施工合同之前。

第二，虚实之别。上图用蓝色线段表示各种书面文件体现的施工主体关系，用红色线段表示黄某主张的实际施工关系，目的是体现不同主体关系的区别以及相关履行行为，如黄某指令 C 公司向 A 公司支付预交报建费的行为。

（二）工程质量、竣工验收纠纷

1 工程质量概述

工程质量是工程建设的核心，关系人民群众生命财产安全，也关系国家利益和社会公共利益。国家对建设工程质量要求十分严格，《建筑法》《民法典》在立法上均对建设工程质量做出明确规定，并确定了建设工程质量的国家强制性安全标准。目前主要执行的国家强制性标准包括《建筑工程施工质量验收统一标准》（GB 50300 — 2001）、《屋面工程质量验收规范》（GB 50207 — 2012）等。

建设工程质量问题根据不同判断标准可以做出不同的分类：依据质量问题的严重程度可分为地基基础工程和主体结构质量问题与一般质量瑕疵；依据提出质量问题的时间可分为工程施工阶段的质量问题与保修阶段的质量问题等。在建设工程质量问题中，最为重要的就是竣工验收。

2 竣工验收流程特征及构图思路

竣工验收，是建设单位依据建设工程管理制度、竣工验收技术标准，以及建设工程合同的约定，组织有关单位对建设工程进行查验接收的行为。《民法典》第 799 条规定，建设工程竣工后，发包人应当根据施工图纸及说明书、国家颁发的施工验收规范和质量检验标准及时进行验收。《建设工程质量管理条例》第 16 条第 1 款也规定，建设单位收到建设工程竣工报告后，应当组织设计、施工、工程监理等有关单位进行竣工验收。竣工验收备案，是指建设工程质监部门在建设单位申请备案并提交有关文件的情况下予以备案的行为。

建设工程是否竣工验收合格，在法律上具有重要的意义：一是确定工程的实际竣工日期，认定工程是否按期完成；二是确定工程质量是否合格；三是工程质量责任和保修责任的划分点。

在审理工程质量纠纷案件时，法院会首先查明工程是否办理竣工验收。如果尚未验收，则将组织当事人尽快办理相关手续或者委托工程质量鉴定。如果已经验收合格，根据《建筑法》第62条和《建设工程价款结算暂行办法》第19条，则建设单位只能请求施工单位承担保修责任。

在两种情况下，尽管尚未办理竣工验收，法院仍将认定工程质量合格，并比照工程验收合格的原则处理。一是发包人提前使用。根据《建设工程施工合同纠纷解释》第13条规定：建设工程未经竣工验收，发包人擅自使用后，又以使用部分质量不符合约定为由主张权利的，不予支持。二是发包人拖延验收。根据《建设工程施工合同纠纷解释》第14条规定：承包人已经提交竣工验收报告，发包人拖延验收的，以承包人提交验收报告之日为竣工日期。典型的竣工验收流程图如图5-19：

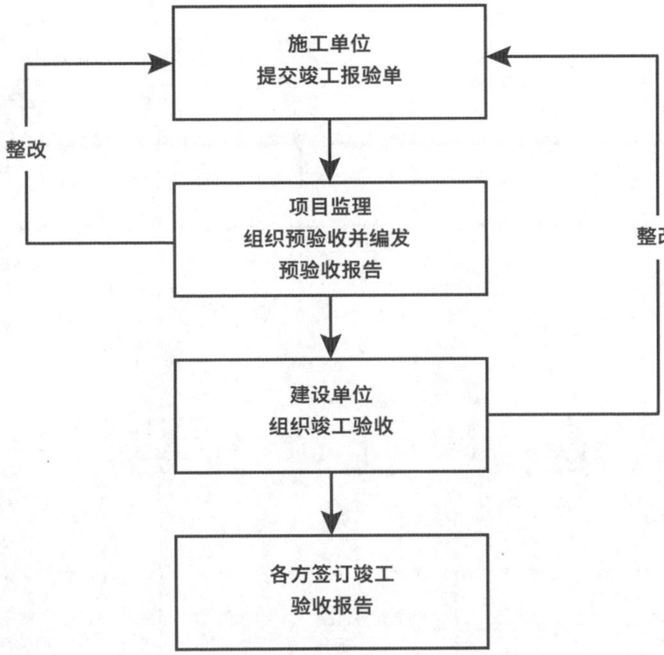

图 5–19

3　示例

2014 年 4 月 20 日，根据施工单位经工程监理向建设单位提出验收申请。建设单位拖延验收，直到 2014 年 6 月 20 日才完成相关工作，并出具竣工验收证明书。后建设单位以工程质量问题为由，拒绝支付工程款，由此成诉。

图 5-20 是在流程图的基础上进行变化，重点突出如下内容：

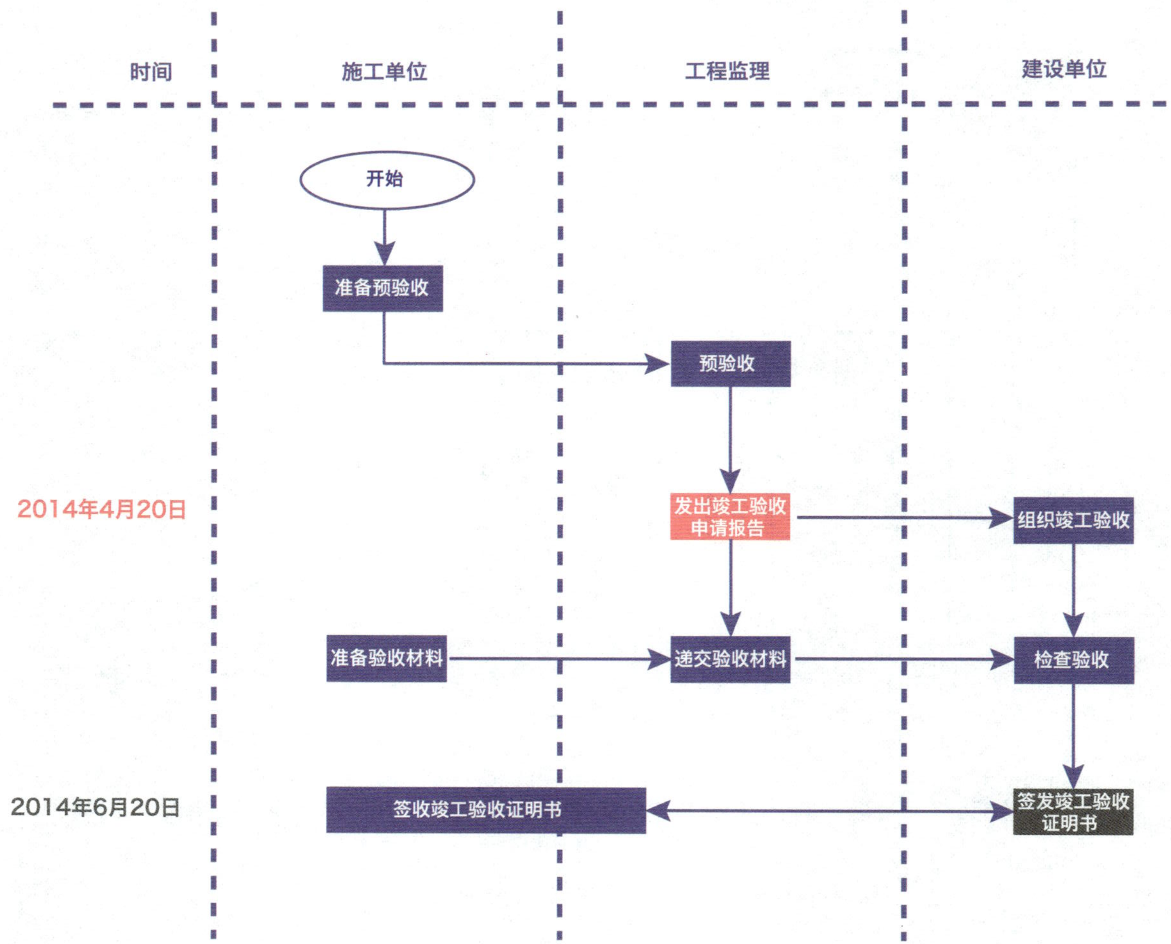
时间
施工单位
工程监理
建设单位
开始
准备预验收
预验收
2014年4月20日
发出竣工验收申请报告
组织竣工验收
准备验收材料
递交验收材料
检查验收
2014年6月20日
签收竣工验收证明书
签发竣工验收证明书

图 5-20

第一，时间要素。如果希望体现建设单位迟延验收，则可以考虑将申请竣工验收时间与实际验收时间使用不同颜色标注，以制造对比效果。

第二，主体要素。如果希望体现建设单位在竣工验收前已提前使用，可以考虑在建设工程主体一栏中用色块进行表示，同时在时间栏标注对应的时间。

（三）建设工程工期纠纷

工期，是指在建设工程施工合同中约定的承包人完成工程所需的期限，包括按照合同约定所作的期限变更。实践中常见的工期约定方式主要有两种：一是仅约定工程日期的总天数；二是分别约定开工日与竣工日，自开工日至竣工日的期间就是工程日期。

准确认定工程日期的法律意义在于：确定承包人是否构成逾期竣工、风险转移、支付工程款利息的起算时间、保修期的确定等。

实践中，建设工程工期纠纷案件主要有两种类型：

一是工期延误争议，即承包人在施工合同约定的建设工期内未完成施工任务，迟延交付建筑工程，发包人要求承包人承担逾期竣工产生的损失。

二是工期顺延或索赔争议，即发包人未按照合同约定的期限和要求提供建筑材料、设备、场地、技术资料、支付工程价款以及不可抗力、政策调整等客观因素引起的工期顺延争议或者工期索赔。

1 工期纠纷特征及构图思路

在思考工期相关构图时，应当着重考虑如下信息：

第一，工程实际开工、竣工时间。

在建设工程工期纠纷案件中，可能出现的时间节点包括：开工通知载明的开工时间、承包人实际进场施工的时间、四方竣工验收的时间、发包人擅自使用工程的时间等。

第二，工程未能按期开工、竣工的原因。

施工合同履行过程中，经常会发生延期开工、工期顺延、未能按期竣工等情形，主要原因有三：一是因发包人原因导致工程未能按期开工或者工程无法继续施工，如发包人未按时取得施工许可证、发包人未依约支付工程进度款等；二是因承包人原因无法按期开工或继续施工，如承包人的施工人员、租赁的机械设备、或承诺垫资的资金、购买的材料不能按时到位；三是外部原因，如自然灾害、恶劣气候、流行性疾病等。

第三，发生工期顺延事由后，承包人是否依合同约定履行了相应手续。

承包人应当履行的顺延签证确认程序包括：承包人是否按期提出工期顺延的申请、发包人是否按期给予答复等。

建设工程工期纠纷的根本内容，是围绕一系列有法律意义的时间节点而产生的纠纷，构图的核心是时间节点，因此适合选用能够充分反映时间要素的时间图表现。必要时，还可辅以流程图。

关于开工时间的构图见图 5-21：

图 5–21

关于工期延误的构图见图 5-22：

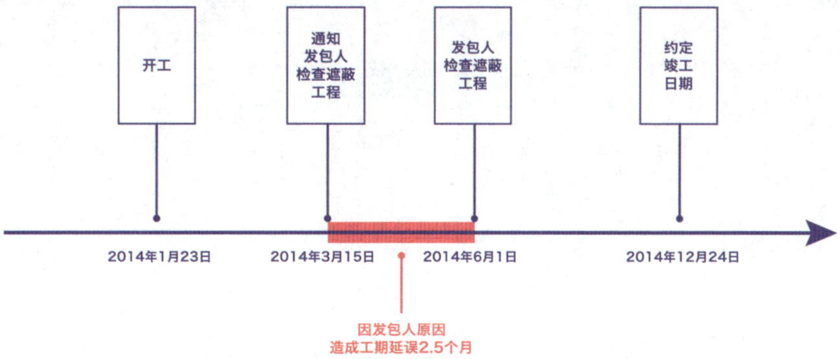

图 5–22

2 示例

发包人A公司与承包人B公司签订建设工程施工合同，约定开工日期为2006年1月4日，竣工日期为2007年3月26日。此前，A公司已将工程桩基工作发包给C公司。B公司向监理人报送《工程延期报审表》，以工程桩基迟延至2006年5月26日才完工为由申请延期。在施工过程中，因防水层不符合设计规范，质监站要求B公司变更设计，B公司再次向监理人提出延期申请。工程竣工验收后，A诉请法院判令B公司承担工期延误赔偿责任。

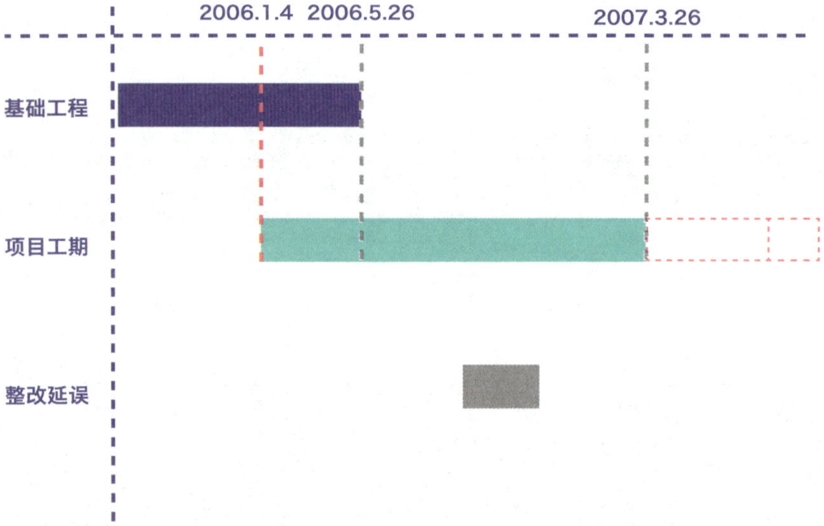

图 5-23

图 5-23 是对时间轴线图进行改造而形成的，在构图时考虑到如下要素：

第一，本案的核心问题是工期延误，将计划工期和两次工期延误分作三栏进行标注，既是为了强调三者的独立性，也是为了更明显地突出工期延误情况。

第二，只有当基桩工程施工完成，B 公司才可能启动项目施工工作，因此用红色虚线标注基桩工程应当完成的时间，用黑色虚线标记其实际完成的时间，并将两条虚线间表示工期延误时长的色块，用同色的虚线框标注在计划工期之后，用以表示由此造成的工期延误与 B 公司无关。

（四） 建设工程款纠纷

工程款是当事人在施工合同中约定，发包人用以支付承包人按照合同约定完成承包范围内全部工程并承担质量保修责任的款项，包括预付款、进度款、结算款和质量保修金。

在建设工程施工合同中，支付工程价款是发包人最主要的合同义务，价款的形式通常包括预付款、进度款和结算款等。根据 2001 年建设部发布的《建筑工程施工发包与承包计价管理办法》第 12 条的规定，确定价款的方式包括：固定价（合同总价或者单价在合同约定的风险范围内不可调整），可调价（合同总价或者单价在合同实施期内，根据合同约定的方法调整），成本加酬金。根据《建设工程工程量清单计价规范》（GB 50500 — 2013）的标准，实行工程量清单计价的工程应采用单价合同；技术简单、规模较小、工期较短的项目，且施工图设计已审查批准的，可采用总价合同；紧急抢险、救灾以及施工技术特别复杂，可使用成本加酬金合同。当然，这些并非强制性标准，当事人可以自主选择。

在建设工程款纠纷案件中，需要查明的主要事实包括：双方是否就工程价款达成结算协议；合同、结算报告、签证文件等是否加盖公章；签署结算协议、签证文件、会议纪要、付款手续等文件的人员是否具有权限；如合同约定固定总价，需审查实际工程量是否变更，超出合同范围的工程量是否需要单独结算；合同履行过程中，主要建筑材料和人工费是否发生超出市场风险的重大变化，是否需要调整工程款；如存在多份合同，是否对价款、质量、工期等内容作出实质性变更等。

1 工程价款确定及构图思路

发生工程价款纠纷，多数是当事人对工程价款未作约定，或者虽有约定但在施工工程中对工程款计算方式进行了多次调整，因此判断当事人是否就工程款达成一致意思表示，是此类案件的核心。

> A 公司与 B 公司签订《工程施工分包合同》，A 公司将其承包的工程部分分包给 B 公司。合同约定计价原则为固定单价，工程量按实结算。《工程施工分包合同》后附了具体的《工程量清单》，但未加盖公章也未由双方当事人签字盖章确认。工程结束后，B 公司员工通过 QQ 邮箱向 A 公司发送一份《工程量清单》，内容包括综合单价（与《工程量清单》的综合单价一致）。A 公司未回复。后因双方无法就工程结算价款达成合意。B 公司起诉，请求 A 公司支付剩余工程款及利息。表 5-3 是本案承办律师为证明当事人对合同综合单价已有约定而制作的图表。

表 5-3

结算根据	分包合同			B公司QQ邮件			B公司诉讼主张		
项目名称	综合单价	合同数量	合计	综合单价	施工数量	合计	综合单价	施工数量	合计
x	376.17	44.13	16600	376.17	100.95	37974	469.19	107.59	50480.15
y	412.05	1033.7	425936	412.05	1960.793	807945	493.63	2029.75	1001945.5
z	4515	101.68	459085	4515	208.3	940475	5766.06	143.41	826767.25
f	5926.63	3.5	20743	5926.63	17.761	105263	9697.64	5	48488.2

表格是最常见的构图方式，也是最能体现数字关系的图表。在使用表格时需要注意，大量的数字可能引起读者的反感，还容易湮没重要信息。因此可以采用标红或者其他强调手段予以提示。

2 材料价格调整与构图思路

因建设工程施工合同的履行通常需要一个较长的时间，会发生主要材料价格大幅上涨的情况。如果双方约定了总价包干或者材料价格包干，将显著不利于承包人。如果承包人希望依据情事变更原则主张对工程价款进行调整，则需要证明建材涨价的额度已经超过正常的市场风险。

从构图角度讲，趋势图和对比图比较适合满足上述需求。在有些案件中，由于发包人或承包人过错导致工期延误，而建材价格上涨发生在延误期间内，则应由过错一方承担建材价格上涨的后果。分析此类案件时，可以将时间轴图与趋势图结合使用。例如，在一起案件中，发包人和承包人在施工合同中约定采取固定单价，但在施工过程中，建设所需钢材价格大幅上升，导致施工成本严重超出预测，因承包人又无法与发包人就价格调整达成一致而致诉。为了体现成本大幅增加情况，制图者可以做如下构图，见图 5-24。

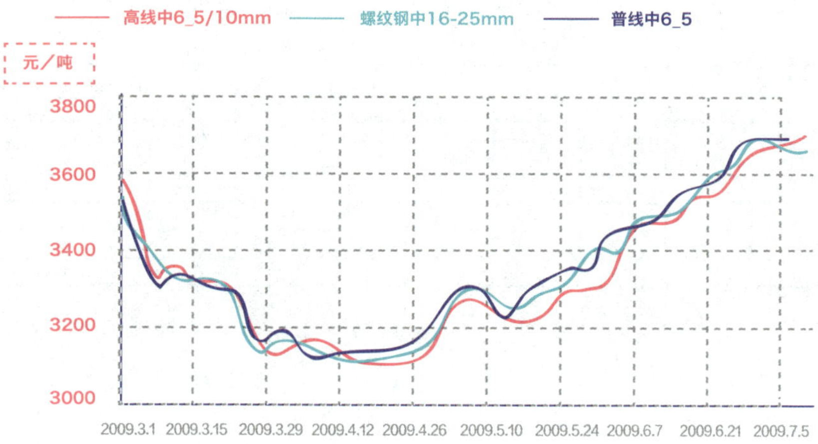

图 5-24　沈阳建筑钢材价格走势图

仅就图 5-24，承包人为了体现价格的剧烈变化，可以主张采购建材主要发生在 2009 年 3 月底至 7 月初的时间内，三个月内的价格上涨接近 25%，因此已经构成情势变更。而发包人则可能主张合同缔约是在 2009 年 3 月初，当时的价格已经处于高位，因此后期的价格波动并未超过各方缔约时的预期。

（五） 建设工程优先权纠纷

拖欠建设工程款是我国建筑行业长期存在的一个重要问题。目前，我国关于建设工程承包人优先权的依据主要有：《民法典》第 807 条等。设立建设工程优先受偿权的立法本意，是为了解决建筑市场行业普遍存在的拖欠工程价款问题，也是为了给予农民工等相对弱势的群体更加有力的保护。

1 工程优先权构图思路

在分析建设工程优先权纠纷案件中，应注意以下问题：

第一，合法分包人和实际施工人不能直接向发包人主张工程优先权，但是在承包人怠于行使工程优先权时，可以自己名义代位行使承包人优先权。

第二，建设工程中的装饰装修工程适用优先受偿权，但是家庭住宅装饰装修工程应使用承揽的相关规定，不能行使工程优先权。

建设工程优先权的所担保的范围，应当包括承包人利润。

第三，承包人只能对发包人的工程行使优先受偿权，如发包人为承租人，则承包人只能依据合同向承租人主张工程款债权，无权向房屋产权人主张工程优先受偿权。

第四，如同一建设工程上存在多个建设工程优先权冲突，应各自按债权比例受偿。

第五，建设工程优先权的行使期限为六个月，自工程实际竣工或建设工程合同解除、终止履行时起算。

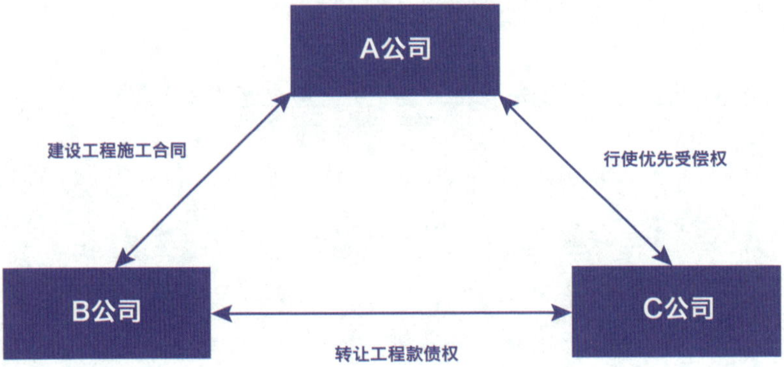

图 5-25

图 5-25 的好处是能够清晰地体现当事人间的法律关系，缺点是包含的信息量过少，对案件分析并无太大意义。

2 示例

发包人 A 公司与承包人 B 公司签订建设工程施工合同。由于企业改制原因，B 公司在主体工程验收合格后，将工程款债权转让给 C 公司，并向 A 公司发出债权转让通知书，A 公司签收。B 公司在项目竣工前退场，A 公司将剩余工程包与他人。B 公司随后发函 A 公司解除施工合同。C 公司诉请法院判令 A 公司支付工程款，并确认 C 公司可就工程享有建设工程优先受偿权。

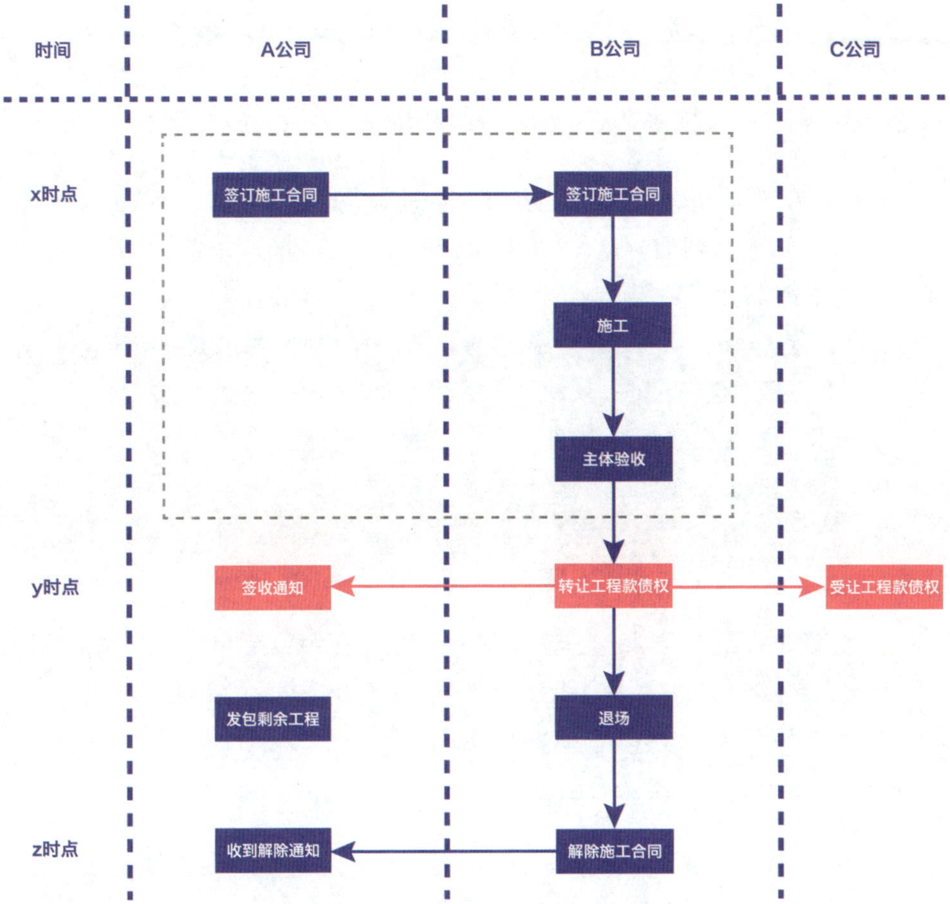
时间
A公司
B公司
C公司
x时点
签订施工合同
签订施工合同
施工
主体验收
y时点
签收通知
转让工程款债权
受让工程款债权
发包剩余工程
退场
z时点
收到解除通知
解除施工合同

图 5-26

与简单的法律关系图相比，图 5-26 增加了如下信息：

第一，流程信息。以流程图的方式，把 B 公司从签订施工合同，施工到主体验收合格的过程体现出来。用绿色虚线框的功能在于，表明 B 公司的工作已经固化到项目中。尽管 B 公司在项目竣工前退场，但是其就已经完成并验收合格的部分，对 A 公司享有工程款债权。

第二，时间信息。x 是工程施工合同的签约时点，y 是工程款债权转让并通知 A 公司的时点，z 是解除施工合同的时点。由于法律并不禁止 B 公司转让工程款债权，因此 C 公司在 y 时点成为 A 公司的债权人，用红色线段标出可以产生强调的效果。由于工程并未进行竣工结算，因此工程款优先权的行使期限从施工合同解除时——也就是 z 时点，开始起算。如果 C 公司超过 z 时点后 6 个月主张行使工程价款优先权，法院不予支持。

（六） BOT 模式结构图

建设工程施工合同，是《民法典》规定的一种典型的有名合同。随着社会经济的发展，尤其是建设工程资金筹措方式的多样化，衍生出多种新的合同结构类型，BOT 模式就是其中之一。此类构图的核心问题，是清晰体现法律关系结构。

BOT 是英文 Build-Operate-Transfer 的缩写，即“建设—经营—转让”。实质上是基础设施投资、建设和经营的一种方式，以政府和私人机构之间达成协议为前提，由政府向私人机构颁布特许，允许其在一定时期内筹集资金建设某一基础设施并管理和经营该设施及其相应的产品与服务。政府对该机构提供的公共产品或服务的数量和价格可以有所限制，但保证私人资本具有获取利润的机会。整个过程中的风险由政府和私人机构分担。当特许期限结束时，私人机构按约定将该设施移交给政府部门，转由政府指定部门经营和管理。

在图 5-27 中，红色线段表示政府与项目公司间的合同关系，蓝色线段表示资金流转情况，绿色线段表示建设工程内容。从该图可以看出，BOT 合同结构中包含非常典型的建设工程案件结构。

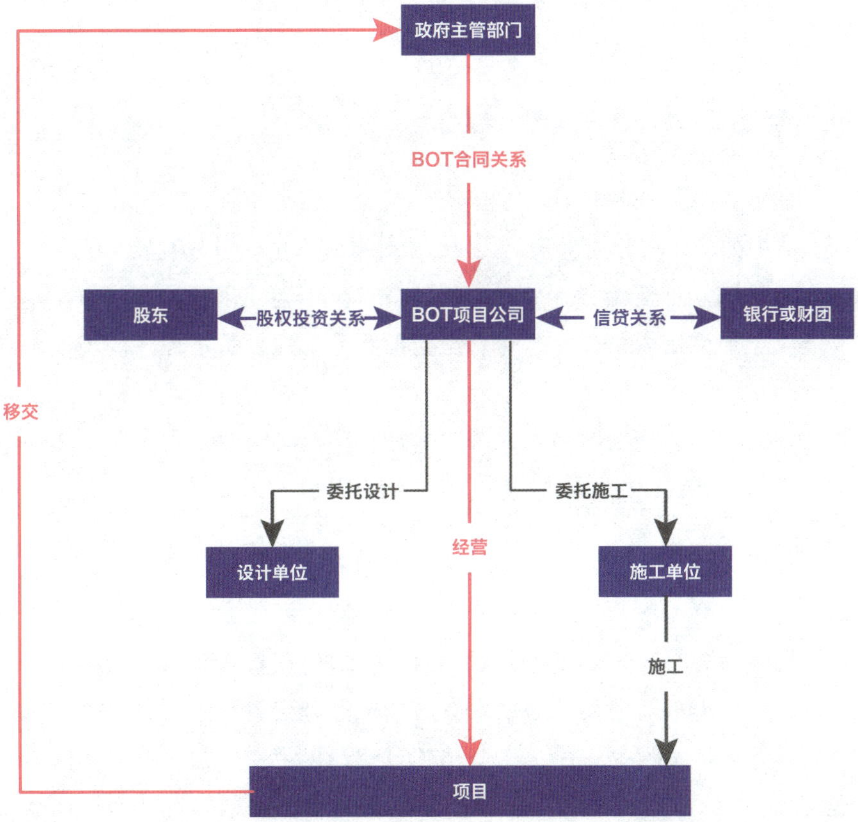

图 5-27

第四节
土地开发及交易相关纠纷

土地开发及交易纠纷是商事诉讼中常见的纠纷类型，主要涉及建设用地的出让、转让纠纷，以及当事人以土地作为合作条件，合资合作开发房地产纠纷。

一 土地出让、转让合同纠纷及构图

建设用地使用权出让，是国家作为国有土地所有权人，将其所有权权能中的使用权分离出来，让与给土地受让人的一种权利转移方式，其实质是国家行使国有土地财产的处分权。土地使用权出让纠纷，主要涉及土地使用权出让是否符合法定的程序，违反法定程序的土地出让行为是否影响合同效力；当事人履行出让合同的行为是否符合合同约定，是否构成违约；当事人解除出让合同，要求对方当事人承担违约责任的请求应否得到支持等。

建设用地使用权转让，是指土地使用者将土地再转移的行为，包括出售、交换与赠与。因土地价格不断走高，所以建设用地使用权转让合同纠纷也呈现出不断增加的趋势，土地使用权转让纠纷的类型也不断增多。例如，建设用地使用权转让未办理变更登记，对土地使用权转让合同效力有何影响；企业单独以建设用地使用权之上的建筑物设定抵押的，抵押合同的效力应如何认定；“一地数转”数份转让合同的效力、土地使用权的最终归属以及没有取得土地使用权的受让人

如何实现救济等。

根据所要呈现的内容和图表目的不同，在土地出让、转让效力纠纷中，使用频率最高的是时间图和关系图。

（一）时间轴线图

在土地使用权出让和转让纠纷案件中，很多情况下都是因出让人（转让人）延期交付土地或者受让人延期支付出让款（转让款）致诉，因此，合同履行先后顺序的约定以及当事人实际的履约行为，是认定违约责任归属的关键。此时时间轴线图可以起到很好的作用。

> 2009 年 12 月，高某以公开竞拍方式取得 1000 多亩土地，并与拍卖公司签订《成交确认书》。2009 年 12 月，高某以置业公司名义与县国土局签订《出让合同》，约定国土局在 2010 年 12 月 30 日前交付土地，置业公司分两期支付土地出让金：第一期 2010 年 9 月 2 日前支付；第二期 2010 年 12 月 24 日前支付。
>
> 合同签订后，置业公司于 2010 年 8 月支付了第一期土地出让金。2010 年 9 月，置业公司致函县政府，希望如期交付土地。2010 年 10 月，置业公司与县政府签订《项目合同书》，约定置业公司在合同签订后 1 个月内交付 50% 土地出让金，一年内交清全部土地出让金，县政府在合同签订后 120 日内完成首期 300 亩用地的征地拆迁工作，将土地交付给置业公司，并在置业公司支付全部土地出让金后 90 日内交付剩余土地。

> 此后三年多时间里，置业公司多次发函，要求交付土地。2014年8月，县政府发函置业公司，以其未在2010年12月24日前支付全部土地出让金为由解除《出让合同》。置业公司回函表示不同意解除合同，并提起诉讼，要求继续履行《出让合同》。国土局提起反诉，请求确认《出让合同》已依法解除。

本案的关键在于说明国土局交付土地的义务在先，置业公司支付土地出让金的义务在后，置业公司未在2010年12月24日前支付全部土地出让金不构成违约。因当事人对原合同作出过变更，且存在多份往来函件，所以最好的可视化方法就是时间轴线图，以此说明合同约定的变化及双方的履约情况，如图5-28所示：

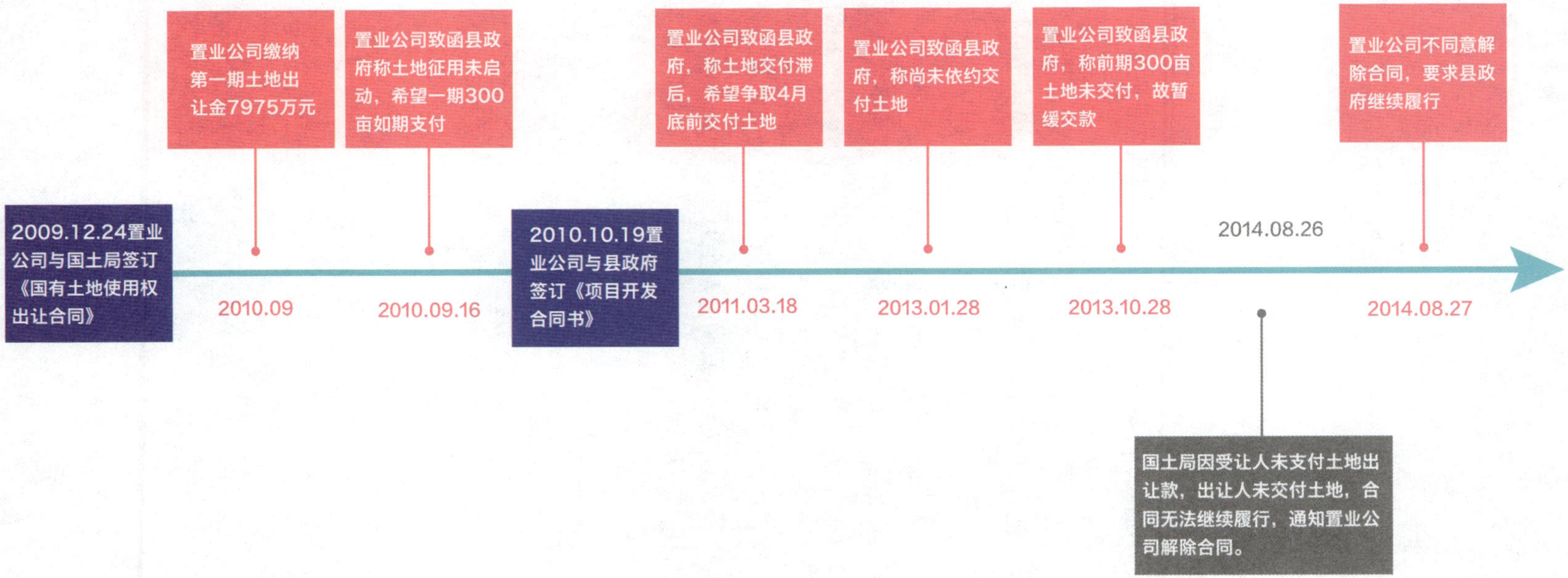
2009.12.24置业公司与国土局签订《国有土地使用权出让合同》
置业公司缴纳第一期土地出让金7975万元
2010.09
置业公司致函县政府称土地征用未启动，希望一期300亩如期支付
2010.09.16
2010.10.19置业公司与县政府签订《项目开发合同书》
置业公司致函县政府，称土地交付滞后，希望争取4月底前交付土地
2011.03.18
置业公司致函县政府，称尚未依约交付土地
2013.01.28
置业公司致函县政府，称前期300亩土地未交付，故暂缓交款
2013.10.28
2014.08.26
国土局因受让人未支付土地出让款，出让人未交付土地，合同无法继续履行，通知置业公司解除合同。
置业公司不同意解除合同，要求县政府继续履行
2014.08.27

图 5-28

（二）流程图

根据法律规定，土地资源管理部门以公开形式出让国有土地的，必须首先经过主管部门的规划审批，并遵守招拍挂等程序，否则将可能会影响土地出让行为的效力，并影响当事人权利义务关系。

当出现土地出让纠纷后，律师应首先梳理出让过程是否符合法定程序，即出让土地是否经过规划审批，土地管理部门的土地征收程序是否合法，以及土地招拍挂是否合法等，以此判断出让行为是否存在瑕疵。法官在处理建设用地使用权出让合同纠纷时，也往往秉承上述思路，在查明出让行为是否符合法定程序、是否是当事人真实意思表示的基础上，对合同效力作出判断，进而对当事人的履约行为作出认定。

通过绘制流程图，可以梳理土地使用权出让的程序是否合法，准确判断土地出让行为的效力以及纠纷发生时点，为进一步分析各方的法律关系打下基础。

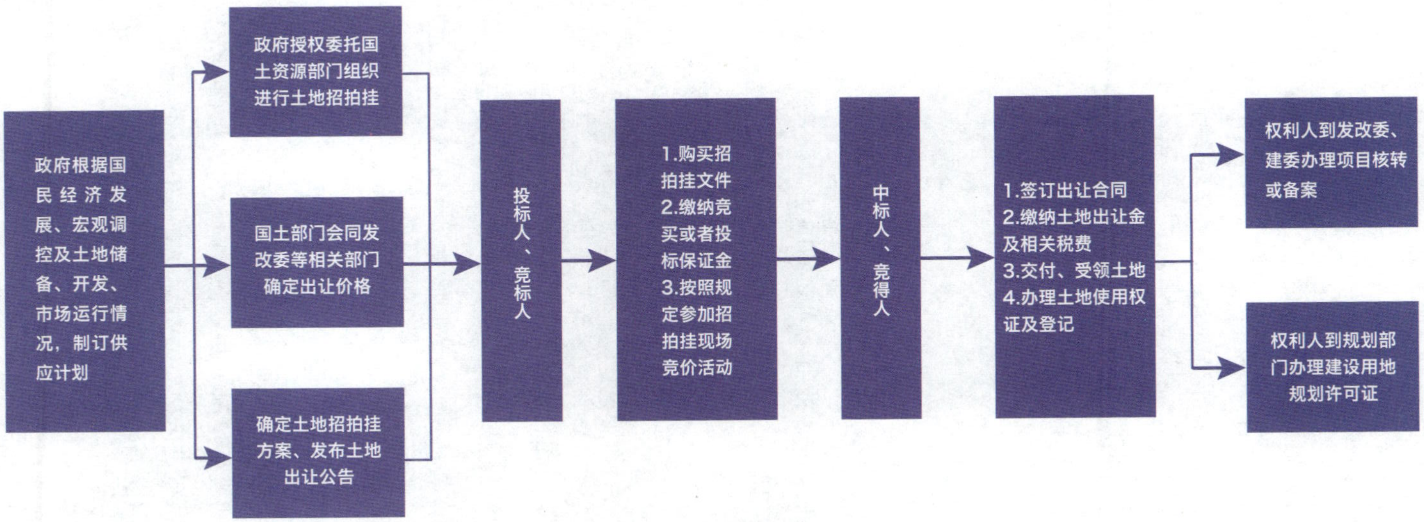
政府根据国民经济发展、宏观调控及土地储备、开发、市场运行情况，制订供应计划
政府授权委托国土资源部门组织进行土地招拍挂
国土部门会同发改委等相关部门确定出让价格
确定土地招拍挂方案、发布土地出让公告
投标人、竞标人
1.购买招拍挂文件
2.缴纳竞买或者投标保证金
3.按照规定参加招拍挂现场竞价活动
中标人、竞得人
1.签订出让合同
2.缴纳土地出让金及相关税费
3.交付、受领土地
4.办理土地使用权证及登记
权利人到发改委、建委办理项目核转或备案
权利人到规划部门办理建设用地规划许可证

图 5-29

图 5-29 展示了土地招拍挂的一般流程，律师可利用其帮助当事人了解土地招拍挂的流程，引导当事人就各个步骤全面介绍案件，配合律师了解案情，对案件作出准确判断。律师也可以通过比较的方式，将存在瑕疵的土地出让流程与正常的土地出让流程图进行对比，协助法官直观地发现出让行为瑕疵之所在，并进而对出让行为的效力作出认定。

（三）关系图

流程图和时间轴线图虽然有助于读者理解案件主要事实，但其缺点在于无法在整体上展现各方当事人之间的法律关系。法律关系图可以弥补流程图和时间轴线图的不足，将当事人复杂的权利义务关系展现在一张图上。

以“一地二卖”为例，甲公司将其所有的一块土地转让给乙公司，双方签订转让合同，甲公司亦将土地交付给乙公司，但未办理过户手续。因地价飙升，甲公司又将同一块土地转让给丙公司，丙公司一次性支付了全部转让款，双方也未办理过户手续。乙、丙同时起诉甲公司，要求继续履行转让合同，将土地过户到各自名下。

因本案涉及三方法律关系，且甲乙双方、甲丙双方签订转让合同后，各方又存在不同的履约行为，所以使用法律关系图可以反映各方的权利义务情况及合同的履行情况，并根据合同约定、法律规定以及合同的履行情况，确定乙公司还是丙公司有权请求甲公司将案涉土地使用权过户登记到自己名下。据此，可以绘制法律关系图如图 5-30：

根据最高人民法院《国有土地使用权司法解释》第十一条的规定，在取得土地使用权的序位上，已经合法占有土地的一方可以先于支付土地转让款的一方获得土地，乙公司要求甲公司办理土地过户的请求应予支持。

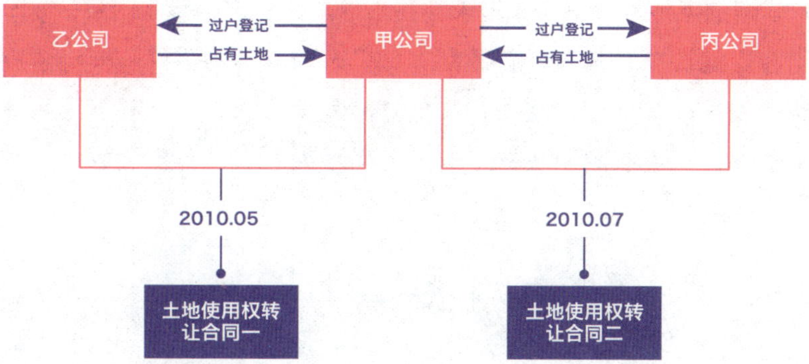

图 5-30

二 合作开发房地产合同纠纷

合作开发房地产合同纠纷，系一方提供土地使用权，另一方出资，以合作形式或以项目公司形式共同开发房地产过程中产生的纠纷。合作开发房地产合同因其表现形式特殊、法律性质解释不一、法律责任不明，有时甚至涉及合同型合作与公司型合作的交叉，导致合作开发纠纷法律关系复杂，处理难度极大。

在合作开发房地产合同纠纷中，最为常用的是平面图和法律关系图。当然，因合作开发房地产纠纷涉及的交易因素众多，合作形式多样，纠纷类型复杂，前述三种类型的图表显然不能解决合作开发房地产纠纷中的全部问题。律师应根据实际情况，灵活选择诉讼可视化的类型。

（一）平面图

在合作开发房地产合同案件中，当事人经常就开发成果的分割以及利益的分配产生争议。如果房地产项目规模较大，涉及多栋商品房建筑，则抽象地描述事实和请求往往难以使法官产生直观印象，此时，如果将房地产项目的位置、开发进度以及当事人的争议范围汇总成一副整个项目的平面图，使法官产生身临其境之感，既有利于其从整体上了解案件，也有利于法官迅速了解当事人争议的范围和内容，并据此作出裁判。

> 以一起房地产纠纷案件为例。该项目首先由甲、乙两家公司合作开发，由于乙公司出资不到位，导致项目停工。此后丙公司接盘了项目，继续进行投资。项目完工后，甲、乙、丙三方就可分配房产的面积、各方的投资情况以及各方有权分配的比例产生争议诉至法院。由于案件涉及多栋商品房建筑物，且各方对于每一栋建筑争议的内容又各不相同，给法官处理案件造成了较大困难。为了使法官整体上把握案件，便于其了解各方争议所在和争议内容，我们专程赴项目所在地出差，在客户的配合下，绘制了项目平面图（见图 5-31），在平面图上对每栋建筑物各方是否存在争议、争议的具体内容逐一进行了标注。实际开庭过程中，该图对于引导法官关注争议焦点，查明案件事实起到了很好的作用。

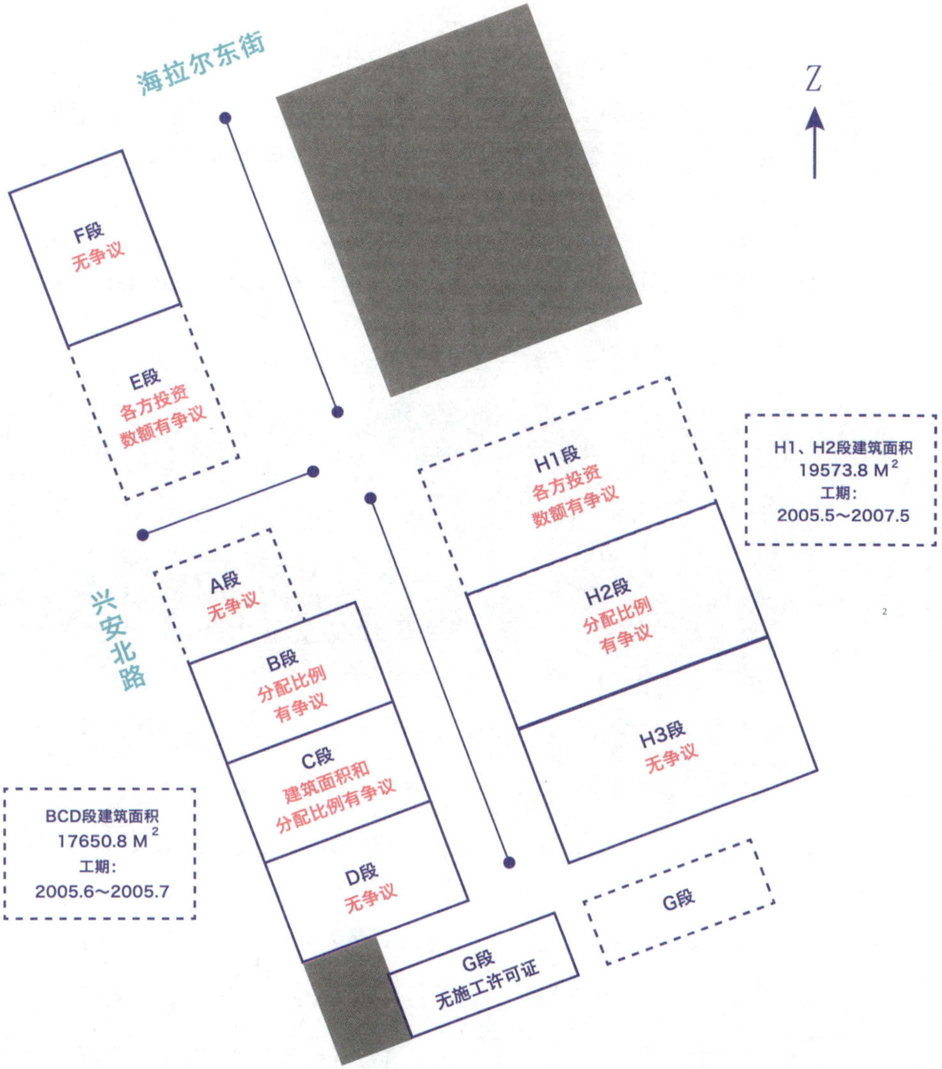
海拉尔东街
兴安北路
Z
F段
无争议
E段
各方投资
数额有争议
A段
无争议
B段
分配比例
有争议
C段
建筑面积和
分配比例有争议
D段
无争议
BCD段建筑面积
17650.8 M2
工期：
2005.6~2005.7
H1段
各方投资
数额有争议
H2段
分配比例
有争议
H3段
无争议
H1、H2段建筑面积
19573.8 M2
工期：
2005.5~2007.5
G段
无施工许可证
G段

图 5-31

（二）法律关系图

在一起典型的合作开发房地产合同纠纷中，合同约定、当事人实际投资、履行、利润分配情况等往往相互交织，错综复杂，使用法律关系图，可将当事人之间复杂的权利义务关系相对全面地表现出来。

张某、林某共同设立南方房地产公司，分别享有55%、45%股权，张某任法定代表人。南方公司拥有“新天地”地产项目。

2005年9月，陈某向张某交付现金2000万元，张某向陈某出具收据，载明收到陈某新天地项目投资款2000万元，占股20%，按比例分配。张某将收据底联交至公司财务，并将款项存入公司银行账户，款项来源为“投资款”。

后陈某与张某就上述2000万元款项的性质产生争议。陈某提起诉讼，请求解除与南方公司新天地项目合同关系，由南方公司支付新天地项目20%利润，张某承担连带清偿责任。张某认为，陈某的2000万元系其个人借款，至于张某是否投入新天地项目与陈某无关。

无论从张某出具收据的内容，还是2000万元款项的资金流向来看，陈某的2000万元都应当认定为对新天地项目的投资款，而非对张某的个人借款。但是，抽象地陈述事实难以让法官产生直观的印象，且本案涉及张某、陈某、林某以及南方房地产公司多方主体，仅抽象描述各方的法律关系不易使人理解和接受，据此，我们将各方的法律关系以及各方履行合同的行为进行了提取和归纳：

（1）从张某向陈某出具的《收据》来看，其明确载明案涉2000万元为新天地项目投资款，双方还为此约定了按投资比例分配利润；如果该2000万元为双方的个人借款，显然应约定利息而非利润的分配比例。见图5-32。

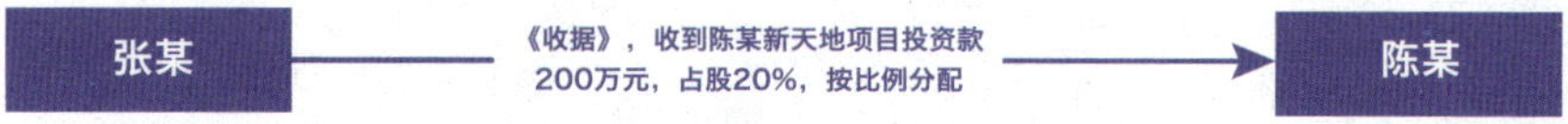

图 5–32

（2）张某收款后，将陈某向新天地项目投资2000万元的情况告知了公司的另一股东林某，并将收据底联交给了南方公司的财务人员，同时将2000万元全部存入公司账户，表明张某本意也是将其作为投资款处理的。见图5-33。

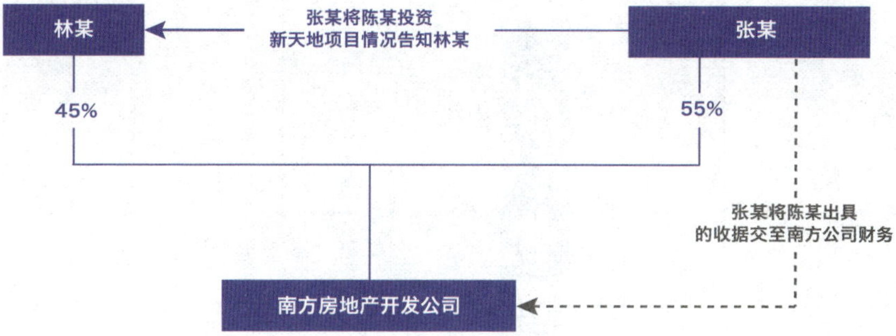

图 5–33

（3）从分红情况来看，陈某每次的分红都占新天地项目利润总额的20%，表明南方公司、张某事实上也认可陈某享有新天地项目20%的权益。将上述三个考量因素和理由叠加后，我们绘制了如下法律关系图，该图可以清晰地表现出陈某的2000万元应认定为新天地项目投资款，且陈某据此享有该项目20%的权益。见图5-34。

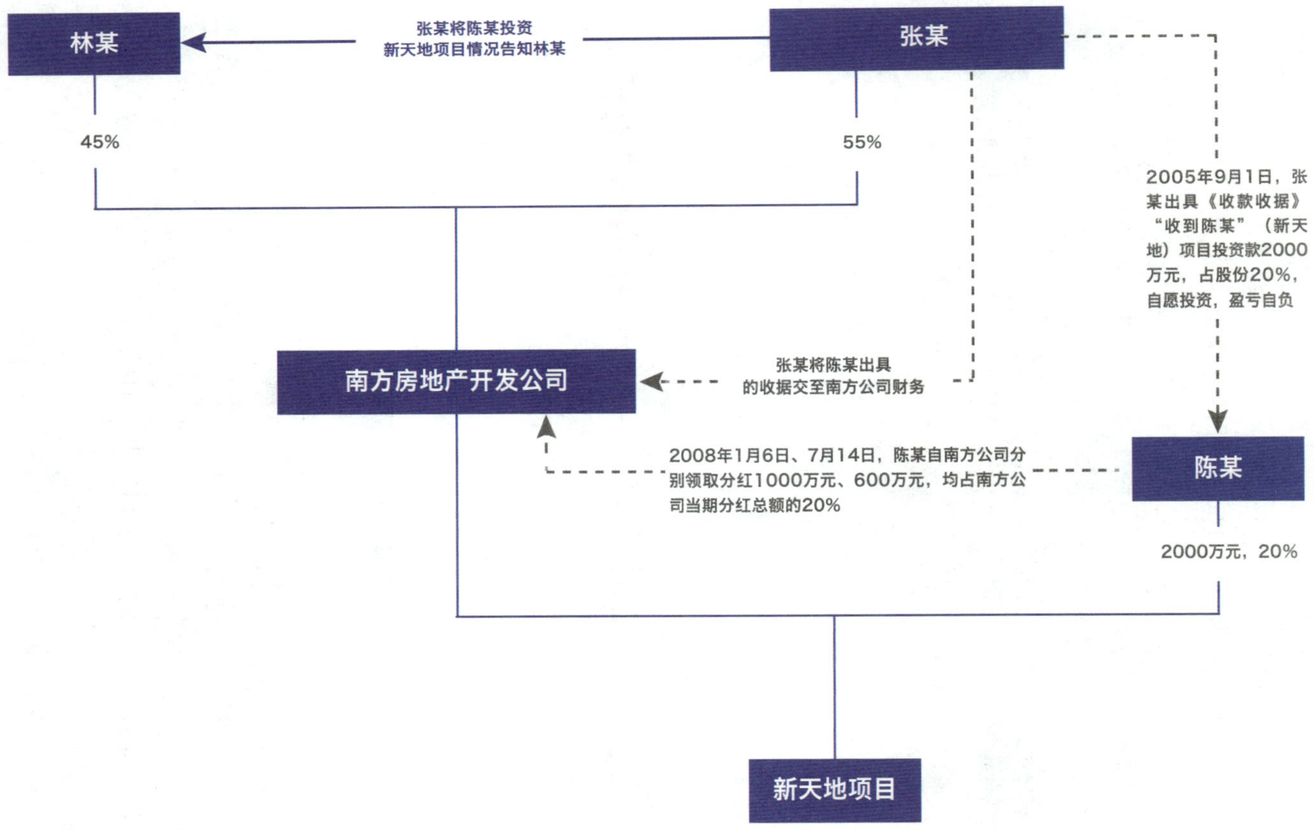
林某
张某将陈某投资
新天地项目情况告知林某
张某
45%
55%
2005年9月1日，张某出具《收款收据》"收到陈某"（新天地）项目投资款2000万元，占股份20%，自愿投资，盈亏自负
南方房地产开发公司
张某将陈某出具
的收据交至南方公司财务
2008年1月6日、7月14日，陈某自南方公司分别领取分红1000万元、600万元，均占南方公司当期分红总额的20%
陈某
2000万元，20%
新天地项目

图 5–34

第五节
国际货物买卖合同纠纷

一　概述

国际货物买卖纠纷是涉外民商事诉讼中最为常见的一种纠纷。在国际货物买卖交易中，标的物交付、风险负担、价款支付与结算等事项均有可能出现争议，从而又会衍生出信用证纠纷、货损货差纠纷、货运代理纠纷等案件类型。因此，在国际货物买卖纠纷中，各方法律关系存在交叉与混合，却又相对独立。如何清晰地表述各方之间的法律关系就成为律师的难题。

以大家都熟悉的信用证纠纷为例。信用证是一种独特的支付方式，涉及的不仅包括货物贸易的买卖双方，还包括多个分别充当不同身份的银行，包括开证行、议付行、通知行、保兑行等，有的案件中还有保证人、垫款人等其他主体。在国际经济法的教材中，通常会出现一副类似于下图的图表，配合少量的文字说明，将从申请开证到支付结束的全过程表现出来。据调查，在时隔多年之后，大部分人对这张信用证关系图表仍然记忆犹新，相信不少读者也会有同感。见图 5-35。

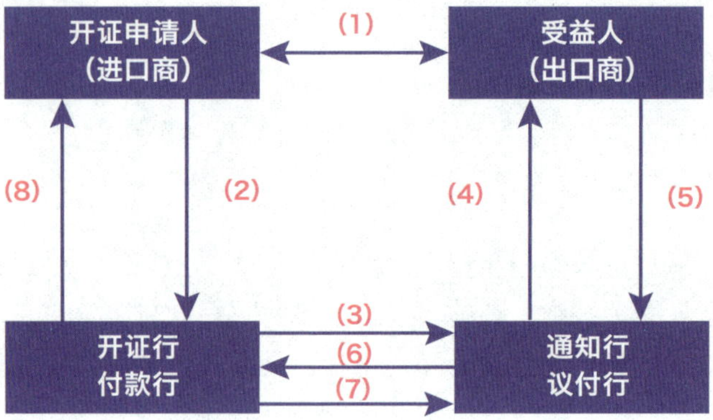

图 5-35

在司法实践中，国际货物买卖纠纷的案情往往比一张简单的信用证流程图更为复杂，主要体现在以下几个方面：

（一）参与主体多

一般买卖合同的参与主体主要包括卖方和买方，在实际交易中双方基本上会直接接触，运输、付款等事项都会通过较为简便的方式进行。而在国际货物买卖中，由于买方和卖方身处不同国家或者地区，在合同缔结过程中就会有中间商等主体参与其中；在合同履行过程中，因为涉及海外运输、外汇结算等事项，又会有货运代理人、船舶代理人、金融机构等主体加入进来。所以国际货物买卖的参与主体比一般买卖关系要多。

（二）法律关系复杂

由于参与国际货物买卖过程的主体众多，各方之间形成的法律关系也就为数不少。这些法律关系虽然互相独立，但是在整个国际货物买卖关系中互相联系和影响。例如：买卖双方分别与货运代理人建立委托代理关系、买方为了开立信用证与银行建立信用证关系，卖方为了运输与承运人建立运输合同关系，买方虽没有与承运人签订合同，但是可能因收货人的身份与承运人有法律关系。这些法律关系在实际操作中往往不是单线条逐步进行的，而是同时发生、同时进行，单纯的书面文件或者口头表述难以清晰地展现这些法律关系的全貌。

（三）专业性强

国际货物买卖的实务操作具有非常强的专业性。在国内的外贸公司中，一个普通的业务人员也要经过多年的实践操作，才能全面掌握外贸业务流程。特别是近年来传统的外贸业务也逐渐发生变化，出现了进出口押汇、保兑仓、海（空）运单等更为复杂的贸易方式。因此，在审理涉及国际货物买卖的纠纷中，法官对货物贸易方式、业务操作流程等问题难以理解，这直接影响到法官对当事人之间权利义务内容的判断，进而影响法官裁判结果。

因此，在办理涉及国际货物买卖的纠纷案件时，我们可以通过图表的方式，将其中复杂的法律关系呈现出来，使法官或者仲裁员快速准确理解案情。

二　国际货物买卖合同纠纷的主要类型及构图

在最高人民法院公布的《民事案件案由规定》中，买卖合同案由之下列出了“国际货物买卖合同纠纷”这一四级案由。但是，这个案由仅仅是针对国际贸易中最主要的两方——买方与卖方之间建立的买卖合同关系。实际上，还有其他几个案由也与国际货物贸易纠纷有着密切联系。例如：第104号委托合同纠纷下的进出口代理合同纠纷、货运代理合同纠纷；第94号进出口押汇合同纠纷；第十九部分的信用证纠纷等。接下来，我们按照常见的几种国际货物贸易纠纷的特点，介绍在处理这类纠纷时如何运用图表。

（一）国际货物买卖合同纠纷

国际货物买卖合同是一种特殊的买卖合同，既具有一般买卖合同的特征，还具有一些特殊的因素，如当事人义务、货物检验期间问题等。因为，国际货物买卖不仅涉及货物的交付，还涉及与货物出口有关的商检、进出口报关、租船等手续，这些手续对买卖合同的履行会产生直接的影响。同时，国际货物买卖纠纷经常需要适用国际公约和惯例，其中对于检验期间的规定并不具体，而国际货物买卖的过程漫长，纠纷发生后对期间是否合理等问题往往各执一词。

香港的甲公司与浙江省的乙公司签订一份货物买卖合同，约定乙公司向甲公司出售一批化工原料，该原料依法属于应当进行进出口检验的货物。双方约定的交货地点是宁波，贸易术语是CFR保税区。甲公司计划将该货物在保税区内存放，待与国外客户签订买卖合同后，将该批货物从保税区出境运往国外，因此合同中特别约定该货物将运往国外。乙公司备货后，按照甲公司的指示将货物运抵宁波某仓库。丙公司作为货运代理人，办理了该批货物的出口报关手续，并将货物运进宁波某保税区。乙公司用出口报关单办理了退税手续。三个月后，甲公司与美国某公司签订买卖合同，准备将保税区内货物运往宁波港装船出运，被告知该批货物未做商检，无法出境。由于不能按时装船，美国公司以甲公司违约为由解除合同。甲公司要求乙公司赔偿损失。

在分析这个案件时，我们在听完当事人的情况介绍之后陷入了困惑：甲公司作为买方确实遭受了损失，但是表面上看，乙公司作为卖方的交货义务已经完成，海关手续也已办妥（否则乙方无法获得出口退税），并无违约情形。那么甲公司的损失到底是什么原因造成的呢？

为了解决这个问题，首先必须根据合同的内容和适用的法律，梳理买卖合同项下甲公司和乙公司各自负有怎样的义务。当事人约定的贸易术语是 CFR，即“货交承运人”的贸易方式。对照国际贸易术语通则 2000 版的内容，可知 CFR 术语中卖方应当负责清关义务，但是具体清关义务如何完成并没有具体的规定。经过当事人详细介绍得知，因为涉案货物是依法必须进行出口检验的货物，所以货物必须先由货物生产地的进出口检验机构进行检验并获得商检凭条，然后用商检凭条到出口地进出口检验机构换取通关单，再凭该通关单到出口地海关办理清关手续。清关手续办完之后，买方凭出口报关单将货物运进保税区，卖方凭出口报关单的核销联办理出口退税，整个贸易流程才完全结束。

我们意识到，想要让法官准确判断当事人的义务，就必须首先让法官对这种特殊的贸易流程有一个明确清晰的认识，便于法官从繁杂的贸易环节中找到引起本案症结的关键内容。解决这个问题的办法就是将长篇幅的贸易流程绘制为一张流程图。

做图时，我们首先将整体的贸易流程做了一个大致的勾勒，列出一张单线程的流程图，就是将业务进行中的主要事项作为单元，根据时间先后顺序进行排列，再用线条将其相连。这种单一线性图是进一步绘制图表的基础。见图 5-36。

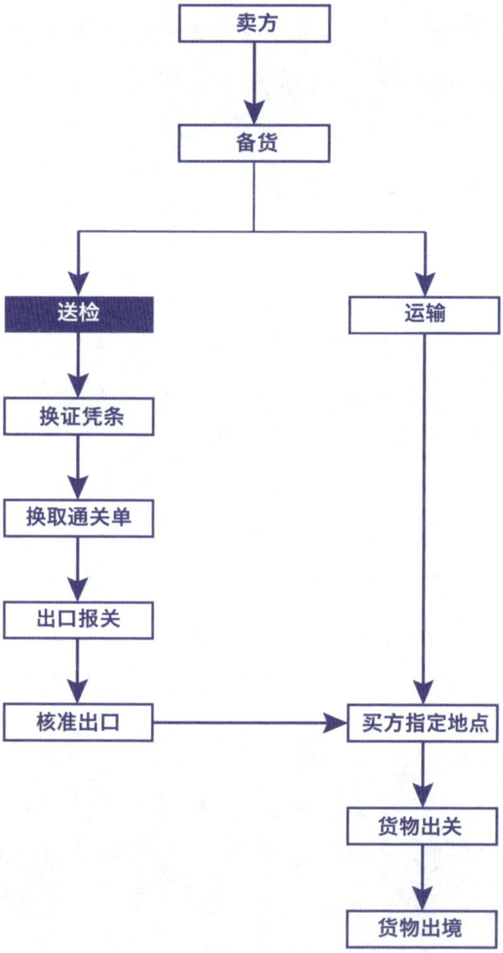

图 5–36

然后，我们再根据卖方和买方在整个流程当中所要完成的事务进行列举，力求穷尽和详细，并把它们一一列出；再把这些详细的事务尽量合并成简短但是语意明确的词语，作为图表元素。见图 5-37。

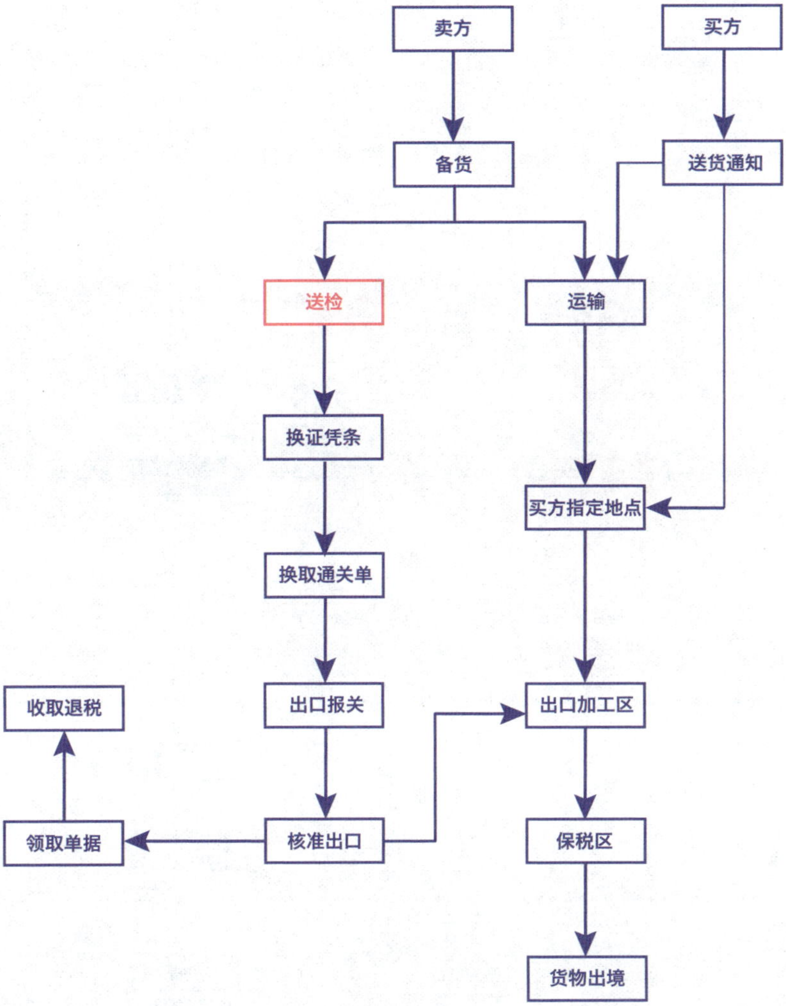

图 5–37

接下来，我们根据单线程图表的顺序，制作了一张涉案贸易的正常流程图，从签订合同开始，将甲、乙双方为了推进贸易进展应当履行的义务逐项列出，直到最终流程的完全结束。见图 5-38。

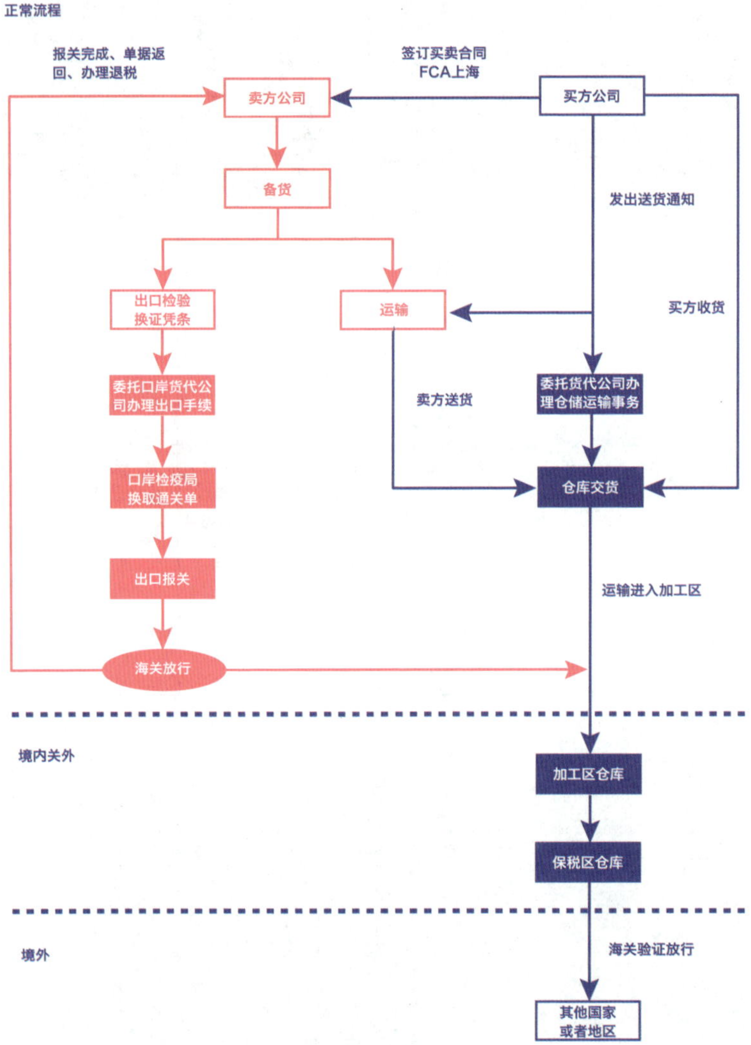

图 5-38

在图 5-38 中，我们首先根据真实的贸易流程，准确地将各方的义务展现在图中，同时还要注意根据义务的类型分列不同的体系，并且将两个体系中的义务项与另一方的义务项之间的关系表现出来。例如，卖方在合同签订后同时具有交付货物和办理手续两项义务，而这两项义务之间不存在先后顺序，基本上是同时进行的，且卖方交付货物必须在买方指定的地点，买方将货物运输进入保税区，必须要等卖方清关手续办理完毕。这些情形要重点注意用合适的方式加以体现。

结合本案中出口报关手续已经办理的情况，可以推导出本案纠纷的出现原因是，货物在未做商检的情况下办理了报关，海关由于某种原因核准了报关，货物凭借海关的许可进入保税区，导致无法再从保税区出境。

流程图的作用是让读图者明白某件事务从开始到结束的步骤。在绘制本案图表时，我们重点考虑了以下几个原则：

1　简明

既然是为了让非国际贸易人士了解专业知识，图表就不能太繁杂，无论在结构还是内容上，都必须简明扼要，不需要太多口头解释即可理解图表的内容。

2　准确

本案贸易流程是一个客观存在的事物，图表只是将这个事物呈现出来，因此该流程图必须完全忠于现实中的真实情况，包括各项步骤的前后顺序，对其他步骤的影响，等等。如果图表中发生了无法解释的矛盾，或者与实际情况不符的内容，法官肯定会弃之不用。

3 强调

贸易流程图本身是客观事物的体现，但是我们作为买方的代理人，对卖方应当尽到的义务，尤其是引发本案争议的义务，需要通过绘图技巧加以注明，而对其他双方没有争议的内容，可以不必强调甚至简化。

需要注意的是，在绘制流程图时，对方相对各方所要完成的项目，应当根据具体情况，灵活运用不同颜色，不同类型线条等方式予以分别。对于单一主体连续完成的项目，要用相同颜色和线条进行连接，让读图者可以通过该特征的线条梳理出该主体需要完成的项目，避免与其他主体的任务混淆。

（二）进出口代理合同纠纷

业务流程图本身虽然有助于读者理解案件的主要事实，但是其局限之处是无法在整体上把握各方当事人之间的法律关系。尤其对于多方参与的交易而言，难以通过业务流程图明确法律关系的性质和内容。这时就需要一张法律关系图，将各方之间的法律关系准确的呈现在读者面前。所以，我们在处理进出口代理合同纠纷时，所常用的就是法律关系图。

进出口代理合同是委托合同的一种，它的产生与我国对外贸易的发展有关。进出口代理合同纠纷的特点在于各方当事人的法律关系的定性。尤其在目前各种新型的贸易形式层出不穷的情况下，法律关系性质确定了当事人权利和义务的内容。例如，我们曾经办理过的一个案件，一审法院与二审法院对于当事人法律关系的认定不同，从而彻底改变了案件的最终结果。

> 甲公司是某大型国有外贸企业，乙公司是一家服装企业，丙是乙公司的法定代表人。丙在某次贸易洽谈期间结识了国外客商丁公司，双方达成合作协议，即丁公司定期购买乙公司生产的服装。乙公司遂与甲公司协商由甲公司办理向丁公司的出口手续。但是乙公司资金匮乏，无法顺利完成丁公司的单次订单。甲公司与乙公司为此签订委托代理协议，除了约定乙公司委托甲公司办理出口事务以外，还约定乙公司收到丁公司发来的订单之后，可以向甲公司申请预付款，用于生产丁公司所发订单的货物。生产完毕后，再由甲公司以自己名义出售给丁公司，丁公司向甲公司支付货款后，甲公司将货款及出口退税款扣除预付款部分退还给乙公司，丙为乙公司履约提供保证担保，双方即按合同开始履行。半年后，乙公司破产，甲公司要求丙承担保证责任，丙以委托代理协议名为代理实为借贷为理由拒绝。
>
> 一审法院分析了委托代理协议的内容，认为甲公司在乙公司委托其出口之前向其支付的款项，再通过代乙公司收取货款的方式收回该款项，实质上就是企业之间的借贷行为，应属无效。遂判决丙在乙公司不能清偿范围内承担三分之一赔偿责任。甲公司不服上诉至二审法院。

在这个案件当中，当事人之间的合同内容并不复杂，可以简单地以一张关系图的方式表现出来，见图 5-39。

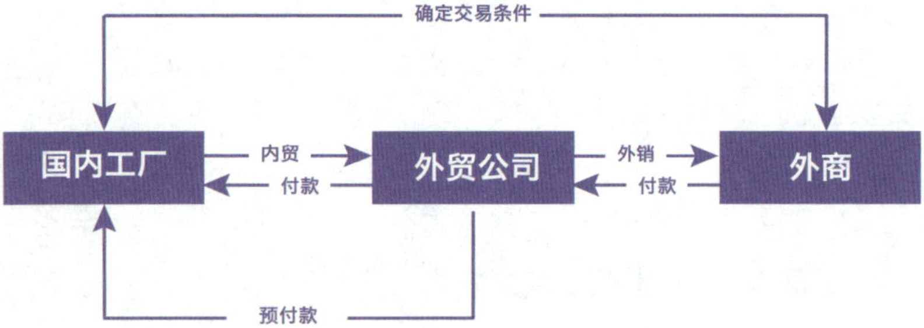

图 5-39

但是这个案件中，图 5-39 并不能发挥作用。因为在二审中，我们的任务是论证上图中表现的交易模式不是借贷关系。这就需要将各方之间的关系与借贷关系做比较，由此来说明两者之间的差异。

我们需要思考甲公司和乙公司之间的预付款与借贷关系有什么区别。在研究了合同条款之后，我们归纳出以下作图思路：

第一，甲公司和乙公司订立合同的本意是出口代理，必须将甲公司与乙公司的出口代理行为与预付款行为联系在一起；

第二，不能突出预付款关系的独立性，或者说不能将预付款关系和出口行为并列起来，而是应当展现出预付款属于整个出口代理活动的一部分；

第三，甲公司在整个出口代理活动中，不仅对乙公司负有义务，而且因为出口代理活动对丁公司也负有义务，这是与普通借贷关系明显不同的，要在法律关系中将甲公司进行代理活动而承担的其他义务强调表现。

根据上述思路，我们确定了基本的制图思路。

首先，虽然丁公司不是案件当事人，也不是合同的一方，但是必须把丁公司列入图表，才能准确展现甲公司在整个代理活动中的角色。

其次，将预付款的交付行为和出口代理活动用同种线条颜色呈现出来，并根据合同的内容交错展现在图表中。

再次，我们用显眼的线条表现出了甲公司对乙公司和丁公司应当履行的义务，该两项义务用于区别于借贷合同中借款人权利义务。然后我们根据涉案的业务操作流程，绘制了上述操作方式的法律关系图，见图 5-40。

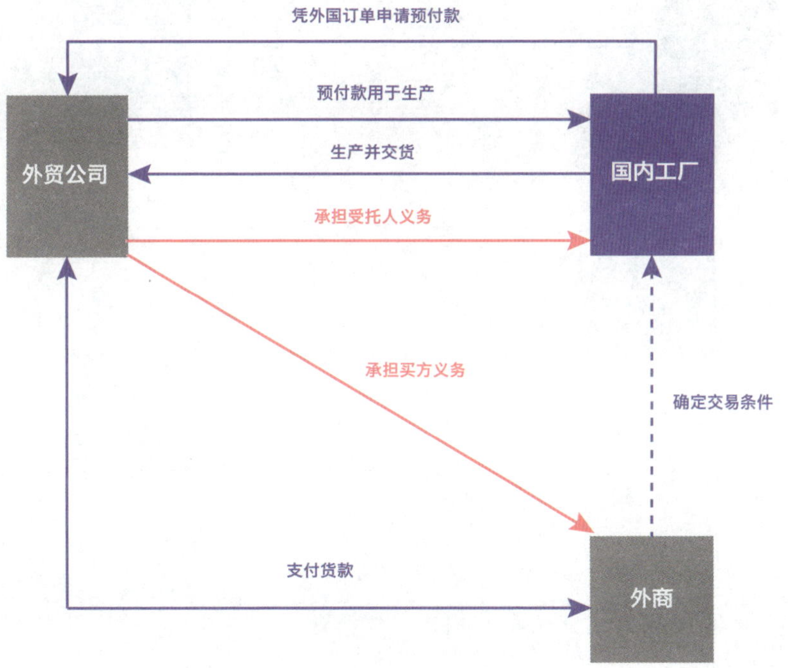

图 5–40

最后，在完成上述法律关系图之后，我们会把借贷法律关系图和该出口代理法律关系图进行对比，为了说明借贷关系与这种操作模式的区别，让法官明白外贸代理人在整个交易中的角色，对国内生产商承担的义务和对外负担的风险，与单纯的借贷关系明显不同。见图 5-41。

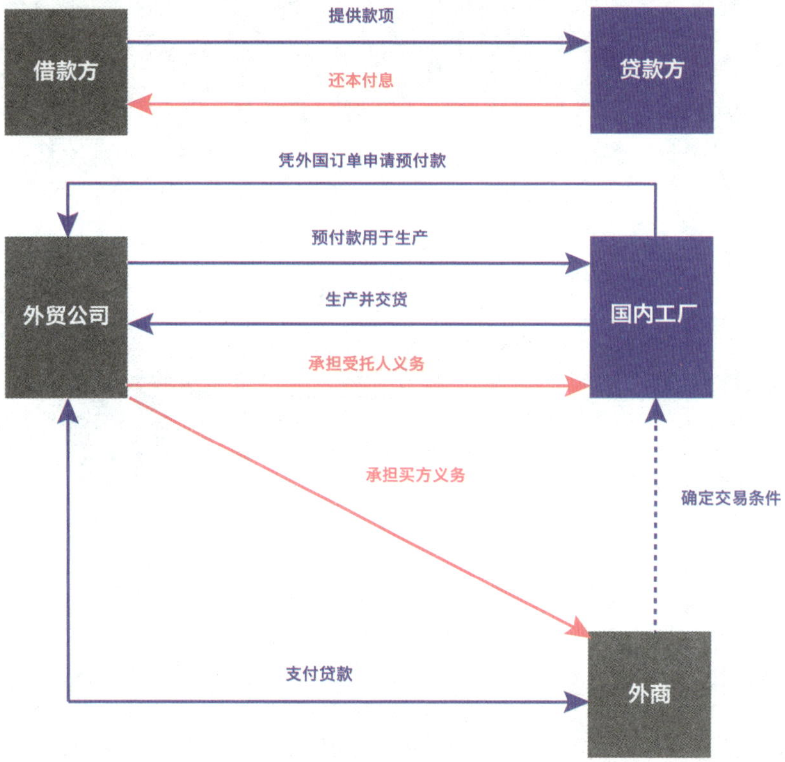

图 5-41

这样一张有针对性的图表，可以准确地解决案件争议的核心问题，将两种不一样的法律关系的相异之处清楚地展现在法庭上，让法官迅速理解两者的不同。

第六节
与公司有关的纠纷

公司作为社会的细胞，在经济生活中发挥着重要功能。随着经济的飞速发展，公司数目高速增长，且类型日益多元、结构日益复杂，与公司有关的纠纷随即蓬勃兴起。

与公司有关的纠纷是商事诉讼领域中较为重要的一类纠纷。这一类纠纷涉及公司法及其司法解释的众多方面，与商事交易中的各种实务操作联系紧密，譬如企业兼并、公司收购、股权重组等方面的内容。更为特殊的是，公司作为一种特殊的民事主体，其背后的股东、实际控制人往往通过数层复杂的股权安排体现，而公司的组织结构可能与公司的股权结构又不完全一致。因此，在公司纠纷中，律师通常都要面对由不同主体参与的各种法律关系，而图表是展现复杂关系的好方法。

本章相关介绍，围绕组成公司的最重要的两个元素展开："股东"和"股权"，股东的参与，是公司人合性的构成基础；股权的自由流动，是现代公司资合性的重要标志。再复杂的公司纠纷，基本都可以拆解到这两个大类中，掌握了这两类纠纷的构图思路，即可以不变应万变，进而逐步掌握更为复杂的构图方法。

一　与股东有关的纠纷

与股东有关的纠纷，基本集中在股东身份认定问题上。股东身份认定是《最高人民法院关于适用〈中华人民共和国公司法〉若干问题的规定（三）》重点规范的内容，在我国司法实践中，存在大量的股东身份认定纠纷。其中不仅包括许多单纯的股权确认之诉，在股权转让纠纷、股东权益纠纷以及追究股东瑕疵出资责任的诉讼中，通常也夹杂着股东身份的认定问题，且后者是解决这些纠纷的前提条件。

股东资格确认纠纷大致包括以下三种类型：（1）股东与公司之间因出资瑕疵产生的股东资格确认纠纷；（2）隐名股东与名义股东之间的股权权属纠纷；（3）股东与股东之间因股权转让产生的股东资格确认纠纷。不论哪一种纠纷，根据股东资格与股权权益的基本构成原理，核心确认规则都应当是：待确权的投资者与公司之间形成“股权性出资”合意且有实际出资行为。

相应地，怎样通过可视化的表达完成对出资事实的确认和对出资性质的甄别成为作图者考虑的重点。譬如，在债权投资关系和股权投资关系的区别认定中，待确权投资者一方往往没有任何直接证据对其与公司之间的经济往来作出“出资”或是“借款”的性质确认，此时需要巧妙组合其他间接证据、充分利用优势证据规则并结合当事人的行为判断双方真实意思表示。民商事活动中，投资者出资后不索取任何凭证的情况极为少见，一般会留下“借条”、“收据”或是其他往来函件记录，但此类证据可能存在“数量大、类型杂”的特点，这就需要我们利用可视化工具，将这些琐碎的证据整合分类，以更直观的方法还原双方商洽时的场景，以间接证据的组合尽量靠近直接证据的证明力，帮助法官认定待确权投资者的真实意图。组合方式如图 5-42 所示：

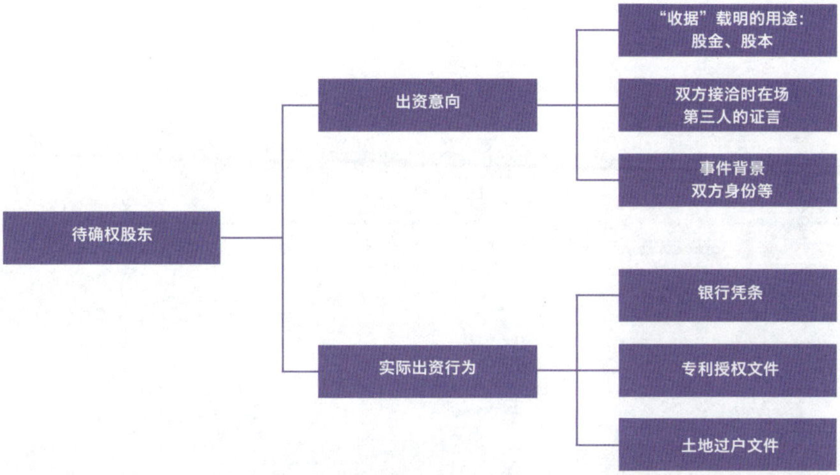

图 5-42

当然，如果双方在相当长的一段时间内的一系列行为可综合反映投资人真实意思，可将上图拓展至三个维度。通过加入时间元素，将上述两个方面的证据以不同颜色标注，分列时间轴两端，更为形象地展示双方接洽的情况，证明待确权股东不仅有投资意向，更实际完成了出资义务。具体展示方式如图 5-43：

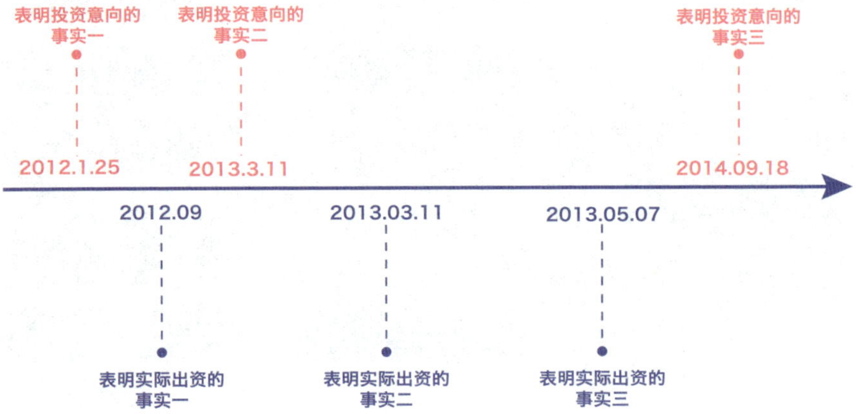

图 5-43

又如，隐名股东与名义股东的确权纠纷通常有两大类：一是公司内部关系的纠纷，包括公司利润分配、隐名股东行使股东权利纠纷、隐名股东或名义股东出资瑕疵时对内承担责任的纠纷；二是公司外部关系的瑕疵纠纷，主要有对外被视为公司股东主体的问题、隐名股东或名义股东向第三者转让股权的纠纷、隐名股东或名义股东出资瑕疵时对外承担责任纠纷等。此类纠纷的特点，是公示的股东信息与股权实际权属不一致。公示信息好比遮盖在真实权属关系前额的黑纱，影响了对于交易各方权利义务关系的判断。而图表的作用，正是要将黑纱掀去，通过直接展示公示情况和实际情况之间的差异，厘清各方权利义务关系。

设置隐名股东的主要目的是规避法律。我国《公司法》和其他相关法规对公司投资领域、投资主体、投资比例设置了一定限制。有些投资者为了规避这些限制，或者出于不愿意公开自身财产状况的考虑采取隐名方式投资。在隐名股东相关纠纷中，既然要揭开黑面纱，就应该在图上充分展示与之有关的必要信息。绘制此类图表，需要根据案件具体情况考虑四层因素：第一，隐名股东与名义股东之间的合同关系；第二，隐名股东与公司之间的关系；第三，名义股东与公司之间的关系；第四，交易第三人与隐名股东的关系。

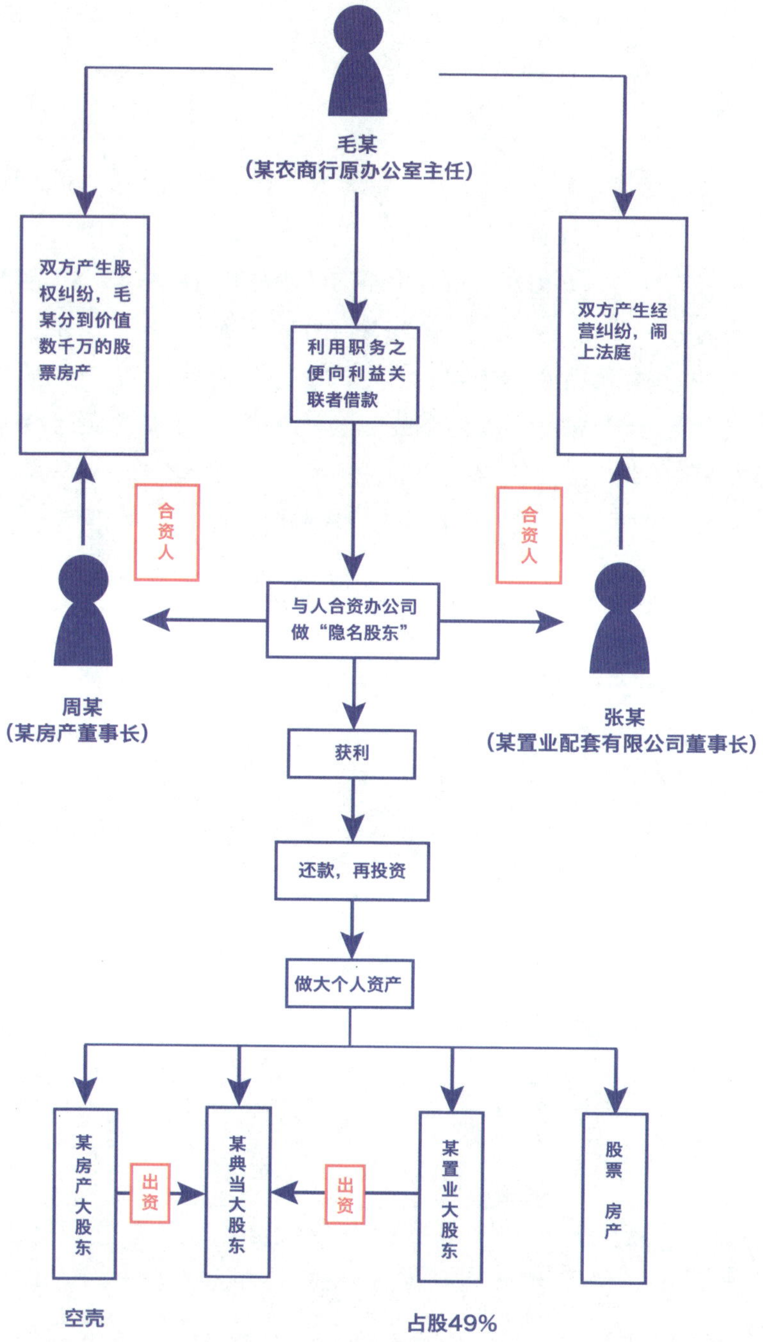
毛某
（某农商行原办公室主任）
双方产生股权纠纷，毛某分到价值数千万的股票房产
利用职务之便向利益关联者借款
双方产生经营纠纷，闹上法庭
合资人
合资人
与人合资办公司做“隐名股东”
周某
（某房产董事长）
张某
（某置业配套有限公司董事长）
获利
还款，再投资
做大个人资产
某房产大股东
出资
某典当大股东
出资
某置业大股东
股票 房产
空壳
占股49%

图 5-44

图 5-44 即为展示隐名股东身份利益关系的佳作，读者对毛某作为隐名股东的真实身份、投资资金来源和运作模式以及与名义股东之间的关系一目了然，比起可能长达十页的文字描述，这张图表大大提升了读者抓取关键信息的效率和能力，充分发挥了可视化的威力。

之所以单独强调股东身份，是因为股东身份往往与其他争议纠缠在一起。例如，当事人向公司主张行使股东权，而公司以原告并不具备合法的股东资格抗辩；又如，公司债权人向被告主张行使股东权，而公司则抗辩称被告不具备股东资格；再如，公司债权人向被告主张承担股东瑕疵出资的民事责任，而该被告则抗辩称其并不是公司股东，不应承担责任；在公司决议瑕疵诉讼中，原告以参加公司股东会或者股东大会行使表决权的当事人不具备股东资格为由，要求撤销相关决议。这些诉讼中都涉及股东资格的确认问题。在这些纠纷的处理中，必须先对一方当事人是否具备股东资格进行审理。

公司所有重大决策都离不开股东的参与，公司最终的经营成果也会转化为股东收益，在分析可能存在的其他纠纷前，确认到底谁是股东，谁能作出决定、谁能享有权益，对于整个案件的后续推进至关重要。

二　与股权有关的纠纷

绝大部分公司纠纷，都涉及股权的变动流转，股权的自由流动贯穿公司发展的始终，促进了整个经济体系的活跃，但也会带来一系列法律问题。对于涉及股权流动的纠纷，第一步工作就是梳理公司股权结构。比起厚厚的公司登记档案或密密麻麻的上市公司年度报表，一张精美的图表更易获得法官青睐。

（一）单个公司基本股权结构图

单个公司基本股权结构图是最基础的股权结构图，它展示了公司在某一具体时刻固定的股权构成。股权结构有复杂有简单，画出单个公司股权结构，需要制图者根据诉讼策略的需要作出详略得当的取舍。并不是只有两个股东的公司也需要画股权结构图，更不是一张图上要事无巨细地展示公司大大小小一百来个股东的持股情况。

在拿到公司股权基础数据后，我们最先会采用表格的方式表现股权分布状况。这种呈现方式的优点是操作最简单，在股东数目不多（五个以内）的时候，可以直接看出相互之间持股比例的差别。见图 5-45。

阿里巴巴集团股权结构		
马云及持股高管等	软银	雅虎
31.7%	29.3%	39%

图 5–45

与此种数据表格相对应的是扇形图，它可以通过扇形面积的大小以及注明比例的方式更直观地表现股权的分布，比表格式信息获取所需的时间更短，视觉对比效果更明显，在需要突出某个大股东的绝对控股地位或强调某个股东在公司只能发挥微不足道的影响力时，不妨采取扇形图的形式。见图 5-46。

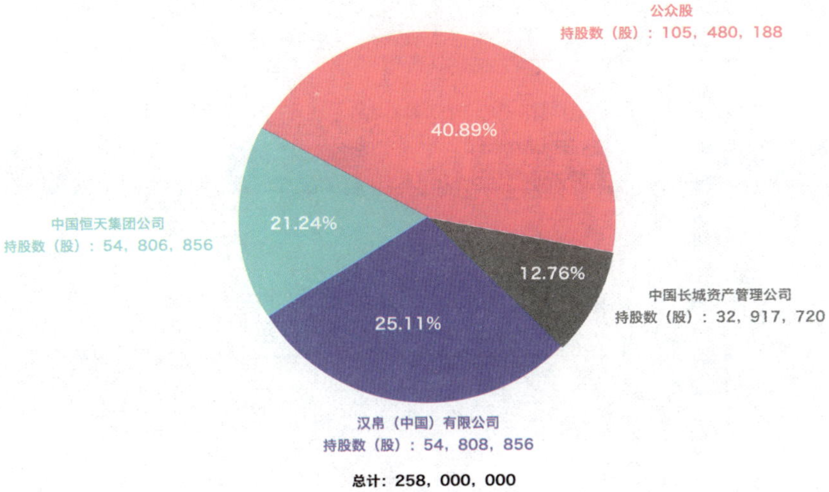

图 5-46

别看这两种图简单，要想用得妙还得有些小心思：譬如为了显示某两个股东的关联关系，可以用同一颜色区分标注；为了突出强调某一股东的实际地位，在扇形图上可以只显示控股股东股份比例或是小股东持股比例，除去其他持股人的干扰信息，让读图者只接受你最想传达的最重要数据。

需要注意的是，无论是列表还是扇形图，均只适合表现股东人数少、股权结构扁平化的股份构成。如若公司层级严密、股东众多，最理想的可视化呈现方式依然是传统的树状图。图 5-47 以公开资料显示的华能国际的股权结构图为例：

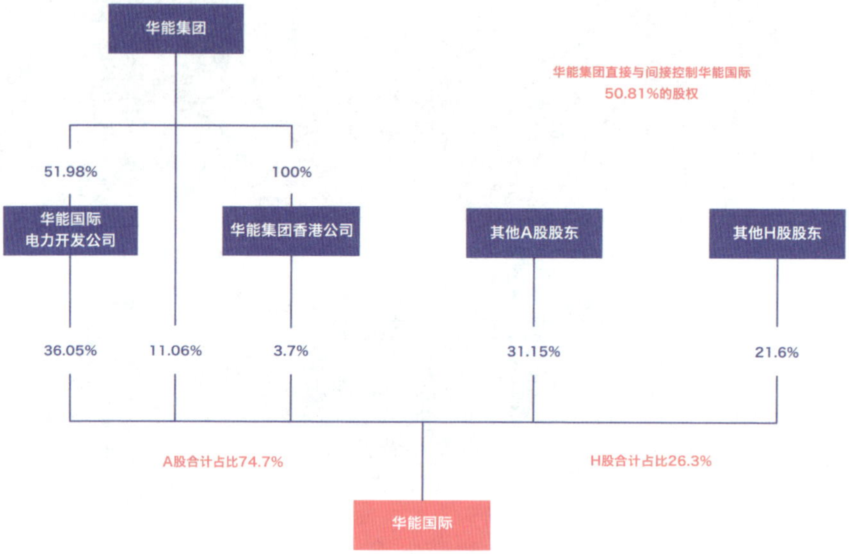

图 5-47

树状图的表现手法最符合大众思维习惯，层次清晰、重点突出。其虽可以展示股权结构的全貌，但并不能帮助读者直接获得需要的结论。我们需要以一种醒目的方式告诉读者结论信息。这种方式可以是在图表空白处直接写出结论，譬如图 5-47 的制图者想传达“华能集团直接与间接控制华能国际 50.81% 的股权”这一关键信息，就将结论直接写在右上角，读者可以迅速抓取核心要义；也可以是用一种醒目的颜色在图上直接标示，将所有同属一公司的直接持股或间接持股都以同色标明，读者也可以一眼看透制图者实际想传达的信息是一家公司对另外一家公司的股权控制情况。

（二） 多个公司股权结构图

如果需要展示的是多家公司的股权结构，列表和扇形图就不再适用，因为此类表现手法满足不了复杂的表述需求，只能通过层叠性图表的设计展示不同公司的股权结构。

譬如在图 5-48 中，为了展示本公司对其他 9 个公司的控股比例和 9 个公司自身股份情况，我们用横向和纵向的双重交叉的股权展示体系：纵向的维度展示本公司持有的 9 家公司的股份比例，横向的维度展示每家公司具体的股份构成，多家公司的股权情况清晰地展示在画面中，避免了直接阅读大量数据的不便。这种结构相当于创建了适宜案件表达的横纵坐标体系，能够帮助读者迅速定位，准确抓取某一下属公司的股权结构信息。

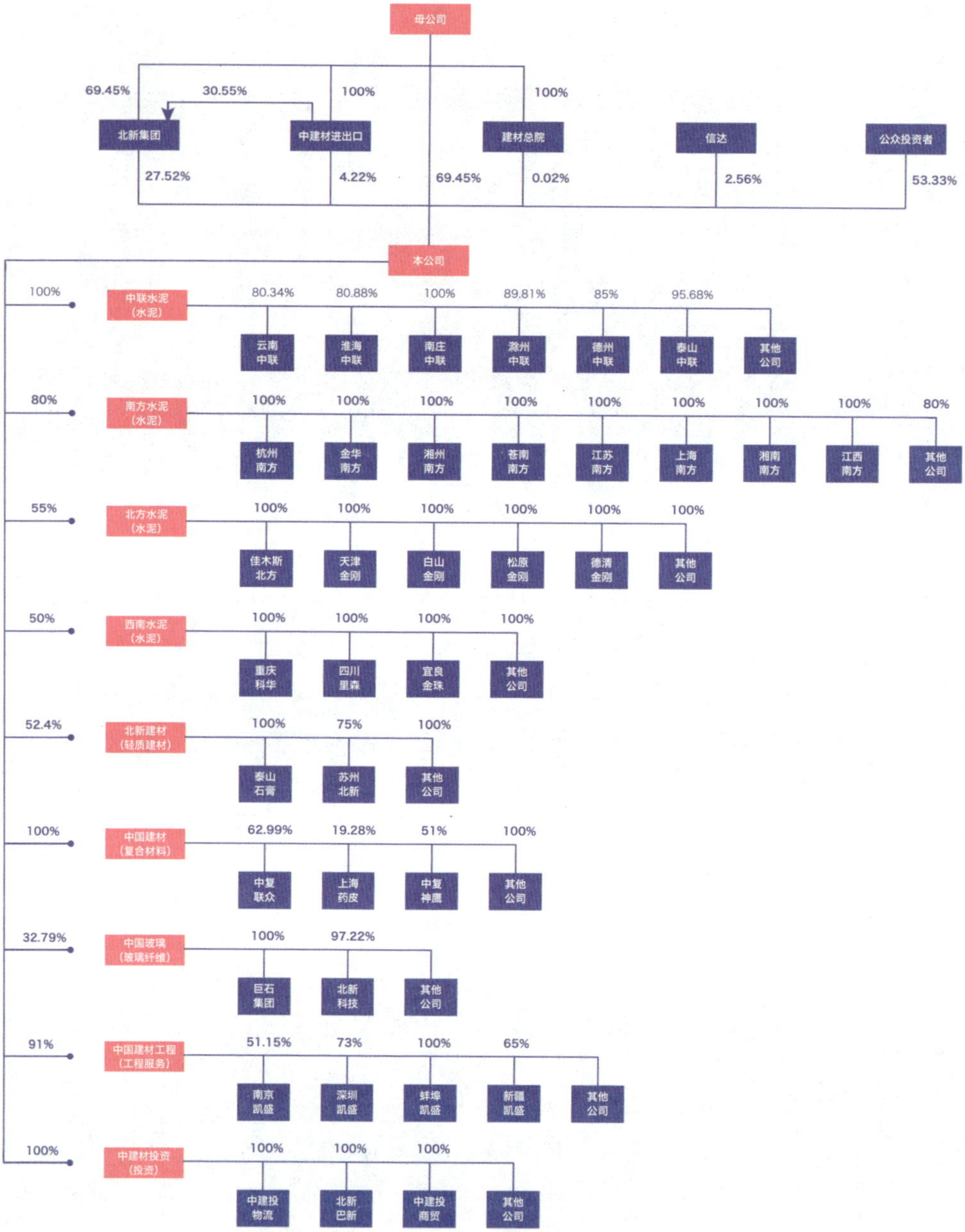
母公司
69.45%
30.55%
100%
100%
北新集团
中建材进出口
建材总院
信达
公众投资者
27.52%
4.22%
69.45%
0.02%
2.56%
53.33%
本公司
100%
中联水泥（水泥）
80.34%
80.88%
100%
89.81%
85%
95.68%
云南中联
淮海中联
南庄中联
滁州中联
德州中联
泰山中联
其他公司
80%
南方水泥（水泥）
100%
100%
100%
100%
100%
100%
100%
100%
80%
杭州南方
金华南方
湘州南方
苍南南方
江苏南方
上海南方
湘南南方
江西南方
其他公司
55%
北方水泥（水泥）
100%
100%
100%
100%
100%
100%
佳木斯北方
天津金刚
白山金刚
松原金刚
德清金刚
其他公司
50%
西南水泥（水泥）
100%
100%
100%
100%
重庆科华
四川里森
宜良金珠
其他公司
52.4%
北新建材（轻质建材）
100%
75%
100%
泰山石膏
苏州北新
其他公司
100%
中国建材（复合材料）
62.99%
19.28%
51%
100%
中复联众
上海药皮
中复神鹰
其他公司
32.79%
中国玻璃（玻璃纤维）
100%
97.22%
巨石集团
北新科技
其他公司
91%
中国建材工程（工程服务）
51.15%
73%
100%
65%
南京凯盛
深圳凯盛
蚌埠凯盛
新疆凯盛
其他公司
100%
中建材投资（投资）
100%
100%
100%
中建投物流
北新巴新
中建投商贸
其他公司

图 5-48

除此之外，还可以通过对画面本身的切分区隔各个主体之间的关系。

以公开资料显示的凤凰在线的股权结构为例。为了展示海外上市企业的股权构成，我们可以将版面进行二分，将图表切割成国外相关离岸企业和国内相关企业两大部分，这种因法律关系本身特性区分出不同阵营的情形，更加符合法律人的思维习惯。用一道虚线的切割显示股权离岸布局，再用不同的颜色显示出彼此之间的控制关系，可以使整张图表更加清晰。

图 5-49 给我们提供了另一种作图思路：对于多个企业股权关系的展示，不妨根据法律关系特性先分大类，在大类中根据彼此关联分出小类。法律人往往都有分类的习惯，按照思维习惯对页面排兵布阵，更容易让读者接受信息。

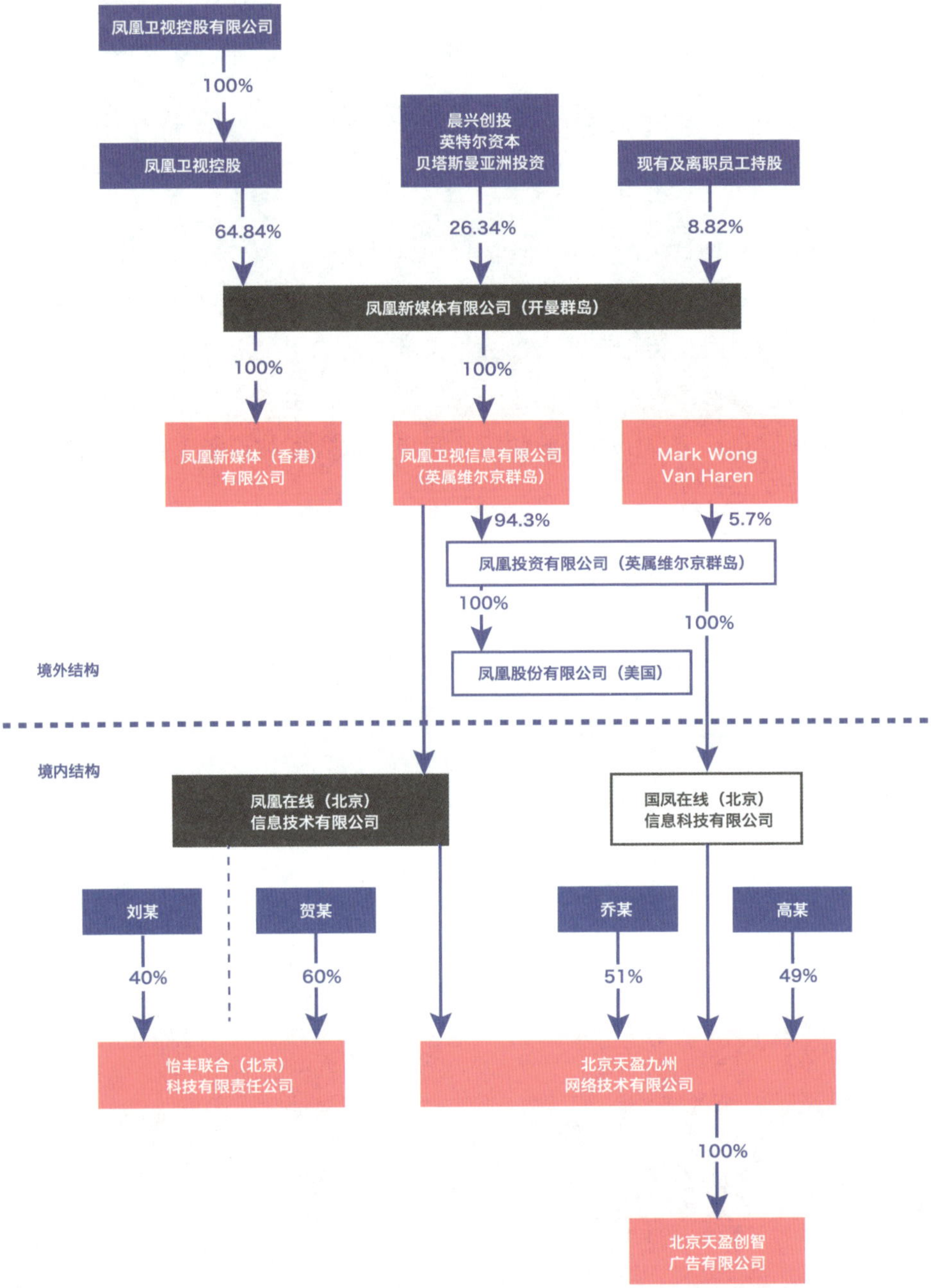
凤凰卫视控股有限公司
100%
凤凰卫视控股
晨兴创投
英特尔资本
贝塔斯曼亚洲投资
现有及离职员工持股
64.84%
26.34%
8.82%
凤凰新媒体有限公司（开曼群岛）
100%
100%
凤凰新媒体（香港）
有限公司
凤凰卫视信息有限公司
（英属维尔京群岛）
Mark Wong
Van Haren
94.3%
5.7%
凤凰投资有限公司（英属维尔京群岛）
100%
100%
凤凰股份有限公司（美国）
境外结构
境内结构
凤凰在线（北京）
信息技术有限公司
国凤在线（北京）
信息科技有限公司
刘某
贺某
乔某
高某
40%
60%
51%
49%
怡丰联合（北京）
科技有限责任公司
北京天盈九州
网络技术有限公司
100%
北京天盈创智
广告有限公司

图 5-49

（三）股权变动示意图

流动性是股权的重要属性之一，很多公司纠纷的缘起就是股权的多次变动。如何呈现公司股权变动的情况，也是作图者需费心考虑的问题。

总的来说，单次股权变动的构图设计易于多次股权变动的构图设计。单次股权变动的整体思路是将整个构图画面一分为二，左边展示股权变动前的结构，右边展示股权变动后的结构，上下二分时亦然。在同一平面，可以非常直观地感知股权变动的结果。

对于股权结构简单的单次变动，同样可以采取扇形图的表现形式，以公开资料显示的东风公司的股权变动为例，见图 5-50：

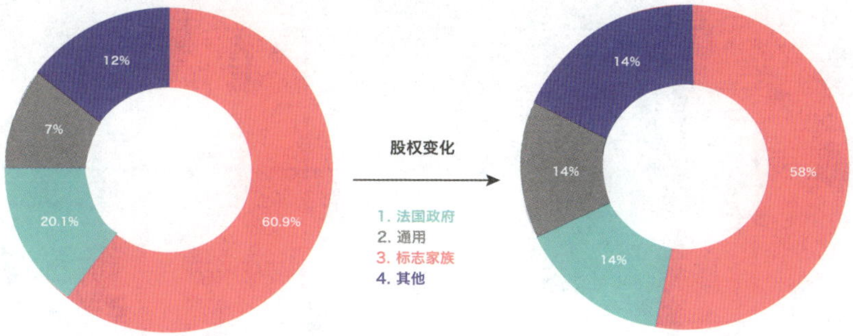

图 5-50

对于股权结构相对复杂的单次变动，可采取树状图对比树状图的表现形式，示例如图 5-51。

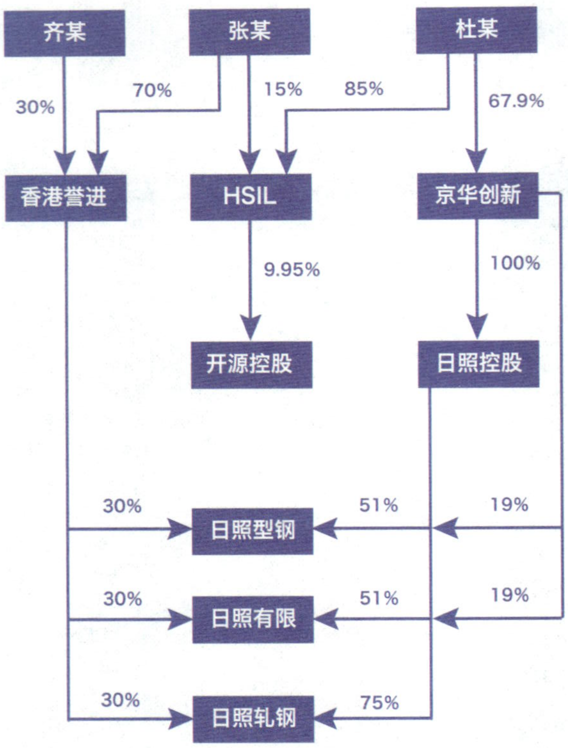

收购前股权构成

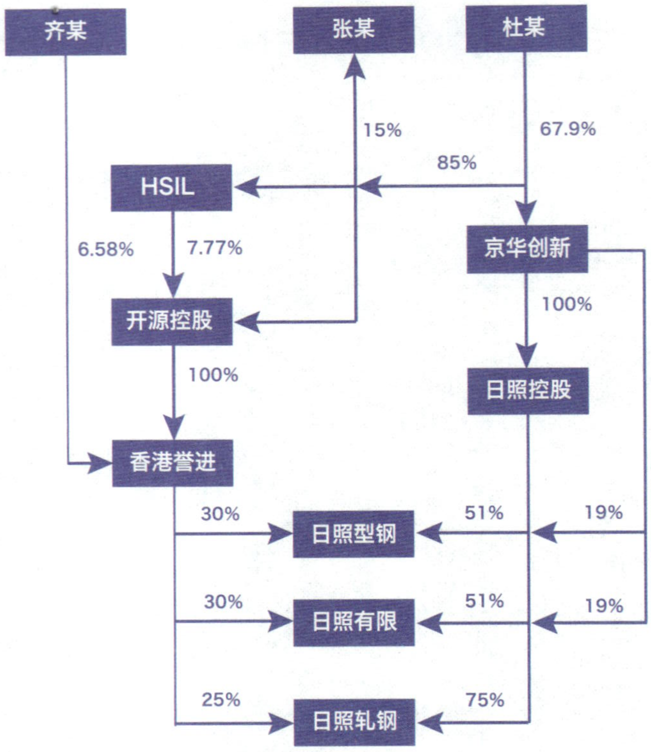

收购后股权构成

图 5-51

多次股权变动，则不可以简单地按照股权变动次数将版面切割，然后变动一次画一次，因为人脑接受信息的容量是有限的，一大片密密麻麻的信息铺展在眼前，人脑不容易看出其中的差别且难于捕捉关键信息。在股权多次变动的情况下，就需要制图者花心思尽量简化展示股权变动的过程，通过可视化各个维度的综合运用让读者以最快的速度获取最关键的变化信息。

譬如，如果历次股权变化的背景和原因是需要重点表达的信息，则应采用文字的形式，按照时间顺序描述股权变动。以公开资料显示的马尼托瓦克东岳重工股权变化为例，见图 5-52：

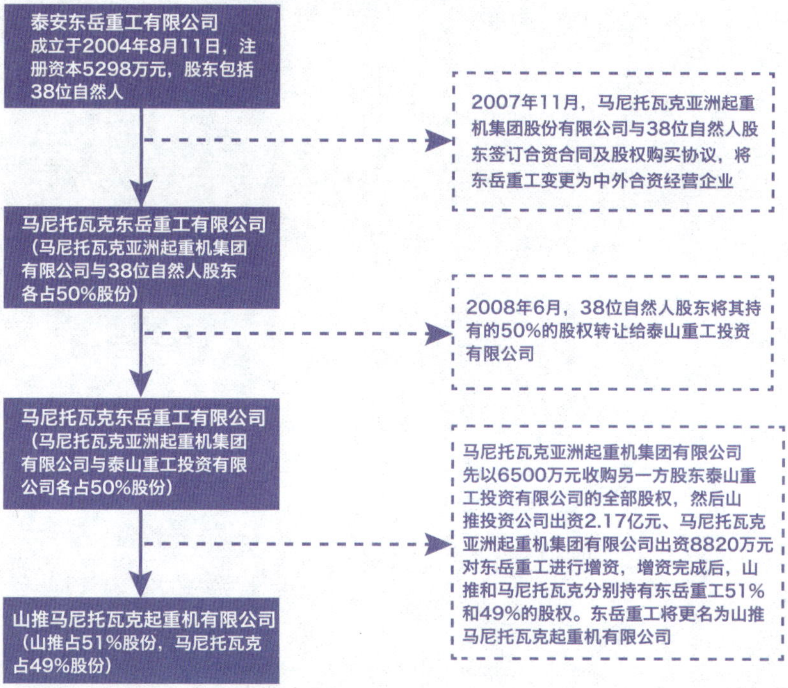

图 5-52

如果股权变动的结果是需要重点传达的信息，则需要以最直观的方式呈现变动后的结果。图 5-53 展示了在历经四次股权变动后，某公司的股权实际状况，作者在作图时考虑：第一，对于本案来说，重要的不是股权变动的原因，而是变动后的股权结构；第二，相同主体需用相同颜色，使读者第一时间辨别相同主体在股权变动后的存留情况；第三，各主体股份比例应跟色块长短形成对应关系，读者能直接从色块信息中读取股权构成状况；第四，案涉公司涉及一次增资，除左侧时间轴外，应在右侧添加公司注册资本变动过程，以求更全面地展示股权变动整体情况。

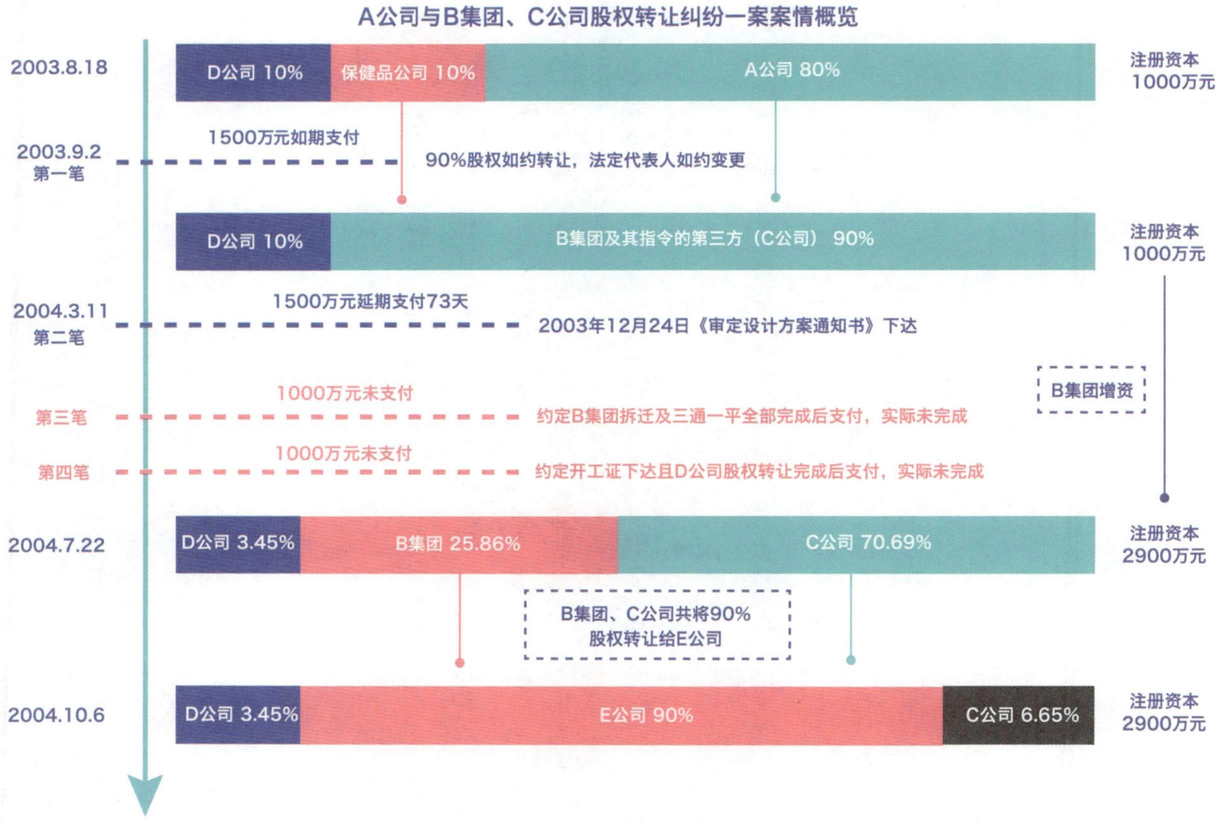
A公司与B集团、C公司股权转让纠纷一案案情概览
2003.8.18
D公司 10%
保健品公司 10%
A公司 80%
注册资本
1000万元
2003.9.2
第一笔
1500万元如期支付
90%股权如约转让，法定代表人如约变更
D公司 10%
B集团及其指令的第三方（C公司） 90%
注册资本
1000万元
2004.3.11
第二笔
1500万元延期支付73天
2003年12月24日《审定设计方案通知书》下达
B集团增资
第三笔
1000万元未支付
约定B集团拆迁及三通一平全部完成后支付，实际未完成
第四笔
1000万元未支付
约定开工证下达且D公司股权转让完成后支付，实际未完成
2004.7.22
D公司 3.45%
B集团 25.86%
C公司 70.69%
注册资本
2900万元
B集团、C公司共将90%
股权转让给E公司
2004.10.6
D公司 3.45%
E公司 90%
C公司 6.65%
注册资本
2900万元

图 5-53

（四）交叉持股的图示方法

现代公司结构中，交叉持股的现象大量存在，查明各公司之间交叉持股的情况经常是法庭审理的重点。在表现交叉持股时，图表有无可比拟的优势，持股关系图好比一张地图，虽因信息繁杂可能不会一眼看出交叉关系，但成功的图表一定能产生引导读图者按图索骥的效果。

交叉持股作图的关键，在于合适地确定各个持股人的位置，位置因素在交叉持股作图中意义重大，位置放得不对，会使整个图表显得混乱。交叉持股作图成功的关键在于“用最少的线条，最少的转折完成信息传递”。

以公开资料显示的荣盛石化和恒逸石化之间的交叉持股情况为例：

在图 5-54 中，制图者将荣盛石化和恒逸石化共同持股的公司放在构图的中心，将交叉持股的另两家公司放在构图上方，整张图没有交叉的直线，却清楚展示了两集团下属公司彼此控股的关联关系。最重要的信息集中在画面最中间，读者一眼扫过即知交叉持股的主体是谁，交叉持股的比例是多少，完全满足读者获取信息的便捷性和有效性需求。

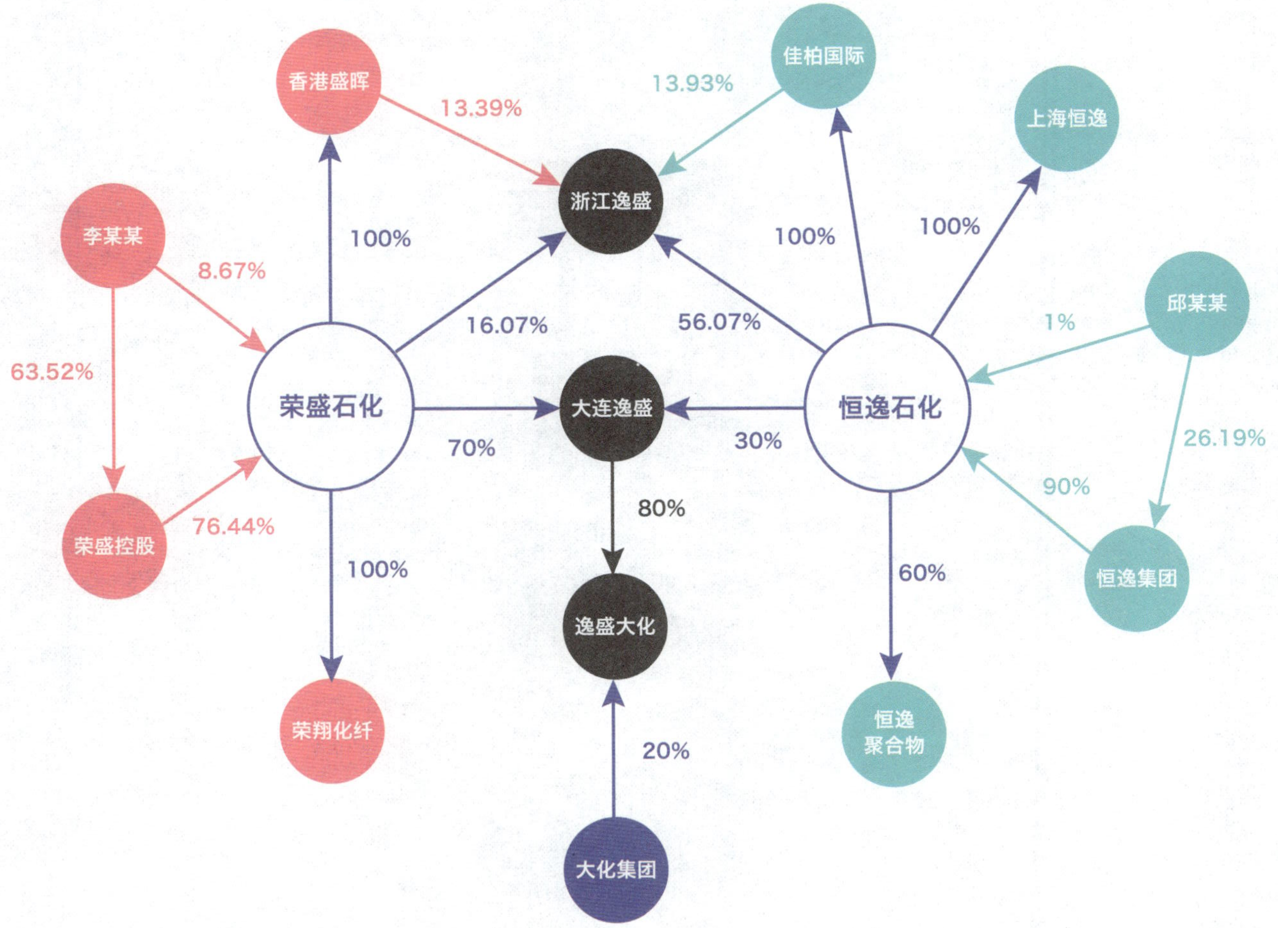

香港盛晖
13.39%
13.93%
佳柏国际
上海恒逸
浙江逸盛
李某某
8.67%
100%
100%
100%
邱某某
16.07%
56.07%
1%
63.52%
荣盛石化
大连逸盛
恒逸石化
70%
30%
26.19%
90%
80%
76.44%
荣盛控股
100%
60%
恒逸集团
逸盛大化
荣翔化纤
恒逸
聚合物
20%
大化集团

图 5-54

第六章

案例实战

在此前章节中，我们介绍了图表制作的方法论以及典型纠纷的图表类型。但本书此前内容中所提到的绘图例证，存在为了凸显其特点而抽象、简化甚至拟制的情形，并且大多是直接呈现一个案件中最精华的部分，易使读者徒见其精妙，而不知其所以。

所谓“纸上得来终觉浅，绝知此事要躬行”。因此，在本章中，我们选取了五个典型案例，由案件承办律师亲自回溯案件办理过程，特别是绘制案件诉讼图表时的思维构建过程，以求通过完整的真实案例，从律师接触案件材料的第一个节点出发，全景、全流程地呈现律师在承办上述案件过程中，是如何将诉讼图表融入进工作之中，又是如何借助诉讼图表，掌握案件，征服客户，制胜法庭的。

第一节 可视化方法论四步走的实践应用

【案情简介】

发包方与承包方签订了一份《建设工程施工合同》，约定发包方将某小区1至8号高层楼房及其库房、网点房工程的基槽开挖、门窗、暖气、消防安装等分项工程发包给承包方；约定工程竣工时间为2004年11月。合同履行过程中，工程的实际竣工时间为2005年11月，比约定工期延误了一年。据此，双方发生争议，发包方将承包方诉至法院，主张因承包方的责任致使工期延误，承包方应承担违约责任。承包方抗辩称，工期延误虽属实，但延误的原因系发包方分包工程及定价拖延所致，违约责任主体系发包方，其不应承担违约责任，请求法院驳回发包方的诉请。因此，本案的主要争议焦点被锁定在工期延误的责任主体如何确定上。

一审中，承包方为反驳发包方的观点并证明自己的抗辩意见，向法庭提交了大量的证据材料，其中包含有监理方签字的工程会议记录，该会议记录记载，施工过程中因“发包方迟迟不能确定分包方和工程材料价格等事宜，承包方希望其尽快解决，以避免拖延工期”。似乎承包方提供的证据已较为充分，但一审法院认为，“证据必须与待证事实之间有明确的证明和被证明关系，承包方提供的证据仅能证明发包方有延误的行为，但无法证明该延误行为与每阶段工期延误，或者说与整个工期延误之间存有因果关系，故应承担举证不能的法律后果”，最终法院支持了发包方的诉请。

【望闻问切】

我们接受承包方的委托，向最高人民法院上诉。在完整研究案件材料及一审判决的基础上，我们认为本案要想实现二审改判，需首先解决好两个问题：

其一，承包方在一审中分别从发包方对设备及材料定价拖延、提供的施工图纸和方案拖延且设计频繁变更、未依约支付工程款、确定分包队伍拖延四个角度主张了发包方的违约事实，并提交了相应的证据材料，可以说举证是比较充分的。根据承包方的介绍，二审中很难提供其他能产生颠覆性效果的证据，那么，就现有证据，如何说服法官相信我们的观点并改判？

其二，建设工程施工合同纠纷大多案情复杂，材料繁多。而本案更是涉及8栋楼宇及其配套工程，想让法官全面了解其施工情况比较困难。那么，如何帮助法官快速且有效地了解案情、尽快进入争议问题？

我们认为，在一审法院已作出对我方不利事实认定的情况下，要争取二审法官扭转其“预设”并转采我方主张的事实，必须借助图表等诉讼辅助工具。

【图表应用】

（一）借助“全面罗列”，对一审证据材料查缺补漏

全面罗列的第一要义就是要尽可能详尽地挖掘案件信息。要实现

这一点，单纯依靠原审双方的证据是远远不够的，还需广泛掌握其他虽未提交法院或未作为定案依据，但可能对了解案件事实有所帮助的相关材料，并挖掘其中的有用信息。

我们在案涉工程多达300多页的工程项目部例会记录里发现，承包方曾就某些导致工期延误的行为或事由与发包方、监理方进行过交涉，但并未明确工期是否顺延及顺延的具体时间。这就需要我们进一步挖掘细节，帮助法官厘清包括上述会议记录在内的大量材料。

本案的核心争议焦点是工程逾期责任及承担问题。因此，围绕“工程”、“期限”及“承担（主体）”这三个关键词，我们需要“罗列”三方面的内容：一是罗列工程（土建工程、安装工程、车库及网点房工程等）；二是罗列时间（8栋楼房的开工时间、主体框架封顶时间、竣工时间及综合验收并交付时间等“大”的时间节点，以及每一个施工步骤、工序的开工竣工时间等“小”的时间节点等）；三是罗列主体（发包方、承包方）。

但我们需要注意的是，本案涉及8栋建筑、41本卷宗、98份监理报告、140个工程节点，我们这张图表如果能够绘制出来，也势必是一张“鸿篇巨著”，其实际应用价值将大打折扣。

（二） 去除冗余，锁定“真正”的争议焦点

为达到最佳表达效果，我们在绘制图表时就需要主动甄选最“有效”的信息，而非将所有信息一股脑地抛给法官。**这要求我们排除繁芜的细枝末节，在自己的诉讼图表上只体现最直接、最无歧义、最核心的“有效”信息。**

绘制本案图表时，围绕“逾期工序”、“逾期主体”、“因果关系”，我们需要“精简”两方面的内容：一是精简“未逾期”工序，即没有逾期、逾期时间过短或者重复的工序；二是精简无因果关系的逾期，即证据显示无法与对方形成因果关系的逾期。

我们发现，一个完整的、没有违约的建设工程施工应该是环环相扣、互相影响的，即各个工程项目及其相关的时间节点应紧密衔接、无时间断档。当我们减掉工期、主体、工序等所有的干扰项，抽离出“时间”这个选项时发现，8 栋楼在每一个大的时间节点上均有延误，见图 6-1。

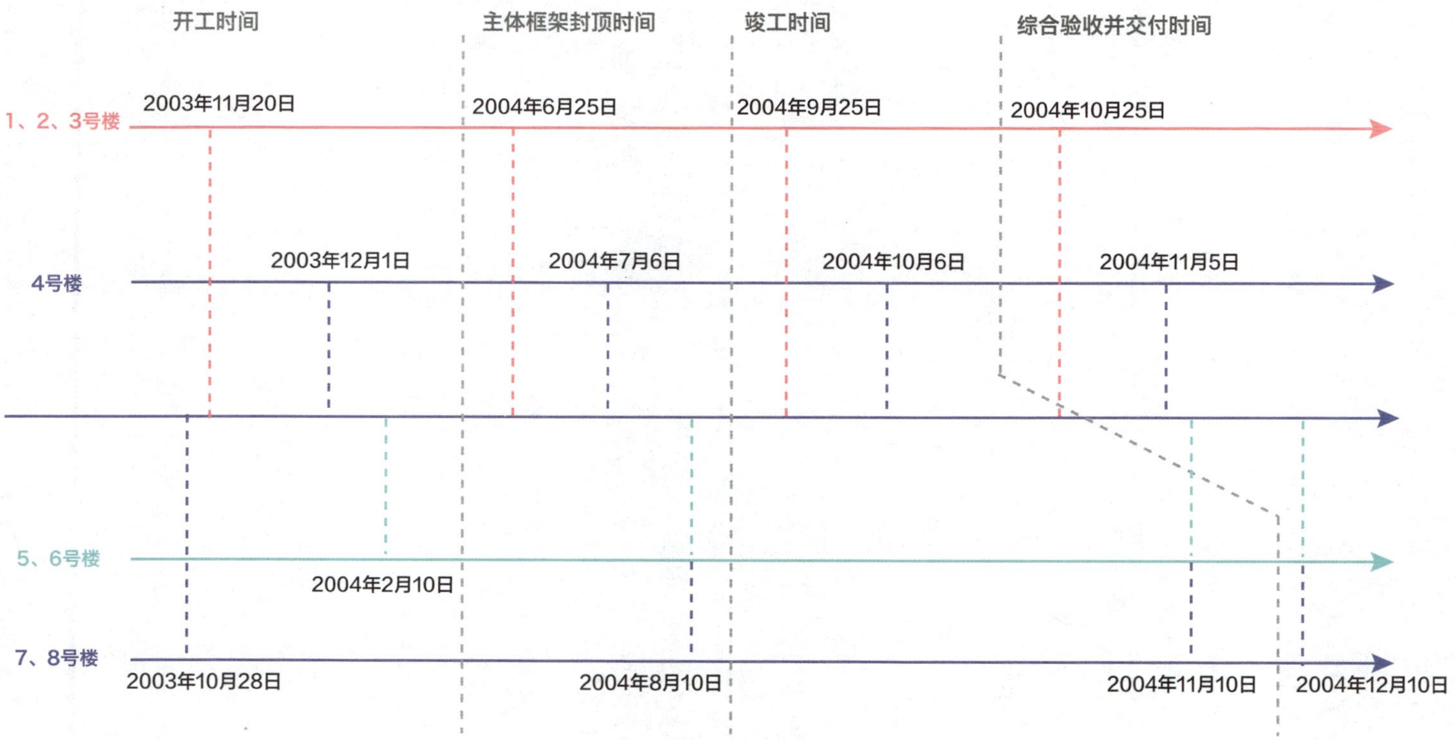
开工时间
主体框架封顶时间
竣工时间
综合验收并交付时间
1、2、3号楼
2003年11月20日
2004年6月25日
2004年9月25日
2004年10月25日
4号楼
2003年12月1日
2004年7月6日
2004年10月6日
2004年11月5日
5、6号楼
2004年2月10日
7、8号楼
2003年10月28日
2004年8月10日
2004年11月10日
2004年12月10日

图 6-1

（三） 确定案涉工程重要的工程节点，凸显工期延误根本原因

考虑到案涉每一栋楼房都涉及诸多具体工程项目，且每个工程项目都有合同约定及实际完成情况两种时间节点，交叉错乱，如果全部绘制在一张图上，将非常混乱。于是，我们以每一栋楼为基点，并筛选出那些证据最为完整充分、对于整体工程影响较大、延误较为显著的关键节点予以放大，从而得到了八张时间轴线图。

时间轴的上方是土建工程的施工情况，下图是安装工程的施工情况。在图中，我们标明了 8 栋楼在施工过程中，发包方和承包方各自应承担的工程责任范围，各自完成相应工程的约定时间节点，以及双方实际完成各相应工程的时间节点等。

下图中，蓝色部分代表发包方的责任工程范围或项目，黑色代表承包方的责任工程范围或项目。如果案涉工程没有任何工期延误，那么上图呈现出的各施工节点应该是连续、无间断的。换言之，上图中应该有一半的线条是重合在一起的。但事实并非如此，如图 6-2 所示，每个工程的重要节点都有不同程度的时间延误。

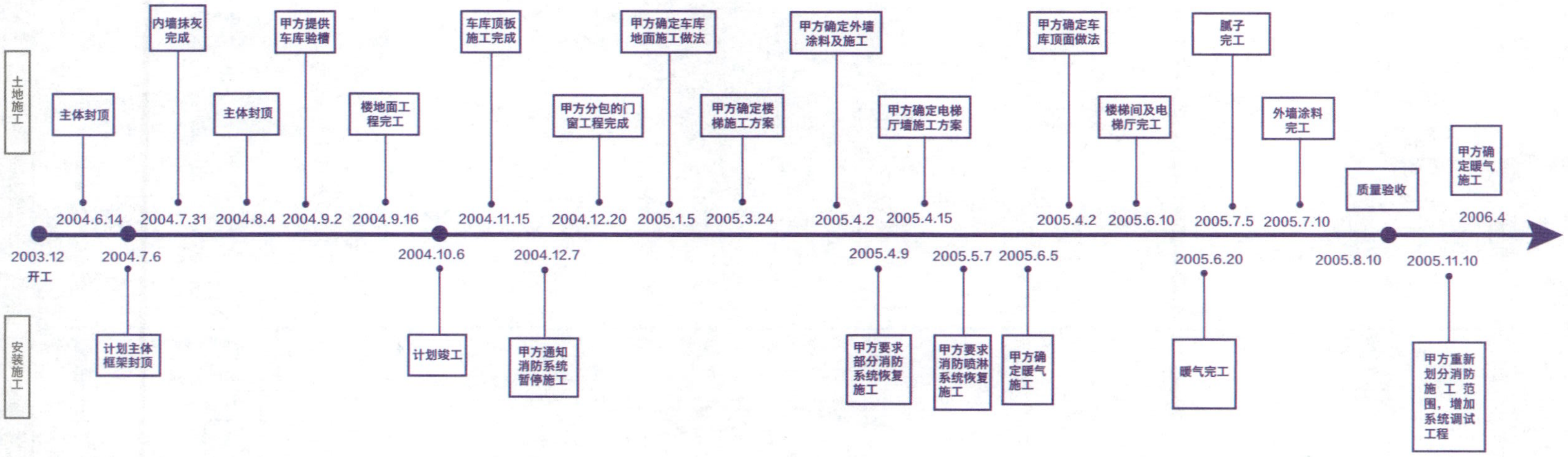
土地施工
安装施工
2003.12
开工
主体封顶
2004.6.14
计划主体框架封顶
2004.7.6
内墙抹灰完成
2004.7.31
主体封顶
2004.8.4
甲方提供车库验槽
2004.9.2
楼地面工程完工
2004.9.16
计划竣工
2004.10.6
车库顶板施工完成
2004.11.15
甲方通知消防系统暂停施工
2004.12.7
甲方分包的门窗工程完成
2004.12.20
甲方确定车库地面施工做法
2005.1.5
甲方确定楼梯施工方案
2005.3.24
甲方确定外墙涂料及施工
2005.4.2
甲方要求部分消防系统恢复施工
2005.4.9
甲方确定电梯厅墙施工方案
2005.4.15
甲方要求消防喷淋系统恢复施工
2005.5.7
甲方确定暖气施工
2005.6.5
甲方确定车库顶面做法
2005.4.2
楼梯间及电梯厅完工
2005.6.10
暖气完工
2005.6.20
腻子完工
2005.7.5
外墙涂料完工
2005.7.10
质量验收
2005.8.10
甲方重新划分消防施工范围，增加系统调试工程
2005.11.10
甲方确定暖气施工
2006.4

图 6–2

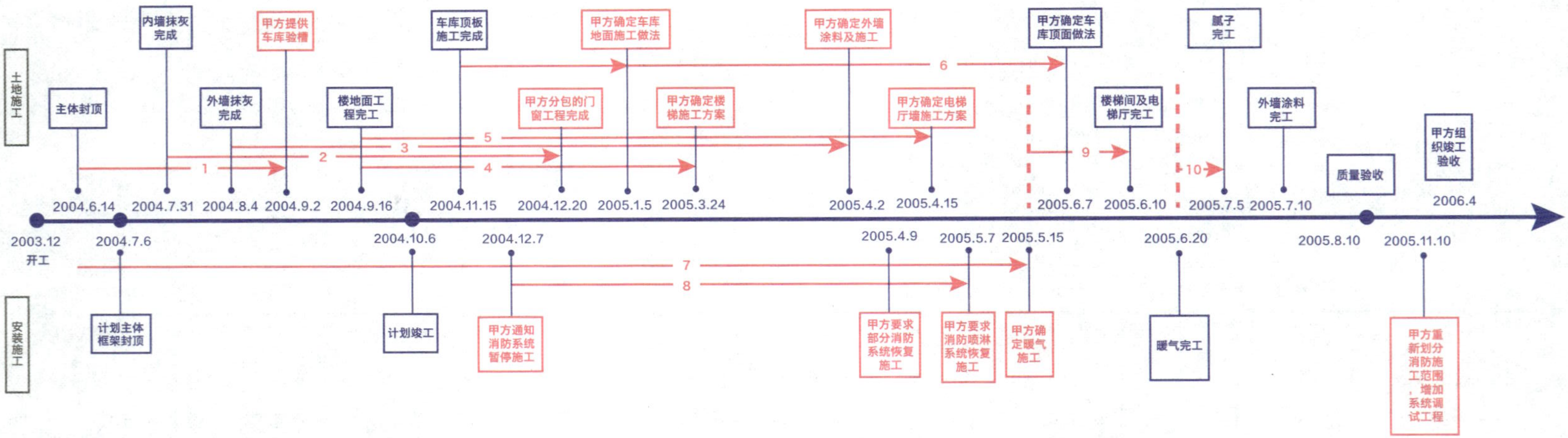
土地施工
安装施工
主体封顶
内墙抹灰完成
外墙抹灰完成
甲方提供车库验槽
楼地面工程完工
车库顶板施工完成
甲方分包的门窗工程完成
甲方确定车库地面施工做法
甲方确定楼梯施工方案
甲方确定外墙涂料及施工
甲方确定电梯厅墙施工方案
甲方确定车库顶面做法
楼梯间及电梯厅完工
腻子完工
外墙涂料完工
质量验收
甲方组织竣工验收
2004.6.14
2004.7.31
2004.8.4
2004.9.2
2004.9.16
2004.11.15
2004.12.20
2005.1.5
2005.3.24
2005.4.2
2005.4.15
2005.6.7
2005.6.10
2005.7.5
2005.7.10
2006.4
2003.12
开工
2004.7.6
2004.10.6
2004.12.7
2005.4.9
2005.5.7
2005.5.15
2005.6.20
2005.8.10
2005.11.10
计划主体框架封顶
计划竣工
甲方通知消防系统暂停施工
甲方要求部分消防系统恢复施工
甲方要求消防喷淋系统恢复施工
甲方确定暖气施工
暖气完工
甲方重新划分消防施工范围，增加系统调试工程
1
2
3
4
5
6
7
8
9
10

图 6-3

图 6-3 中，红色的线条代表工程重要节点的延误期间，共有 10 处。其中，第 1~6 处均系发包方的工期延误。

其后，我们以图表为主线，对一审证据进行了重新编排，即以每栋楼的每张图表作为证据目录（当然我们在图之后亦附有表格版的证据目录）筛选证据，然后将其作为图表的“附件”。

（四）对工程图进行分解抽离，使关键论点摆脱对案件事实的依赖，更加突出、明确

上述内容，虽然能够将法官的目光聚拢在争议焦点与核心事实之上，但诉讼图表经过细节的不断放大，仍然需要借由介绍案件事实予以表达，没有摆脱对具体案情的依赖，即还没有做到“脱媒”。而这时需要做的，就是一个分解与抽离的程序，帮助关键信息摆脱对当事人行为或时间的依附关系，更加凸显自己。我们以其中一栋楼为例：

将图表分为上下两个部分，上半部分是某一栋楼施工进度计划表，下半部分是该楼房实际施工进度表。我们用黑色表示承包方独立完成的项目，上半部分的红色表示发包方配合完成或分包项目，下半部分的红色表示发包方原因延误的工期。

如图 6-4 所示，我们摆脱了原图中有形的时间轴线，代之以抽象的逻辑进程，关键信息因而更加凸显。

4#楼工程施工进度计划与实际施工进度对比

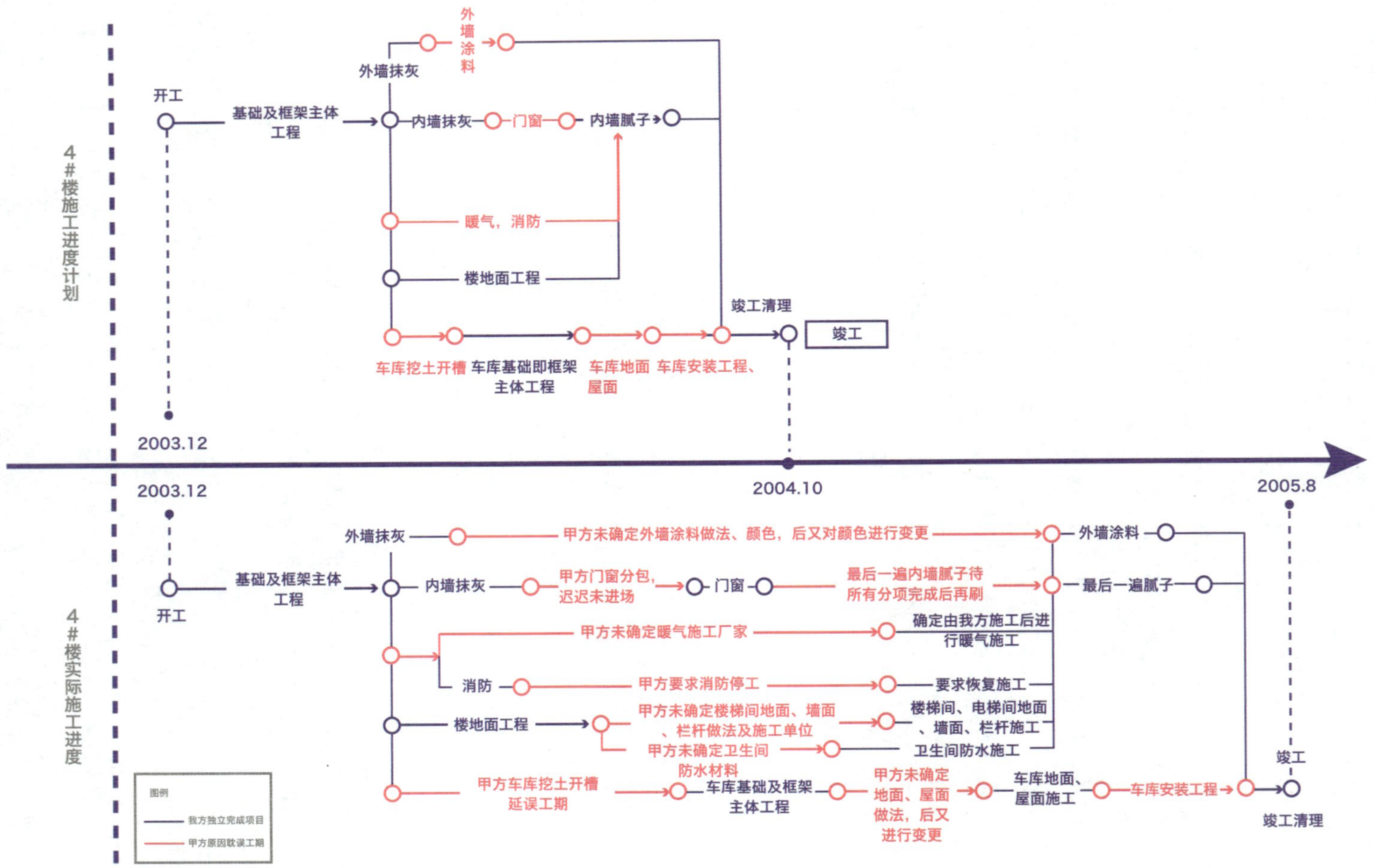

图 6-4

（五）以争议焦点中的核心为中心，突出核心论点。

其实，案件代理过程中的每一个关键点都不是轻易被提出的。以本案为例，在不断探索、论证的过程中，我们一直在寻找能给“敌人”致命一击的“利器”。

从上述对比图可见，暖气施工被延误的工期较长，但这一点是否就是我们寻找的“利器”，尚需扎实的证据材料予以辅证。幸运的是，我们在重新梳理证据材料的过程中关注到，在其中的一份会议纪要中，监理方明确表示，“暖气施工的延误是致使本工程工期延误的最主要原因”。

这一让人眼前一亮的发现，让我们深感如获至宝，不仅仅在于，这份证据来自于监理方，一个与发包方利益更为紧密的涉事主体，其所出具的证明材料对我们的证明力更大，更重要的是，我们锁定了延误工期的最主要工序。换言之，我们找到了案件争议问题的核心焦点。

经整理如下：根据暖气施工协议约定，暖气施工工期应为 37 天。同时，会议纪要中，双方确定“楼梯花岗岩暂时不贴，等暖气、电梯安装完后再贴，需要时间 20 天”“内墙腻子最后一遍等所有分项完后再刷……施工时间 10 天”。因此，为保证工程按期竣工，工程公司至少应在计划竣工日期前提前 67 天，即 2004 年 7 月 20 日，开始暖气施工（详见图 6-5）。但根据监理方会议纪要的证据显示，发包方最终确定 2005 年 5 月 15 日才由承包方开始施工。换言之，2004 年 7 月 20 日至 2005 年 5 月 15 日期间，就是由于发包方无法确定暖气施工导致工期延误的具体时间，累计延误 299 天，约占整个工期延误时间 (365 天) 的 82%，而且，此期间工期延误的责任主体系发包方。

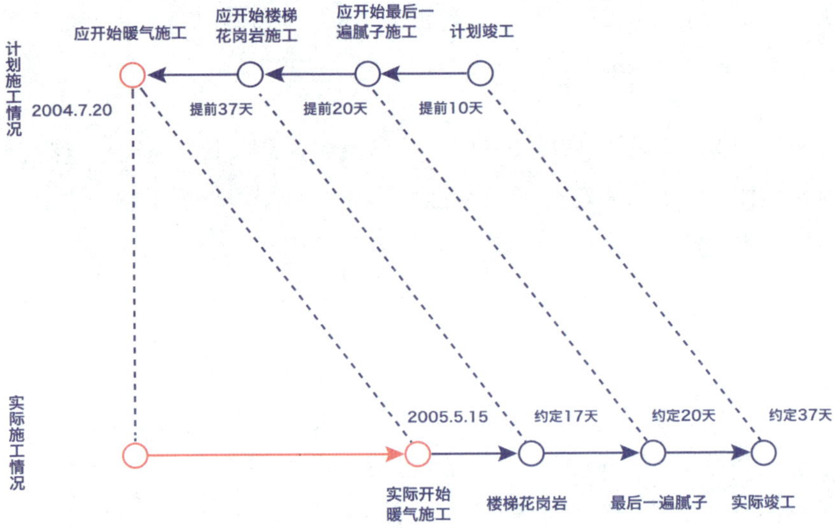

图 6–5

综上所述，我们在挖掘细节、去除冗余的基础上，对案件某一节点或某几个节点有的放矢地放大，使争点矛盾凸显；再进行抽象、简化，帮助法官寻找、锁定争议焦点，然后用最清晰、最简洁、最快速的方式，将我们希望呈现的事实和需要表达的观点传递给受众。

第二节
模拟案件不同处理方式的不同结果，让图表自己说理
——关于法律适用问题的诉讼图表表达

改革开放以来，我国进行了大刀阔斧的经济体制改革，在建立市场思路、理顺政府与企业关系方面取得了显著的成就，但同时也造成了许多历史遗留问题，其中就包括中央与地方两级财政、国有企业政策性破产等问题。随着时间的推移，国家政策对于这些问题的态度发生过较大的调整乃至完全相反的转变，再兼对于这些问题，往往政出多门，容易形成“九龙治水”的局面，各种规定难免相互抵牾，本案即属其著例。

本案中，我们将纷繁复杂的规定转化为图示，并通过演进不同政策下案涉资金的不同流向，向法官说明土地财政与企业政策性破产还债两种制度的区别与冲突，取得了很好的效果。

【案情简介】

2007 年 11 月，全国企业兼并破产和职工再就业工作领导小组（以下简称全国破产领导小组）作出《关于下达中国抽纱北京进出口公司等 69 户企业破产项目的通知》，将某水泥厂纳入政策性破产规划。

2008 年 10 月，某水泥厂职代会讨论通过的《政策性破产职

工安置方案》，确认“企业安置职工所需费用（8323.44万元）由土地资产和破产资产变现解决，不足部分由中央财政从专项资金中支出”。12月，财政部审核通过了《政策性破产实施方案》和《破产费用测算方案》，确认某水泥厂向国家财政申报的破产费用资金缺口，等于破产总费用减去含划拨土地使用权在内的资产变现总收入。

2009年6月，全国破产领导小组同意某水泥厂进入破产程序。2010年3月，当地法院与破产管理人委托地价评估机构出具《土地估价报告》，案涉地块的估价结果为2779.2万元。

其后，法院裁定某水泥厂破产还债，破产管理人委托拍卖包括案涉土地在内的公司财产。11月3日，某公司以3445.1万元竞拍成交，即付讫全部款项。2011年1月，法院确认上述拍卖，并函请市国土局协助办理土地使用权过户的手续。但市国土局却以某公司未上缴土地出让金为由拒不办理土地过户。无奈之下，某公司又就案涉地块与市国土局签订《国有建设用地使用权出让合同》。

2012年5月，某公司提起本案诉讼，要求破产管理人及某水泥厂的上级单位某投资公司、某集团代其向市国土局支付上述《土地出让合同》项下的土地转让款及违约金。两审法院均认为，某水泥厂的案涉土地属划拨无偿取得，并不是企业破产资产，该部分土地拍卖后的价款必须先交付财政专户，由国家决定该款的使用方向，即国家对土地财政“收支两条线”的要求。故判令某水泥厂破产管理人向市国土局缴纳案涉土地出让金2779.2万元及迟延交付的违约金336万元。

【望闻问切】

本案原审中争议的焦点在于，某水泥厂在政策性破产情况下，是否仍需适用土地财政“收支两条线”的规定。我们认为“政策性破产”与“土地财政收支两条线”两种制度之间存在不能相互融洽与衔接之处，关于土地出让收入必须先收归国库的规定并非当然适用于政策性破产情形，但要向法官充分、透彻地阐明这一问题，尚有两点困难需要克服：

首先，就这一问题我国法律尚无明确规定，司法实践中亦未形成普遍做法。

由于“政策性破产”与“收支两条线”均是政策性较强的问题，国家在相关问题上的态度与具体做法，随着时间的推移发生过较大的调整乃至完全相反的转变。而这些调整与转变大多都是通过行政法规、部门规章等作出，如国务院国发〔1994〕59号《关于在若干城市试行国有企业破产有关问题的通知》、国发〔1007〕10号《关于在若干城市试行国有企业兼并破产和职工再就业有关问题的补充通知》及国办发〔2006〕100号《国务院办公厅关于规范国有土地使用权出让收支管理的通知》等，在更高位阶的法律层面则缺少统一的规范。而在实践中，不但司法机关对此尚未形成统一做法，在当事人就上述问题征询政策性破产主管机构全国破产领导小组时，后者也并未给出明确的解答。

其次，国务院及其相关部门关于上述两个制度的规定散见于各种行政法规、部门规章中，不但位阶较低且缺乏完整性和体系性。

事实上，不但当前在国家层面上没有关于“政策性破产情况下是否仍适用土地财政收支两条线规则”的明确规定，就是对于这两种制度各自本身，亦缺乏明确和体系完整的规定，而是大量地散见于各种行政法规、部门规章甚至国务院规范性文件之中，因此，如果我们仅仅是收集归纳关于上述两种制度的现行规定，将难以增进法官对我方观点的信任。

基于上述考虑，我们决定以诉讼图表的方式，就“政策性破产”与“土地财政收支两条线”两种制度的流程走向，以及为什么说本案不适用“收支两条线”规则等问题，向法官做一全景式的呈现。

【图表应用】

第一张图：梳理案情，凸显争议焦点

某水泥厂系军改企业，在移交央企代管后一直处于亏损状态，而在最终申请破产前，也经历了漫长的改制、重组的过程，由此产生了大量的资料。同时，其作为政策性破产试点企业，破产过程本身也是非常复杂的。因此，在我们介入本案时，需要面对的文件材料足以用浩如烟海来形容。按照我们的工作习惯，在认真研究案件材料、编制案件大事记的同时，一般会同时绘制一张案情示意图，其作用就在于协助梳理、精简案情，将与本案直接相关的信息提炼出来并集中呈现，同时将与本案没有直接关系或对案件判断不会产生实质影响的案件信息排除出去，如图 6-6：

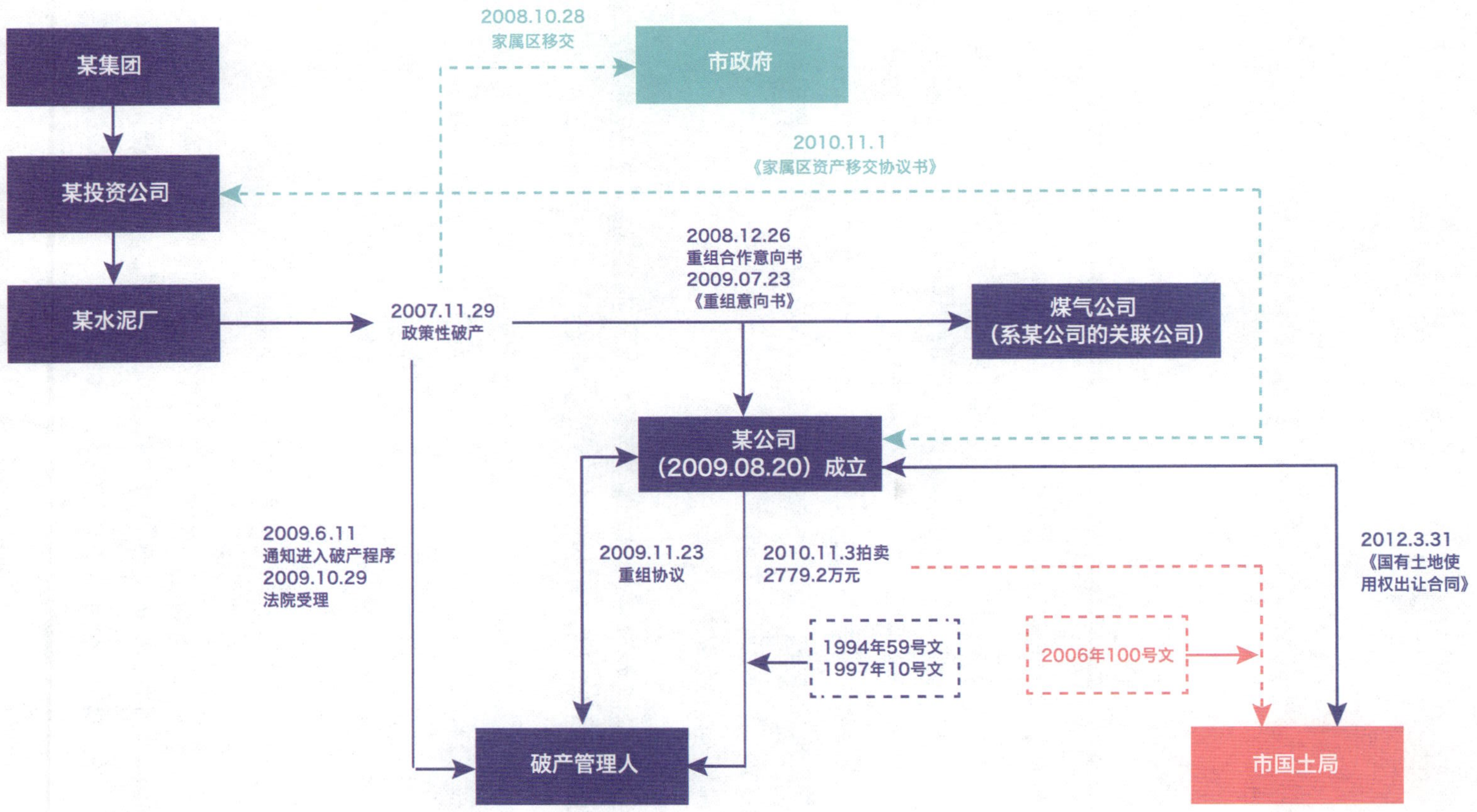
某集团
某投资公司
某水泥厂
2008.10.28
家属区移交
市政府
2010.11.1
《家属区资产移交协议书》
2007.11.29
政策性破产
2008.12.26
重组合作意向书
2009.07.23
《重组意向书》
煤气公司
（系某公司的关联公司）
某公司
（2009.08.20）成立
2009.6.11
通知进入破产程序
2009.10.29
法院受理
2009.11.23
重组协议
2010.11.3拍卖
2779.2万元
1994年59号文
1997年10号文
2006年100号文
2012.3.31
《国有土地使用权出让合同》
破产管理人
市国土局

图 6-6

由于本案涉及主体众多，且存在较复杂的破产财产（主要是案涉土地使用权）流转关系，为清晰显示上述信息，我们并未选择较常用的时间轴线图，而是采用了主体关系图来反映本案的核心事实。

本图的一个亮点，同时也是我们在绘制本图时最希望法官注意到的内容是右下角，不同制度下处理案涉土地所得的不同走向的表示：蓝色线条及蓝色箭头代表了根据“政策性破产”相关规定，处理土地所得应当由某水泥厂破产管理人支配，用于清偿企业债务；红色线条及红色箭头则表示根据土地财政收支管理规则，处理土地所得将由市国土局直接收入国库。我们在这张基本事实图中将上述两条冲突的路径展现出来，其目的在于让法官看到“政策性破产”与“土地财政收支两条线”两种制度存在矛盾，欲用其一必舍其一，为以后进一步阐明我们的观点做好铺垫。

第二张（套）图：围绕争议本质，揭示对案涉法律问题的不同理解可能对案件当事人权益造成的不同影响

本案的核心争议问题是案涉土地处置所得应当直接由某水泥厂破产管理人处分，还是应当收归土地财政专户，再由当地政府决定其去向和用途。而我们要向法官强调的是，上述争议之所以产生，其实质问题在于国家关于政策性破产过程中土地处置所得的规定与土地财政“收支两条线”的规则能否同时适用。为此，我们首先分别梳理了在上述两种制度下，划拨土地处置所得会有怎样的走向。

在政策性破产情况下，根据国务院国发〔1994〕59号《关于在若干城市试行国有企业破产有关问题的通知》之规定，纳入试点计划的企业，其土地使用权处置所得应首先用于安置职工，“有剩余的，剩

余部分与其他破产财产统一列入破产财产分配方案”。国务院〔1997〕10 号《关于在若干城市试行国有企业兼并破产和职工再就业有关问题的补充通知》亦有相同处理方式，即“破产企业财产处置所得，在支付安置职工的费用后，其剩余部分按照《破产法》的规定，按比例清偿债务”。由此可见，若按照政策性破产相关规定，土地处置所得在用于安置职工后，剩余部分仍由破产企业享有，且应作为破产财产用于清偿企业一般债务。基于此，我们绘制了图 6-7：

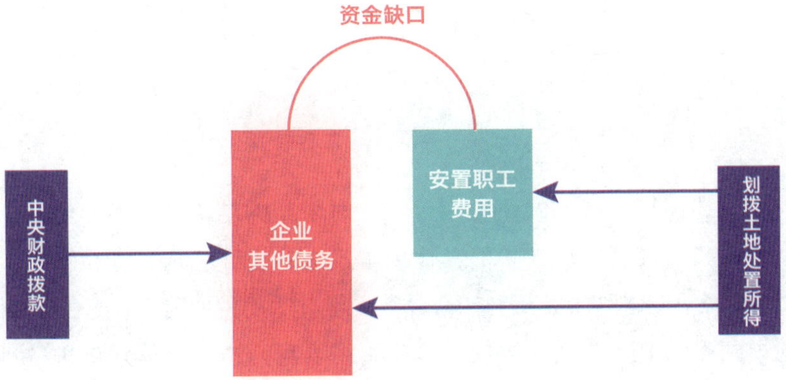

图 6–7

如按照土地财政“收支两条线”规则，根据国务院办公厅国办发〔2006〕100 号《国务院办公厅关于规范国有土地使用权出让收支管理的通知》，土地价款需全部上收国库，再根据实际需要支出。而该通知所规定的土地出让收入使用范围中，仅有“支付破产或改制企业职工安置费支出”的项目。也就是说，若按照土地财政“收支两条线”的规则，破产企业能够使用的土地处置所得以安置职工费用为限，若有剩余，剩余部分将由地方国库持有，而不能用于清偿土地原使用权人也就是破产企业的其他债务。见图 6-8。

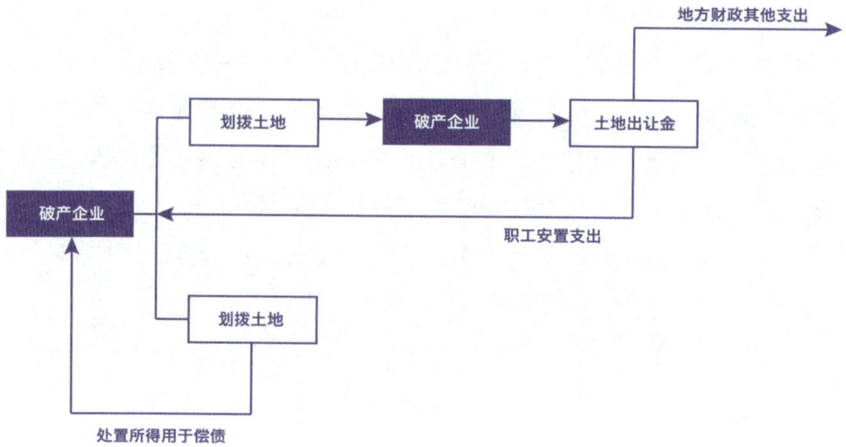

图 6–8

上述区别是我们在研究两种制度时得出的结论，亦能够通过上文中的两张图表得以反映。但具体到本案中，这种区别究竟会对当事人造成什么实际影响，以及为什么说本案不应适用土地财产“收支两条线”的规则呢？上述两图并未反映，而是需要我们结合具体案情进行进一步的分析：

本案的一个基本事实是，某水泥厂在向国家申报破产补助时，已将案涉土地使用权作为自有资产，以其评估价格从申报金额中予以扣除。如果适用“收支两条线”的规定，则将意味着在土地变现时由地方国土部门收回土地价款，从而导致破产企业的补助款出现缺口。这显然不是制度设计的本意，也是个案司法中不应出现的结果，我们据此得出结论，政策性破产应是土地财政“收支两条线”的例外情形，某水泥厂破产管理人无须将案涉土地处置所得上缴地方国土部门。在此基础上，最终形成如下诉讼图表，见图 6-9：

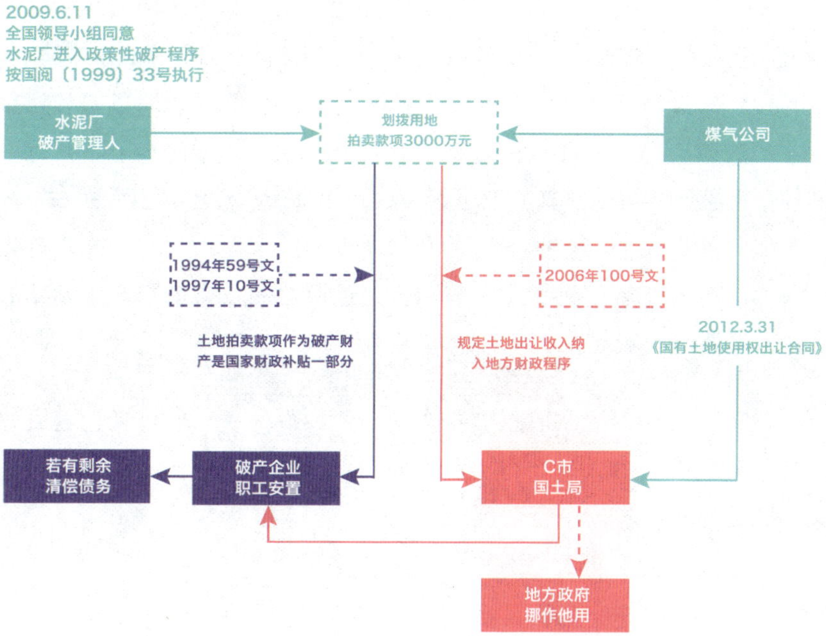

图 6–9

第三节
通过图表揭开法律行为的表层面纱，探究当事人的真实意思
——以一宗股权转让合同纠纷案为例

民事法律行为是行为人自愿实施，并且能够引起预期法律后果的行为。意思表示真实，是民事法律行为成立的前提和必备条件。换言之，只有行为人意思表示真实，才能保证其行为产生符合预期目的和切身利益的法律后果。因此，在假定行为人为理性主体的前提下，其行为的外在表象通常与内在真实意思相一致，即行为和意思“表里如一”。这一假定使得我们有可能通过揭开法律行为的表层面纱，来探求行为人所实施行为背后的真实意思表示，并进而对其行为能否产生预期的法律效果作出判断。

以下，我们以一宗股权转让合同纠纷案件为例，以可视化的方式向读者呈现在当事人外在行为的表象背后，究竟隐藏什么样的复杂心态和真实意图。

【案情简介】

2007年5月，物流公司将其持有的置业公司100%股权转让给投资公司。根据双方签订的《股权转让合同》约定，全部股权转让款分三期支付，物流公司将置业公司12%股权转让给投资公司后，投资公司支付第一期股权转让款，并全面负责置业公司经

营管理；第二期、第三期股权转让款分别在置业公司44%、44%的股权完成转让登记后支付。如各方不能在约定期限内完成股权转让，任何一方均有权解除合同。导致合同解除的过错方应赔偿对方因合同解除遭受的全部损失。

同年6月，物流公司将置业公司12%的股权过户到投资公司名下；投资公司随后向物流公司支付了第一期股权转让款。随后，投资公司开始全面负责置业公司名下项目的开发管理，并通过置业公司对外签订开发方案咨询合同、委托设计合同及土方施工合同等，并代为支付工程款、设计费、咨询费总计1600余万元。

2008年1月底，物流公司在未按期转让置业公司44%股权的情况下，发函催促投资公司立即支付第二期股权转让款。投资公司对此未予回复，也未支付第二期股权转让款。

同年5月，投资公司致函物流公司要求延缓履行《股权转让合同》，并提出三个建议方案：(1) 双方继续履行《股权转让合同》，但投资公司可迟延支付股权转让款，但需向物流公司支付资金占用费；(2) 将《股权转让合同》约定的转让置业公司100%股权变更为仅转让50%股权，转让价款亦相应调整，双方以共同持股置业公司的方式继续合作；(3) 解除《股权转让合同》，双方各自返还已经交付的股权及转让款，投资公司退出置业公司。

物流公司收到投资公司的函件后，未作任何回应。

当年6月30日，物流公司再次发函催促投资公司一并支付第二期、第三期股权转让款。投资公司未作回复、未支付股权转让款，物流公司也未向投资公司转让置业公司 88% 的股权。

到了 2009 年 3 月，投资公司以合作项目规划方案调整为由，通知土方施工单位无限期停止施工，并与之办理了已完工程的造价结算。此后，投资公司未再向置业公司投入开发资金，也未再继续签订新的合同、协议，投资公司委派到置业公司的管理人员也全部撤出。至此，置业公司名下的房地产项目陷入全面停工。

2009 年下半年，物流公司开始自行向置业公司投入资金，进行涉案项目的一期工程建设。

2010 年 3 月，投资公司致函物流公司，要求继续履行《股权转让合同》。

2010 年 5 月，物流公司书面通知投资公司解除《股权转让合同》。

2010 年 6 月，投资公司再次发函要求物流公司继续履行《股权转让合同》。

在多次协商未果的情况下，物流公司和投资公司先后向法院提起诉讼，分别要求解除合同和继续履行合同。

一审法院认为，根据《股权转让合同》约定，物流公司应先转让股权，在物流公司未履行在先合同义务时，投资公司未支付转让款不构成违约。虽然合同约定“在股权未按期完成转让时任何一方都有权解除合同”，但合同解除权作为一项赋予守约方的救济措施，不应由违约方享有。物流公司违约在先，不能享有和行使合同解除权。据此，一审法院判令物流公司继续履行《股权转让合同》并承担违约责任。

物流公司不服一审判决，上诉至最高人民法院，要求改判确认《股权转让合同》已经解除，并判令投资公司返还股权、承担违约责任。

【望闻问切】

该案涉及的事实及法律关系并不复杂，故事几分钟就能讲完，非法律人也很容易能听得明明白白、清清楚楚。可是，故事真的就这么简单吗？在当事人看似并不复杂的行为表象背后，究竟隐藏着什么样的目的和意图？《股权转让合同》未能按约履行，真如一审判决所认定的完全是物流公司单方违约造成的吗？投资公司真的一点责任和过错都没有吗？作为物流公司的代理律师，我们又该采取何种策略、提出何种理由，才能说服二审法官改变对物流公司不利的一审认定？

本案中，投资公司在《股权转让合同》约定的股权转让期限届满后，没有积极主张权利、催促物流公司转让股权，相反还在已经全面控制置业公司管理权、投入资金启动项目开发的情况下，自行终止项目开发并从置业公司撤回管理人员，导致置业公司在将近两年的时间里都无法正常运转。而反观物流公司，在《股权转让合同》明确约定义务履行顺序的情况下，不积极履行自身义务，相反却催促投资公司先行付款，而在投资公司未作任何回应、置业公司陷入瘫痪的情况下，物流公司对置业公司的开发项目不闻不问，放任自流。在项目停滞一年多后，无论是物流公司还是投资公司，又都开始积极主张权利，希望获得置业公司的股权和实际控制权。

正如本文开篇所言，在假定行为人理性的前提下，行为人的法律行为通常都是其内心真实意思的外在表象。俗话说，商人“无利不起早”，物流公司和投资公司都是理性商人，无论是签订合同、履行合同还是违反合同，都必然围绕各自的商业目的进行，都是为了获得利益。因此，要想找到本案突破口，就必须揭开双方行为的表层面纱，来探寻其背后所隐藏的真实目的和意图。

【图表应用】

在诉讼技术飞速发展的今天，更多诉讼律师开始尝试突破文字和言辞等传统表达方式的局限，开发新的诉讼技术、技巧，运用诸如可视化的表达方式，通过将时间、空间、流程、关系、层级结构等可视化表达元素的有序排列和组合，将长篇累牍的文字中的精华部分浓缩到一张张诉讼图表上，力争用最少的文字、最精练的语言，将案件核心观点呈现给裁判者。本案中，我们也采用了可视化表达的工作方法，以逐步揭开并展现诉讼双方行为表象背后隐藏的真实意图。

（一） 梳理基础事实

首先，我们将本案基础事实进行了梳理，化繁为简、抓大放小，将关键事件提炼出来，并按时间排序，绘制了一张以时间轴方式展现的案件基础事实图。见图 6-10。

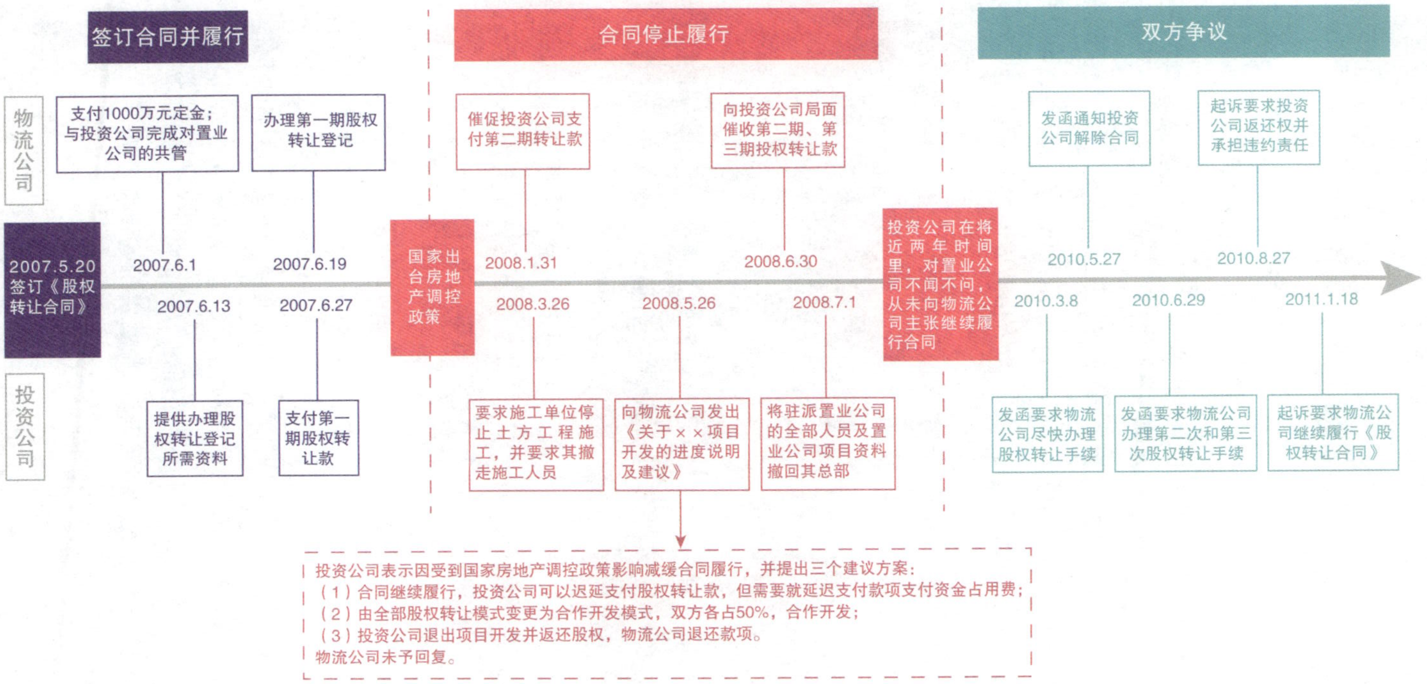

图6–10　物流公司与投资公司股权转让合同纠纷案基础事实图

在图 6-10 上，我们将物流公司自《股权转让合同》签订时起的行为都标注在时间轴上方，而投资公司的行为则在时间轴下方标注。同时，我们还标明了双方行为的具体发生时间，并通过两条纵向的虚线，将整个案件事实划分为三个阶段：第一个阶段是双方签订合同并按约履行的事实经过；第二个阶段是物流公司催促投资公司付款，而投资公司则发函建议变更或解除合同的事实经过；第三个阶段则是双方分别致函对方，各自要求解除合同和继续履行合同，双方由此成诉的事实经过。

通过这张基础事实图，我们可以很清晰地看出本案事实发展的主要脉络，这也是下一步继续分析、论证案件，并据以绘制进阶图表的基础和前提。

（二）挖掘案件背景

我们相信，无论是自然人还是虚拟的法人，其作出的外在行为必然有其原因所在，并且是为了达成一定目的。作为最典型的虚拟主体，公司法人以追逐利益为天性，其行为显然还要比自然人更为理性，受内心情感、个人好恶等因素影响的可能性更小。因此，要想知道本案中的物流公司、投资公司为什么作出基础事实图上列举的各个行为，就必须要对整个案件发生过程中的背景事实进行深入的挖掘。

基于这一原因，我们对 2007 年至 2010 年期间国内房地产市场的总体情况进行了检索。经过检索，我们发掘、整理了如下背景事实：

自 2006 年起，在北上广深等一线城市带动下，全国各地房地产市场普遍进入高速增长期，大量银行信贷资金、民间资本涌入房地产市场，部分地区房价同比增长率甚至超过 50%，某地“一房难求”、“全家上阵排队购房”的报道屡屡现诸报端。房价的持续非理性快速上涨，引发了政府和社会公众对中国经济未来的担忧。

2007 年 9 月至 12 月期间，中国人民银行、国土资源部、银监会先后下发多个宏观调控政策文件，对房地产开发信贷规模、房屋按揭贷款、土地出让、闲置土地处理等进行严格调控。受调控政策影响，各地房地产市场开始陷入低迷，土地交易成交量、成交价格以及新开盘项目数量较调控前均出现明显下跌。

2009 年下半年，受中国为应对全球金融危机而出台的四万亿投资计划刺激，国内基础设施建设及固定资产投资进入高速发展期，房地产市场在经历了长达一年多的低迷后再次大幅上涨，并很快超过 2007 年调控前的最高点。根据从国家统计局公布的 2007 年至 2010 年房地产景气指数，我们用数据图中的折线图，将房地产市场这几年的发展情况进行了展示。见图 6-11。

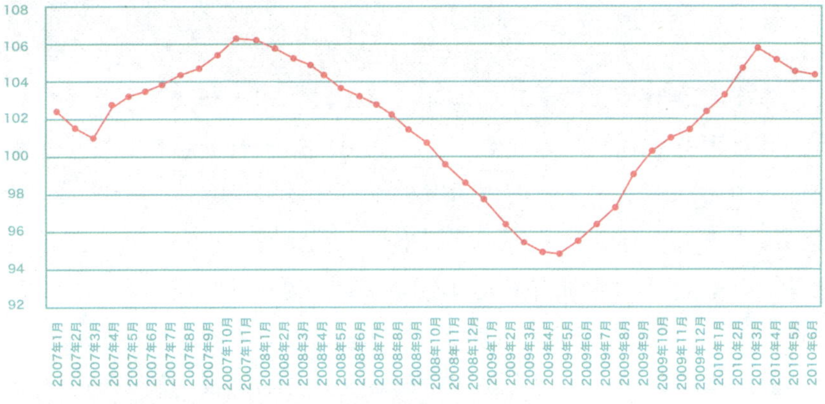

附注：该图根据国家统计局公布开发年度指数绘制。

图 6–11

通过检索案件发生背景，我们很容易看出，国家房地产调控政策对本案双方履约心态产生的重大影响。投资公司作为置业公司股权的受让方，在国家对房地产市场进行严格调控、市场陷入低迷的情况下，拖延甚至不履行合同显然对其更为有利；而物流公司作为股权转让方，在市场下跌时当然更愿意积极履约。但在国家严格限制房地产信贷规模的情况下，物流公司出于对投资公司资金状况的担忧，未按约先转让股权，而是催促投资公司支付转让款，也符合一个理性商人的行为特征。当房地产市场再度上涨时，双方又都对置业公司积极主张权利，意图争得这个可以给其带来巨额利益的项目公司。可见，本案纠纷的发生，绝不是因物流公司单方的原因和行为所导致的，双方显然对此都负有责任，甚至，投资公司责任更大。

至此，解决本案的突破口已经呈现在我们面前。我们相信，只要能够在二审中向法官充分阐述我们的前述观点，那么要想争取二审直接改判，或为物流公司在一审败诉的基础上争取调解机会，并非不可实现。

（三）用图表展示心理活动

本案要想胜诉，就必须能够让法官透过当事人行为表层的面纱，看到其行为背后隐藏的真实意图，进而对其行为性质作出认定。但大家都知道，基础事实图只能展示案件发生的重要节点、关键事实，让人知道当事人在什么时间做了什么事情，很难直观展示当事人的心理活动，更不能由此推断当事人内心隐藏的真实意图。而对心理活动的描述，本就是一件极为困难的事情，即使是通过文字和言辞的方式进行，也很难完全获得受众的完全确信，更何况是在对论证逻辑结构、对证据证明力要求极为严格的诉讼活动中。

经过反复尝试各种不同的图表绘制方法，通过各种不同可视化表达元素的排列、组合，我们最终决定用这样一张图表，来向二审法院展示本案中物流公司、投资公司各自行为背后的真实意图。见图 6-12。

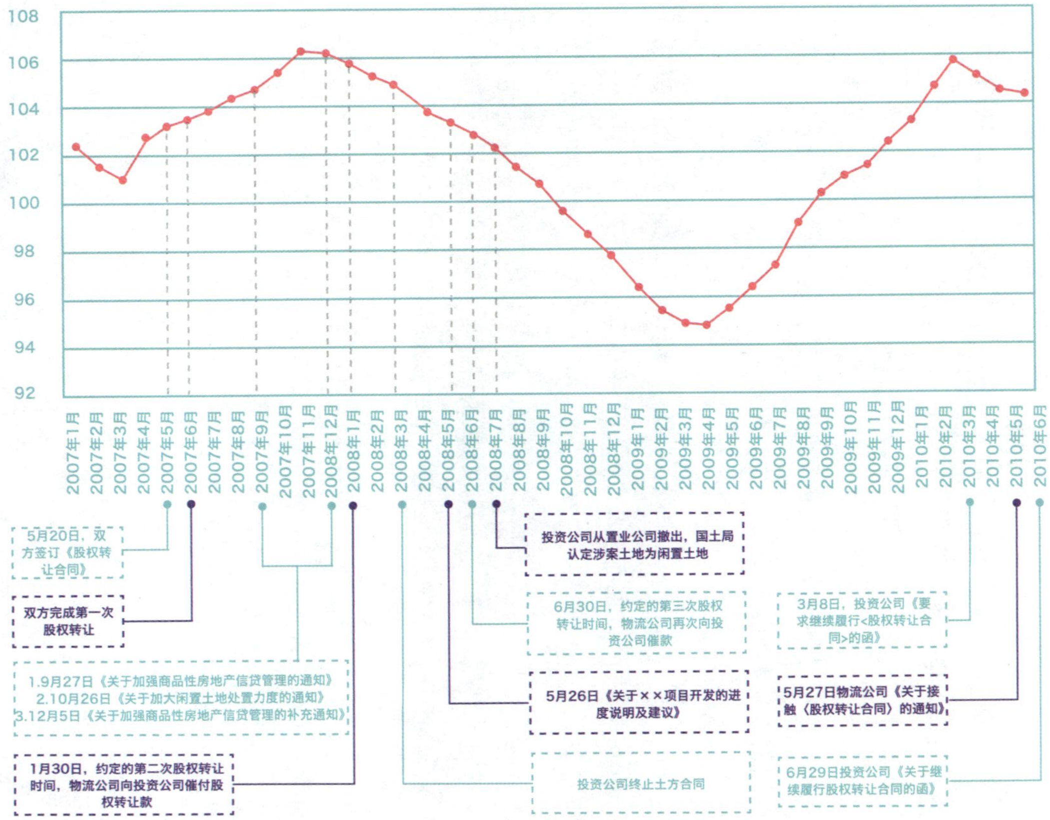

附注：改图根据国家统计局公布的2007~2010年房地产开发年度指数综合而来。国家统计局公布的基础数据附后。

图 6–12

在图 6-12 上，我们将根据公开数据制作的房地产指数趋势图放在整个图表的上半部分，整个图表呈现出明显的“上涨—下跌—再上涨”的波浪形趋势。在此基础上，我们又将本案的重要基础事实（双方事实行为）、背景事实（调控政策出台），在图表的下半部分，用粗大的黑线与趋势图上的时间点进行了一一对应。

从中可以清晰地看出，双方签订《股权转让合同》并按约完成第一期股权的转让和付款，都是发生在房地产调控开始前，此时房价尚处于持续上涨的阶段；而从 2007 年 9 月调控政策出台、房价进入下行通道开始，投资公司明显处于观望状态，减缓直至停止履行合同、对置业公司不闻不问，而此时物流公司出于对投资公司履约能力的担忧，虽想继续履行合同，却不敢先行转让股权；而投资公司要求继续履行合同、物流公司要求解除合同，则是在房地产市场触底反弹，景气指数再度达到历史新高之后。可见，投资公司才是本案《股权转让合同》未能按期履行的主要过错方，一审法院的判决结果显然有失公允。

在本案二审庭审时，我们结合前述图表，协助法官揭开了蒙在当事人行为表象上的面纱，最终为物流公司争取到撤销一审判决，将案件发回重审的诉讼结果，并在重审中促成双方当事人达成调解。可以说，无论是在二审程序中，还是在发回重审后的调解过程中，前述图表都发挥了至关重要的作用。

第四节

简入繁来繁还简

——以某煤炭公司诉某银行票据纠纷案为例

票据纠纷案件是最让律师头疼的一类案件，不仅涉及许多金融专业、银行实操方面的问题，让法律人感到隔行如隔山；更在案件中涉及众多当事人、票据及资金流转不一，往往还有民刑交叉等因素，使得案情更为错综复杂。但是，正是这类案件，恰恰最能发挥诉讼图表“化繁为简”的功效，使争议焦点问题能够从重重疑云背后拨云见日。

【案情简介】

本案是一起煤炭公司诉请A银行承担票据损害赔偿责任的案件，基本案情如下：

一审法院查明，2007年1月21日，煤炭公司因煤炭交易从某钢铁股份有限公司受让一张银行承兑汇票。原煤炭公司财务部长原某（调离该职位时原工作未进行交接）于2007年1月23日从煤炭公司办公室主任马某处取走该张承兑汇票，并将该承兑汇票交给在某银行任职的李某，李某找他人私刻煤炭公司的财务和法人名章进行汇票背书后，将该汇票交给A银行的票据工作人员黄某。黄某联系化工公司，利用其所在公司的账户办理贴现，由化工公司提供一份空白工业品买卖合同，黄某持合同、承兑汇票及相关手续提交到A银行申请贴现。A银行对汇票予以贴现，支付贴现款986万元。

根据相关刑事判决查明的事实，2006 年 4 月底，李某为归还其银行欠款，从原某处借款。原某私自将煤炭公司的一张 800 万元承兑汇票借给李某，李某将该汇票用于归还其个人借款。2007 年 1 月 23 日，原某以需要“大票换小票”为由，从煤炭公司办公室主任马某处取走 1000 万元承兑汇票，将该汇票交给李某，李某通过化工公司将该汇票在 A 银行贴现后得款 986 万余元（即本案民事纠纷涉及的 1000 万元承兑汇票）。李某使用贴现款从多处购买了 18 支共计 800 万元承兑汇票，送还给了原某，由原某归还煤炭公司。

法院另查明，本案承兑汇票的流转过程为：出票人为某钢铁集团，收款人为某钢铁股份有限公司，背书记载为钢铁股份有限公司背书给煤炭公司，煤炭公司背书给工业公司，工业公司背书给化工公司。

现煤炭公司起诉 A 银行，请求其偿还因 2007 年汇票造成的 1000 万元损失。

【望闻问切】

上述案情简介，是根据本案一、二审判决查明的案件事实总结的。短短 600 个字，出现了近 10 个当事人主体，有公司、银行、个人，有本案查明的事实，还有引用刑事判决认定的事实。面对这样一个案件，要想用一张图表展现案情，似乎有些无从下手。但每个案件，即使法律关系纷繁复杂，也都是由一个个事实片段拼接而成，因此，在确定本案图表应展示的内容时，可以按照确定内容的三个步骤依次进行：首先，全面罗列，即根据案件细节依次绘制细节图；其次，逻辑整合，即按照一定的逻辑重心将细节图进行整合；最后，精简内容，即去除图表中的冗余信息。

【图表应用】

一审查明的第一段内容，是“2007年1月21日，煤炭公司因煤炭交易从某钢铁股份有限公司受让一张银行承兑汇票。原煤炭公司财务部长原某（调离该职位时原工作未进行交接）于2007年1月23日从煤炭公司办公室主任马某处取走该张承兑汇票，并将该承兑汇票交给在某银行任职的李某，李某找他人私刻煤炭公司的财务和法人名章进行汇票背书后，将该汇票交给A银行的票据工作人员黄某。”对此，我们可以绘制本案的第一个细节图，即案涉票据的实际流转情况，见图6-13：

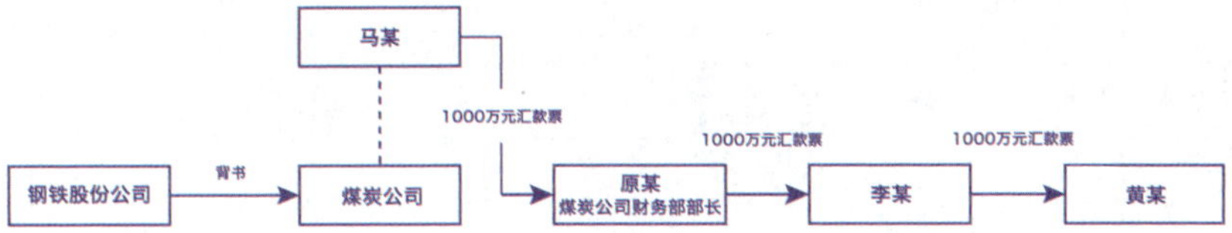

图 6–13

随后，我们看到，本案事实记载“黄某联系化工公司，利用其所在公司的账户办理贴现，由化工公司提供一份空白工业品买卖合同，黄某持合同、承兑汇票及相关手续提交到A银行申请贴现。A银行对汇票予以贴现，支付贴现款986万元。”对该部分事实，可以绘制细节图如图6-14：

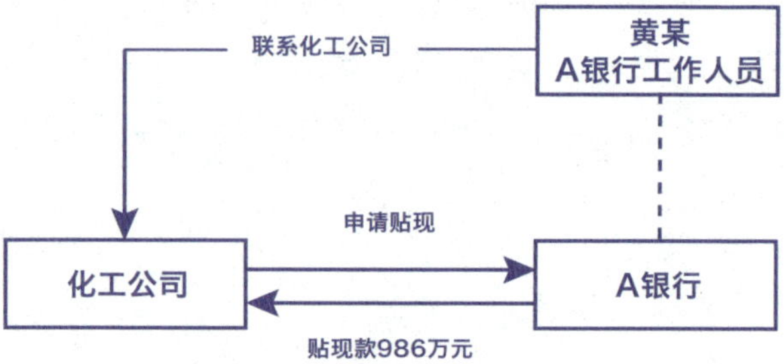

图 6–14

图 6-13 和图 6-14，共同构成了案涉汇票被违法贴现的过程。因此，我们可以将上述两张细节图整合起来。整合的关键点在于，两张图都存在黄某这个共同主体，这时，我们以黄某为连接点，将两张细节图整合如图 6-15：

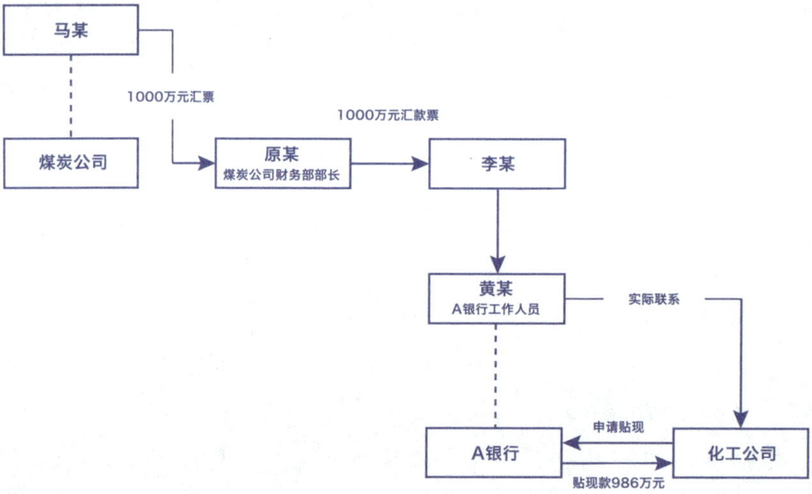

图 6–15

本案事实记载“李某使用贴现款从多处购买了 18 支共计 800 万元承兑汇票，送还给了原某，由原某归还煤炭公司”，因此，我们可以在上述图表中，增加贴现款返回煤炭公司的相关事实，增加后图表内容如图 6-16：

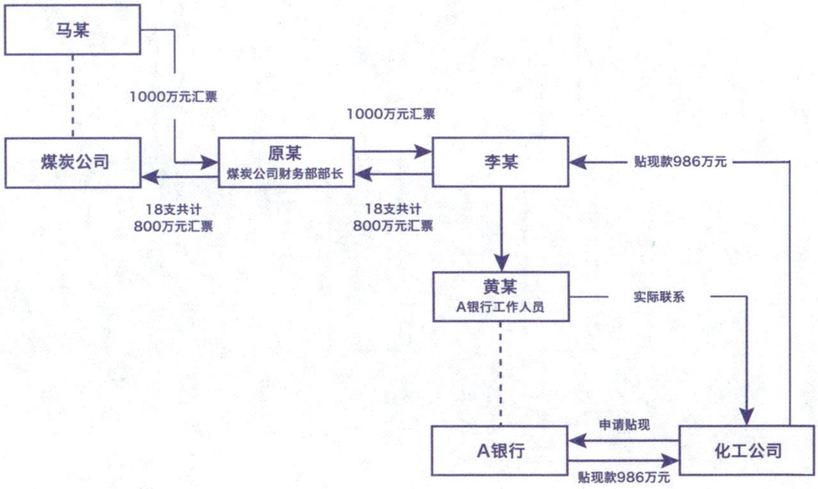

图 6-16

本案事实记载李某之所以将本案汇票贴现款 986 万元换成 18 支共计 800 万元汇票返还给原某，并由原某返还给煤炭公司，是因为“2006 年 4 月底，李某为归还其银行欠款，从原某处借款。原某私自将煤炭公司的一张 800 万元承兑汇票借给李某，李某将该汇票用于归还其个人借款”。因此，我们可以在上述图表中，增加 2006 年 800 万元汇票的相关内容，如图 6-17：

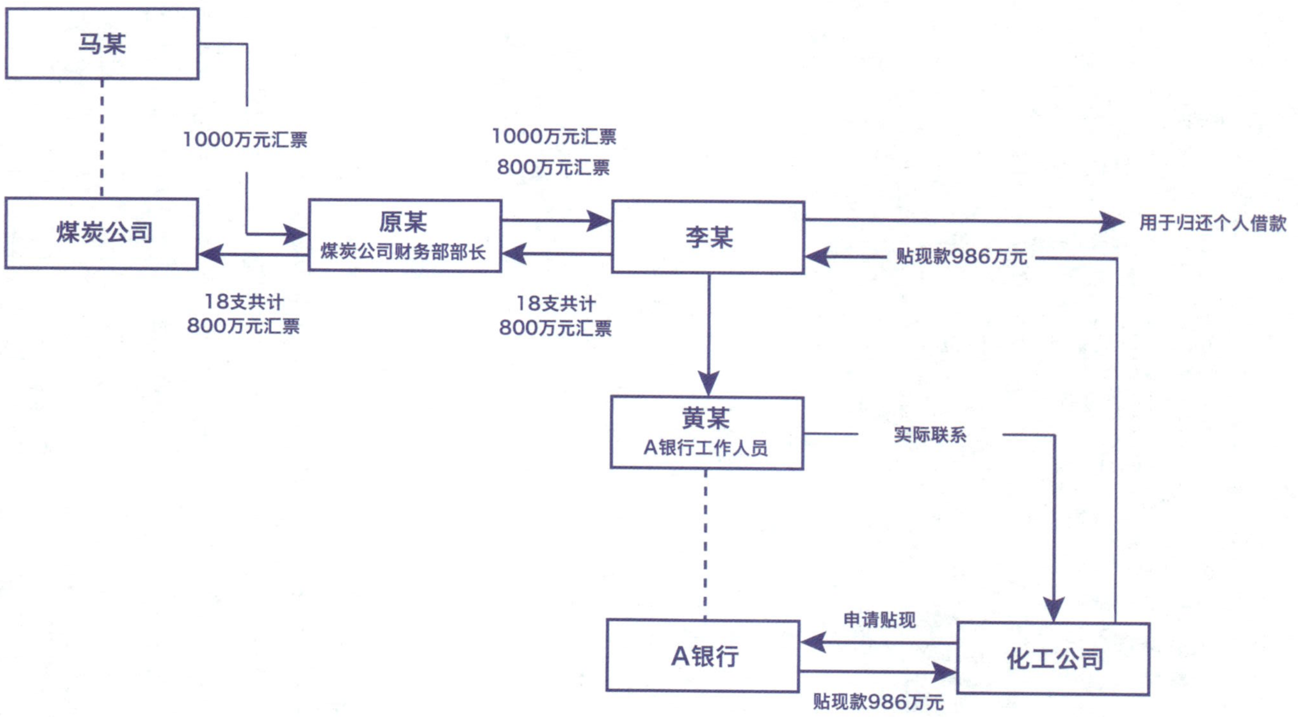
马某
煤炭公司
1000万元汇票
原某
煤炭公司财务部部长
18支共计
800万元汇票
1000万元汇票
800万元汇票
李某
18支共计
800万元汇票
用于归还个人借款
贴现款986万元
黄某
A银行工作人员
实际联系
A银行
申请贴现
化工公司
贴现款986万元

图 6-17

最后，本案事实记载“本案承兑汇票的流转过程为：出票人为某钢铁集团，收款人为某钢铁股份有限公司，背书记载为钢铁股份有限公司背书给煤炭公司，煤炭公司背书给工业公司，工业公司背书给化工公司。”对此，我们可以绘制细节图如图 6-18：

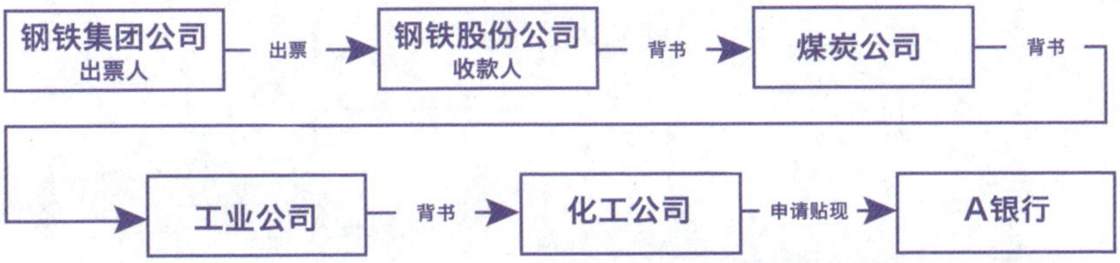

图 6-18

将上述票据记载的票据流转关系，与之前绘制的图表进行整合，可以得到本案图表如图 6-19：

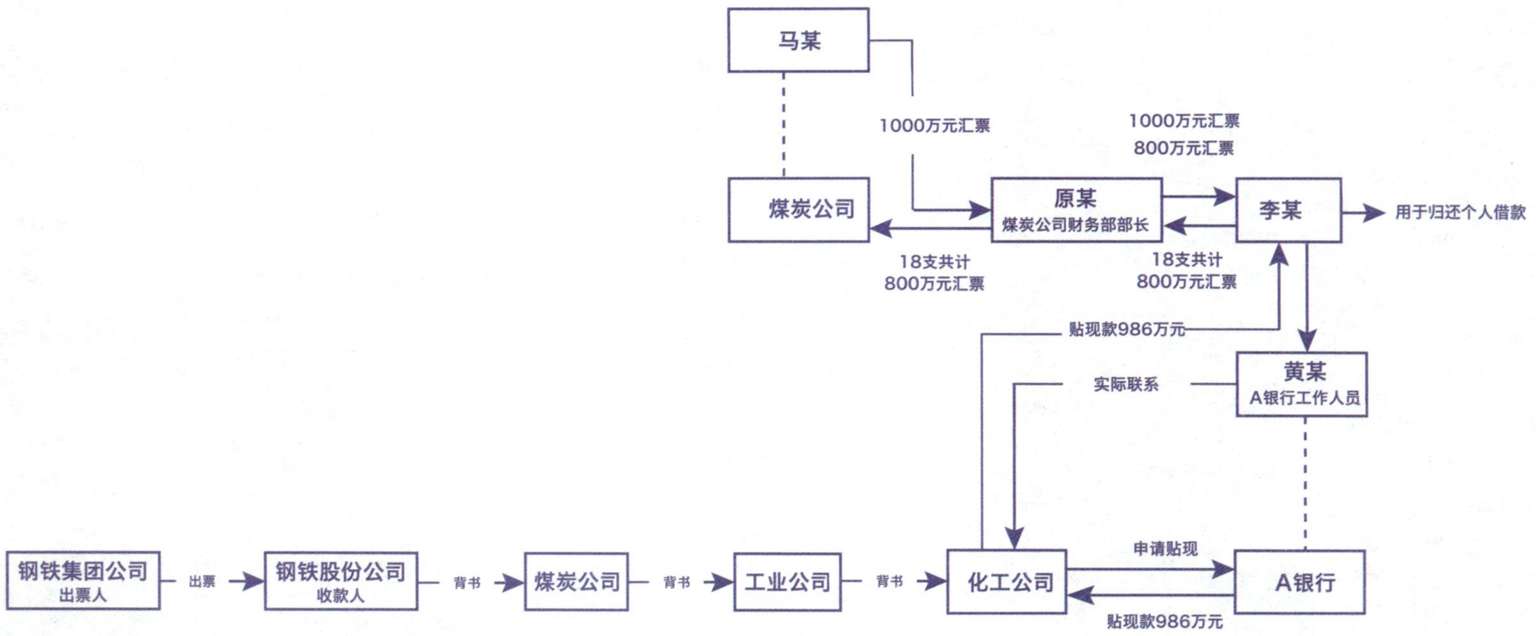
马某
煤炭公司
1000万元汇票
原某
煤炭公司财务部部长
1000万元汇票
800万元汇票
李某
用于归还个人借款
18支共计
800万元汇票
18支共计
800万元汇票
贴现款986万元
实际联系
黄某
A银行工作人员
钢铁集团公司
出票人
出票
钢铁股份公司
收款人
背书
煤炭公司
背书
工业公司
背书
化工公司
申请贴现
A银行
贴现款986万元

图 6-19

此时，我们可以用不同的颜色对本案不同的行为进行区分，用黑色线条表示 2006 年 800 万元汇票的实际流转过程，绿色线条表示 2007 年 1000 万元汇票的票面记载流转情况，蓝色线条表示 2007 年 1000 万元汇票的实际流转过程，红色线条表示 2007 年 1000 万元汇票的资金返回情况。通过颜色的变更，本案图表将变得更加清晰，如图 6-20：

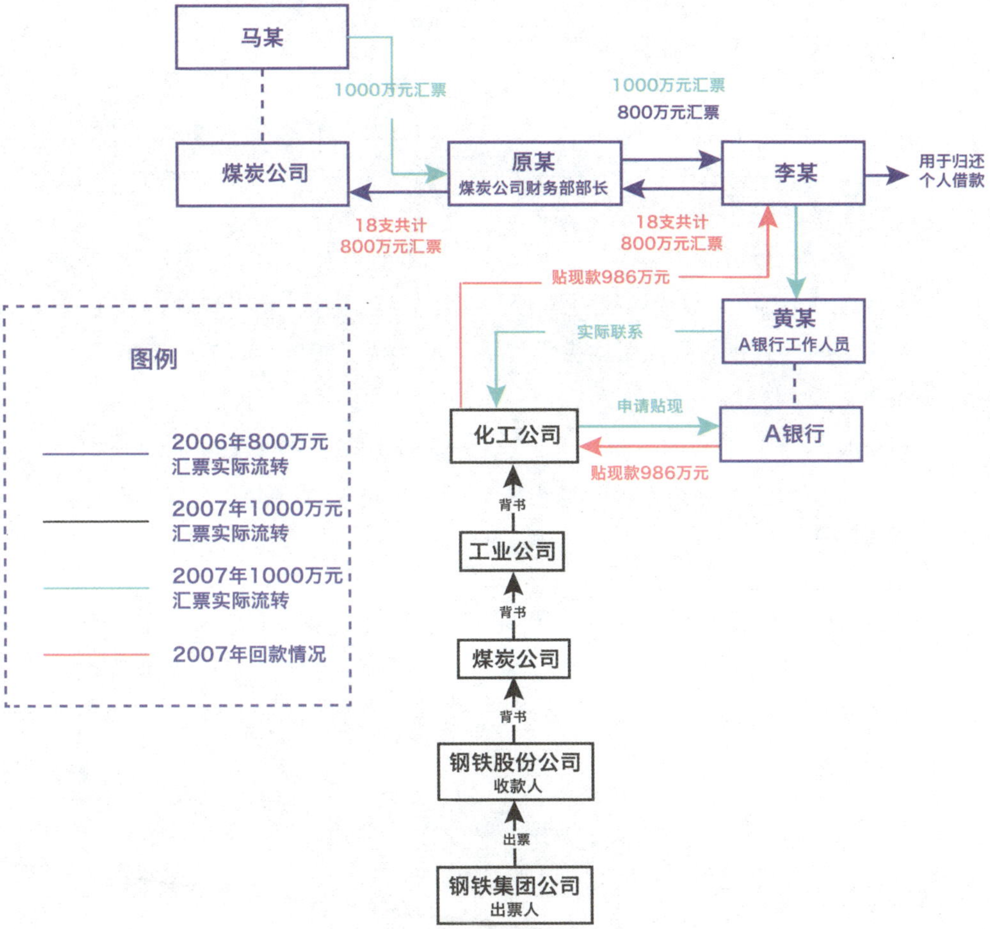

图 6-20

至此，原审查明全部事实均已完成了图表化，但这仅仅是案件作图的起点。诉讼可视化，不仅是将文字语言转化为图表形式，更是需要利用图表，通过“可视”的直观方式，协助分析和判断案件。显然，如此一张略显复杂的图表，只是案件事实的罗列与堆砌，并无律师的法律智慧，将此呈庭恐怕无法取得期望的效果。因此下一步则是根据对案件的判断，着手简化图表。

在图表绘制中，精简内容远比全面罗列要难，正如律师专业化的道路上，知道自己不能做什么要比知道自己能做什么更为重要一样。而在本案之中，给图表“瘦身”之前，首先要明确案件的诉讼思路。

从上述可以看出，由于 2006 年汇票情况的引入，案件的焦点已经从单纯 2007 年汇票转移到两张汇票的交集上，即从煤炭公司到原某、李某之间的两年两张汇票的往来关系。而 A 银行所参与的 2007 年汇票贴现行为，倒成为了案件的一条“支线剧情”。此前一直没有陈明的是，我们是作为 A 银行的诉讼代理人。虽然并未刻意强调此点，只是根据案件事实情况客观绘制图表，但图表却通过反映案件事实全貌，在繁杂的主体、票据资金流转中，将诉讼思路浮现出来。

这时，我们发现，2007 年 1000 万元汇票有关的票面记载情况与银行是否应该承担责任并无直接关系，应当被删减。删减后，本案图表如图 6-21：

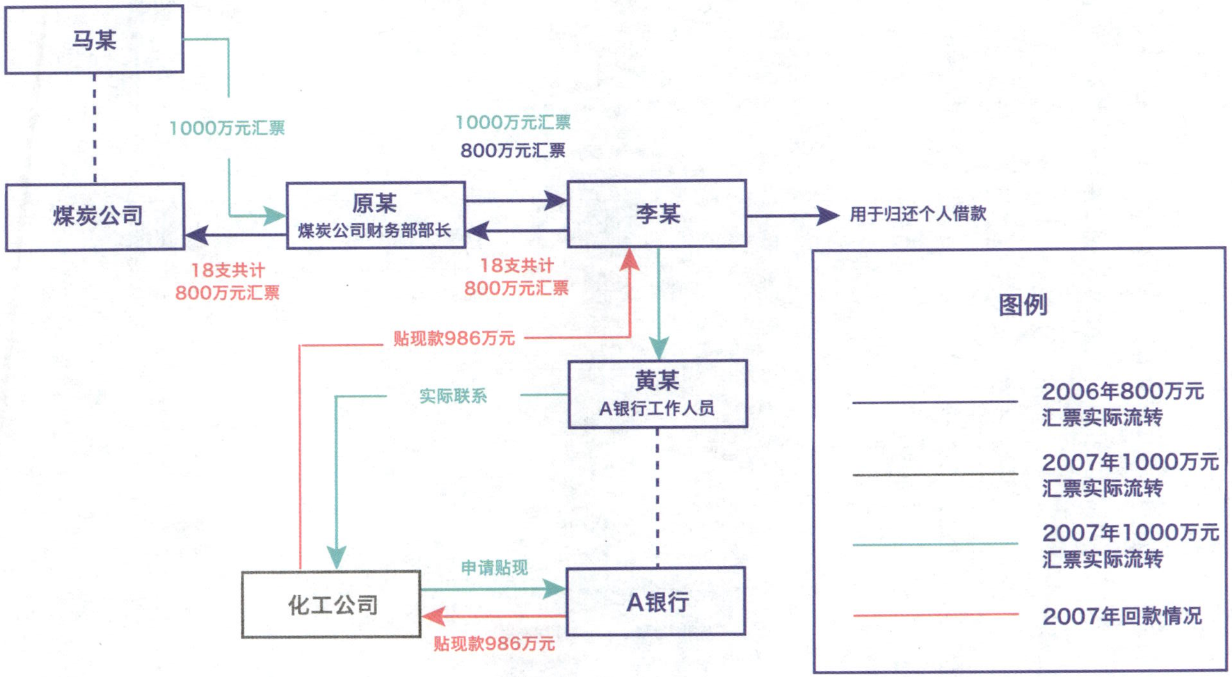
马某
煤炭公司
1000万元汇票
原某
煤炭公司财务部部长
18支共计
800万元汇票
1000万元汇票
800万元汇票
李某
用于归还个人借款
18支共计
800万元汇票
贴现款986万元
黄某
A银行工作人员
实际联系
化工公司
申请贴现
A银行
贴现款986万元
图例
2006年800万元
汇票实际流转
2007年1000万元
汇票实际流转
2007年1000万元
汇票实际流转
2007年回款情况

图 6-21

另一个需要被删减的细节，是作为煤炭公司的管理人员的马某，马某在本案中虽被提及但并不需要被强调，图表如果需要事无巨细的反映案件的所有细节，则失去了简明表达的意义。但同为煤炭公司管理人员的原某和另一自然人李某，由于在本案中的重要身份，必须予以保留。删减后，我们进一步调整了图表的论证思路，即根据煤炭公司与原某一方，与李某之间的汇票及款项往来、李某与化工公司的汇票及款项往来，以及化工公司与银行之间的贴现关系为重点内容。这时，图表可以进一步简化如图 6-22：

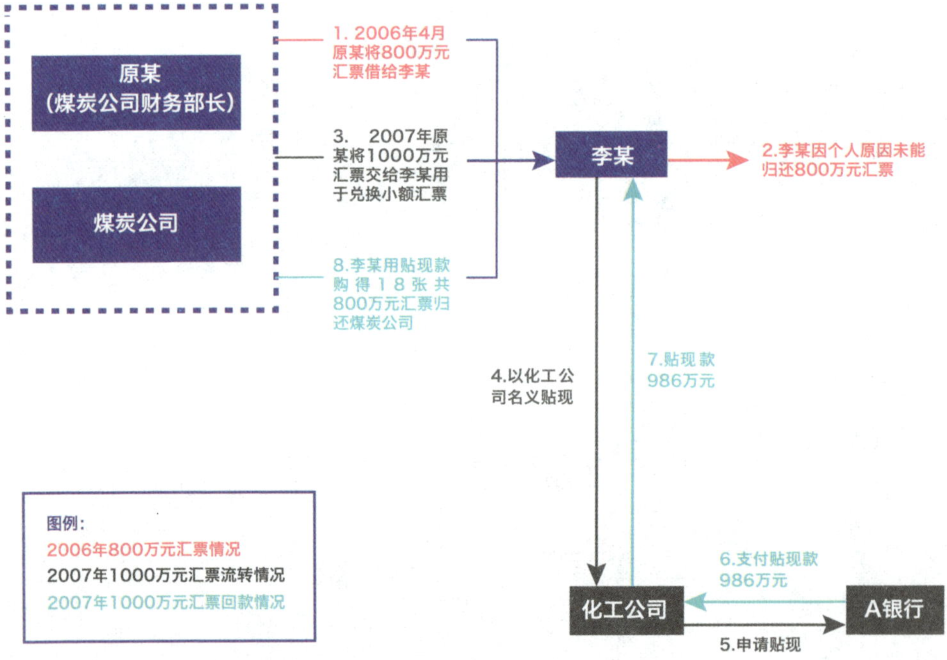

图 6-22

根据煤炭公司的诉讼主张，本案的案由是票据损害赔偿纠纷，虽然涉及票据法的有关规定，但在实体处理上更应适用侵权行为的纠纷规则。在侵权责任认定的要件中，A银行通过本案图表主要展现的主要抗辩理由是侵权行为造成的损害大小。图表虽然能够容纳大量信息，但图表更重要的作用是去芜存菁，一张优秀的图表只需将案件某一重要观点淋漓尽致地展现即可。如果过多掺入其他法律问题的分析，则难免顾此失彼，会让读者迷失在图表的大量信息之中，画蛇添足。

从图6-22可以看出，煤炭公司共被原某、李某挪用了两张共计1800万元的汇票，这是煤炭公司产生损失的根本原因。在原某将票据从煤炭公司取出时，票据已经脱离了煤炭公司的控制，煤炭公司的损失已经注定产生。而无论其他当事人如何参与原某、李某的票据变现、挪用过程，也只是确定煤炭公司损失大小而已，不影响损失已经产生的事实。

就2006年的汇票而言，其资金已经被李某用于个人目的，在图表中展现为“煤炭公司—原某—李某”的单向流动，该笔汇票800万元损失至此已经明确产生。而在此时，A银行尚未介入，损失的产生也与A银行完全无关。虽然后续2007年汇票是由于原某、李某试图转嫁风险和损失而再次挪用的，但此种拆东墙补西墙式的操作手法，在法律上应该被区分界定为两个不同的法律关系。

从图6-22中也可以看出，就A银行参与的本案2007年汇票，从票据被挪出到小额汇票的偿还，已经构成了一条完整的回路循环。A银行在贴现中并未谋取任何非法利益，按照贴现流程将全部贴现款均汇入申请贴现人化工公司账户。贴现款在经过李某运作后，转化成800万元小额汇票返还煤炭公司。就此返还行为，实际上是将煤炭公司在2007年汇票项下已经产生的1000万元损失，减少了800万元。因此，与2007年汇票有关的损失，仅有两笔款项的差额200万元。

经此分析，A银行绘图的重点，应是将两张汇票区分对待，特别是对返还煤运公司的800万元小额汇票，应当仅与2007年汇票建立联系，而与2006年汇票无关。因此，我们将图表经过最后的修改，拆一图为两图，强调了两张汇票的对比关系，如图6-23：

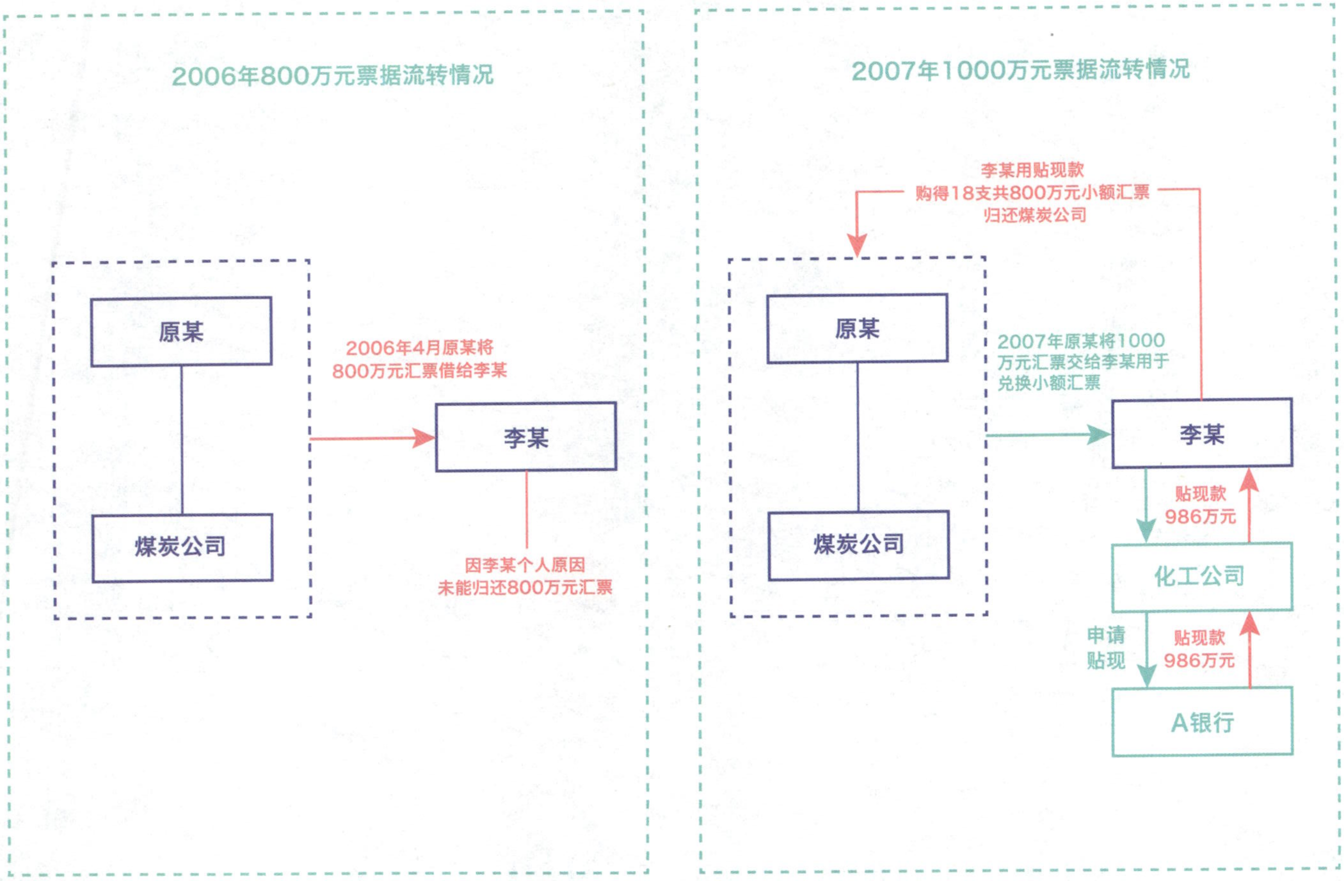

2006年800万元票据流转情况
原某
煤炭公司
2006年4月原某将
800万元汇票借给李某
李某
因李某个人原因
未能归还800万元汇票
2007年1000万元票据流转情况
李某用贴现款
购得18支共800万元小额汇票
归还煤炭公司
原某
煤炭公司
2007年原某将1000
万元汇票交给李某用于
兑换小额汇票
李某
贴现款
986万元
化工公司
申请
贴现
贴现款
986万元
A银行

图 6-23

本案图表的梳理，实际上是诉讼思路的梳理，从初步接手案件时的一头雾水，到拆解复杂案情后的由简入繁，再到明确诉讼策略后的调整，最终呈现出的是以极简为表现手法、突出重点为目的的一张图表。而在本案实战中，合议庭法官十分重视我方在图表中所展现的两张汇票区分对待的诉讼主张，特别关注了贴现资金与800万元小额汇票的对应关系，以及返还煤炭公司的具体情况，验证了我方图表对事实的如实展现。最终，法院接受我们关于“800万元小额汇票偿还2007年1000万元汇票款项”的核心主张，并在计算A银行责任时做了相应扣减，圆满实现了我们的代理目标。

第五节
如何将复杂的案件分解再组合？
——“确定内容”方法论实战

面对主体繁多、法律关系复杂的案件材料时，律师往往难以第一时间在脑海中勾画出案件的整体图表。此时，应该随着阅卷的不断深入，就案件材料不断呈现出来的案件细节制作细节图；再通过法律关系和时间轴线找到核心主体，以核心主体为连接点将各细节图组合成逻辑整体。

本案以一起长达11年的房地产开发合同纠纷为例，以抽丝剥茧式的细节找寻，呈现出复杂案件的制图过程。

【案情简介】[①]

1992年12月14日，福星公司与富山宝公司签订《合作合同一》，约定双方合作开发“金银城”房地产项目，福星公司负责提供土地，富山宝公司负责提供合作开发所需的全部建设资金；富山宝公司必须在合同生效之日起3年内完成合作项目开发，否则福星公司有权收回土地；合作开发项目销售所得利润的25%归福星公司、75%归富山宝公司。

因福星公司、富山宝公司均无房地产开发资质，双方又于1993年7月28日和福永公司签订了《合作合同二》，约定由福永

① 本案为最高人民法院二审案件，案号：（2010）民一终字第45号。该案作为典型案例，被刊载于《最高人民法院公报》2011年第5期。

公司为"金银城"房地产项目提供开发管理服务，并以销售收入的6%作为福永公司的合作收益。

两份合作合同签订后，富山宝公司仅支付了土地配套建设费1493万元，未再向合作项目投入其他建设资金。

在福星公司与富山宝公司，以及福星公司、富山宝公司与福永公司就案涉"金银城"项目签订上述系列合同的同时，福星公司与大地国际公司，福星公司、大地国际公司与福永公司也签订了案涉"金银城"项目合作合同，合同内容与前述一系列合建合同内容基本相同。

2004年9月，深圳市有关部门将涉案项目列入需限期盘活的"52个问题楼盘"之一，并要求建设单位在处理好项目债权债务的前提下，引入新的投资人开展合作建房，或将问题楼盘的土地使用权直接置换至新的合作方名下，以尽快盘活烂尾楼盘。

因富山宝公司未按约投入建设资金，福星公司委托律师向富山宝公司发出律师函，通知富山宝公司解除双方签订的《合作合同一》。2004年12月25日，富山宝公司负责人许某签收了该律师函。

2005年1月21日，大地公司与大金利公司签订《转让协议》，约定大地公司将其1993年1月3日和1996年11月20日先后两次与福星公司签订合作开发涉案"金银城"项目协议中大地公司占有股权的75%转让给大金利公司；大地公司向福星公司声明退出原有协议；大地公司转让"金银城"项目，由大金利公司向福星公司以人民币1.65亿元一次性买断该项目，大金利公司为此补偿大地公司人民币150万元。之后，2006年6月26日，大地国际公司与大金利公司声明撤销了上述转让协议。

随后，根据政府部门要求，福星公司经股东大会讨论并作出决议后，于2005年8月8日与金安城公司签订《项目置换合同》，将涉案的合作项目土地使用权置换到金安城公司名下，由金安城公司进行独立开发，金安城公司支付置换价款1.5亿元。

后经法院查明，富山宝公司股东为宁婺公司和大地房地产公司，持股比例分别为75%和25%。宁婺公司由婺源县经济技术开发总公司全资设立，后者于2006年将宁婺公司股权全部转让给南京公司，后南京公司又将股权全部转让给海洋城公司。2008年6月16日，海洋城公司与富山宝公司签订协议，由海洋城公司置换出“金银城”项目整体权益及债权债务。

富山宝公司法定代表人徐某于2007年死亡。2006年6月27日，许某被授权代行法定代表人职务，期限为三年。2007年，许某使用伪造的宁婺公司公章，办理了富山宝公司经营期限延长和法定代表人变更手续。2007年10月25日，徐某之子徐子确认“金银城”项目75%的权益归富山宝公司所有。2008年1月，深圳市工商局撤销了富山宝公司的上述变更登记行为。

2007年，富山宝公司起诉至一审法院，诉讼请求为确认《合作合同一》有效并继续履行，确认富山宝公司享有合作项目75%的物权（包括土地使用权和房屋所有权），判令解除《合作合同二》，判令确认福星公司与金安城公司签订的《项目置换合同》

无效。一审法院判决驳回了富山宝公司的诉讼请求,《合作合同一》已经解除。富山宝公司不服一审判决，上诉至最高人民法院。天同律师代理福星公司二审应诉,最终最高人民法院二审维持原判，天同客户胜诉。

【望闻问切】

在收到本案全部案件材料时，我们的第一反应是：本案材料实在太多了!

本案涉及的合作开发项目已烂尾近二十年，其中包括土地使用权取得、资金流转、实际施工情况等诸多法律问题。此外，本案还涉及在合作项目停工期间，多个第三人因股权转让、土地使用权转让等情况分别参与合作项目中，其权益是否应予保护、其诉讼地位如何认定等法律问题。同时，案涉相关公司主体共计 11 家，各公司之间的股权结构及股权、法定代表人变动情况极其复杂。

面对材料如此庞杂、法律关系如此复杂的案件，我们的律师团队深入了解案件事实的过程可谓“痛苦异常”，经常为了确定某一法律行为发生的具体时间而重新翻阅厚厚的卷宗资料。这时我们就想，如果作为一个团队来消化全部案件材料都如此“痛苦”，那么,法官在面对如此繁杂的案件材料时可想而知也同样痛苦不堪。因此，为了减轻法官的工作负担，使其能够在更短的时间内更加清晰、全面地了解案件情况，我们想到对本案各主体之间的法律关系绘制法律关系图。我们希望通过这张图表，能够方便法官阅卷。

但任何一张图表都不是一蹴而就的，本案更是如此。本案涉及11个公司之间发生的法律关系，如何将这11家公司的法律关系在一张图表上展示出来，我们想到了诉讼图表的方法论：先全面罗列，再逻辑整合。

【图表应用】

一　工作思路一：按照法律关系将全案分解

（一）案涉项目合作法律关系及实际履行情况

福星公司与富山宝公司签订的《合作协议一》，以及福星公司、富山宝公司与福永公司签订的《合作协议二》是否已经解除是本案的核心争议焦点。此外，福星公司、大地国际公司与福永公司签订的两份《合作协议》，与上述《合作协议一》及《合作协议二》之间的关系也是本案二审的重点。因此，首先应对该部分案件事实通过图表的方式进行展示。

其次，在案涉项目停工期间，第三方大金利公司与金安城公司通过协议方式，分别获得了大地国际公司在《合作协议》项下的权利义务以及福星公司享有的金银城项目用地使用权。上述两项权益转让行为，关系到本案诉讼主体的确定以及《合作协议一》《合作协议二》是否能够继续履行的问题。因此，该部分事实应分别绘制细节图。见图6-24。

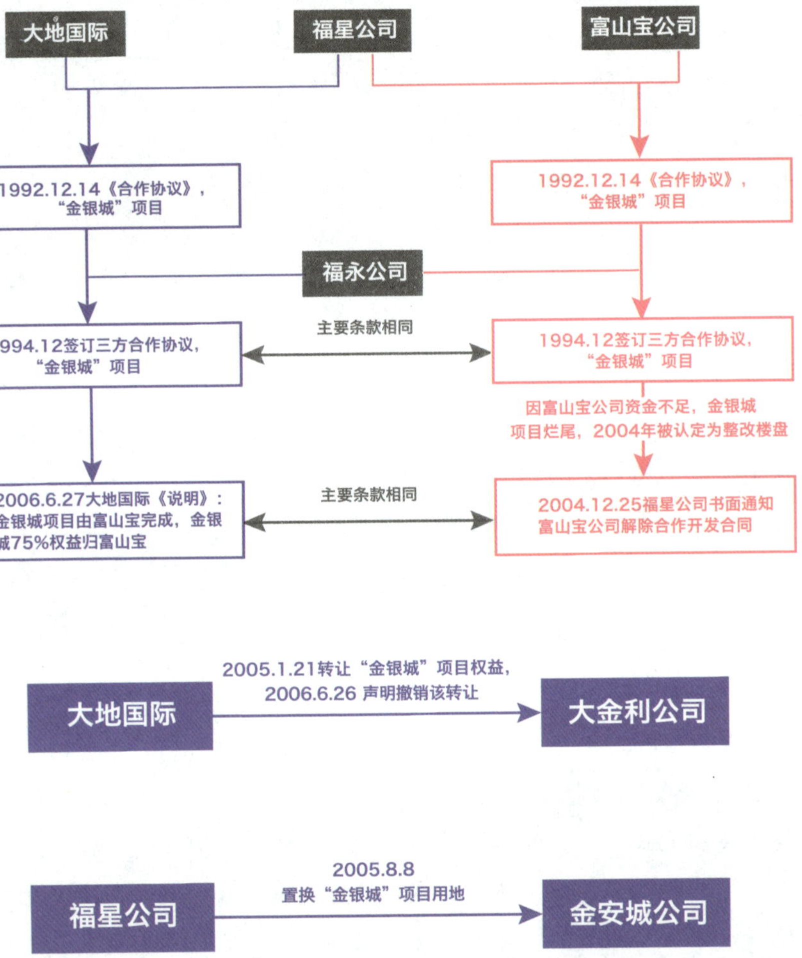
大地国际
福星公司
富山宝公司
1992.12.14《合作协议》，“金银城”项目
1992.12.14《合作协议》，“金银城”项目
福永公司
1994.12签订三方合作协议，“金银城”项目
主要条款相同
1994.12签订三方合作协议，“金银城”项目
因富山宝公司资金不足，金银城项目烂尾，2004年被认定为整改楼盘
2006.6.27大地国际《说明》：金银城项目由富山宝完成，金银城75%权益归富山宝
主要条款相同
2004.12.25福星公司书面通知富山宝公司解除合作开发合同
大地国际
2005.1.21转让“金银城”项目权益，2006.6.26 声明撤销该转让
大金利公司
福星公司
2005.8.8 置换“金银城”项目用地
金安城公司

图 6-24

（二）富山宝公司的股权结构变动情况

在本案一审过程中，富山宝公司主张海洋城公司只是其间接母公司，不应作为本案第三人参加诉讼。而福星公司主张，海洋城公司不仅间接持股富山宝公司，更与富山宝公司签订了《置换协议》，整体受让了富山宝公司关于“金银城”项目的整体权益及债权债务，因此其应作为第三方参加诉讼。因此，富山宝公司的股权结构情况将成为法官关注的重点问题之一，该部分应绘制细节图。见图 6-25。

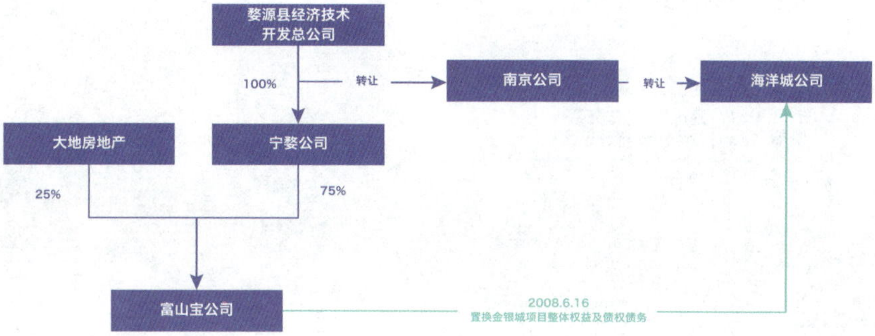

图 6–25

（三）富山宝公司工商登记变更情况

富山宝公司许某于 2004 年 12 月 15 日签订了福星公司代理人发出的解除《合作协议一》的律师函，该签收行为是否具有法律效力以及富山宝公司现在是否是合法存续的企业法人，这些问题关系到本案争议焦点的审理。因此，对富山宝公司的工商登记变更情况应该绘制细节图。见图 6-26。

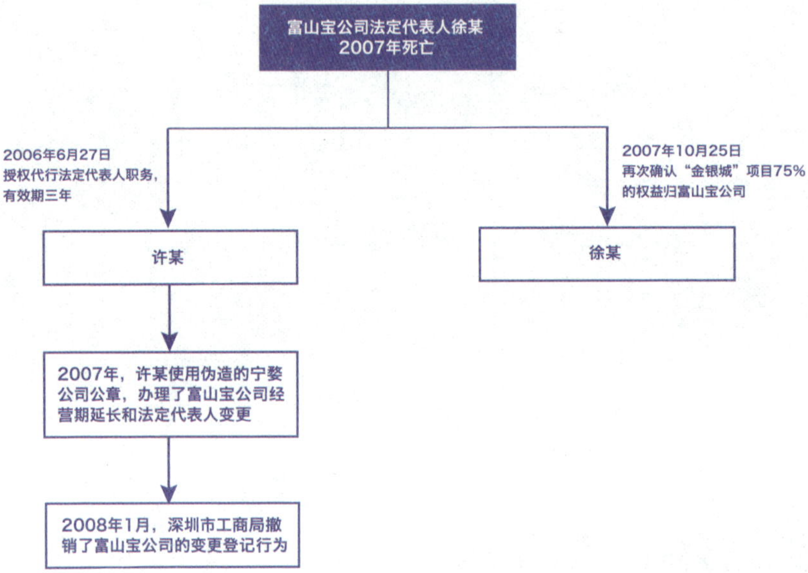

图 6-26

二　工作思路二：将细节图有机组合

第一步完成后，需要做的工作是将各细节图有机组合成一个整体。细节图再组合的作用，在于体现整个案件的逻辑结构。通过上述细节图，法官可能已经对本案的具体事实问题有了了解。但是在庞杂的案件材料面前，这些细节图并不能起到引领整体案情、搭建逻辑结构的作用，即其只能展示细节问题，却不能表明该细节问题在整个案件中所处的位置。因此，诉讼可视化的第二步，就是将上述细节图有机组合。

首先，上述细节图表现出不同层次的法律关系，将他们组合在一起时，重点在于表明不同法律关系所在的区域。存在多种法律关系或多个主体时，我们经常使用不同的颜色将他们区分开来。如本案可以进行如下的颜色分类：

福星公司与富山宝公司合作协议履行情况：

福星公司与大地国际公司合作协议履行情况B：

福星公司与金安城公司置换项目用地情况：

富山宝公司股权变更情况：

富山宝公司工商登记信息变动情况：

其次，在确定不同法律关系使用的不同颜色后，应寻找各细节图之间的逻辑连接点。本案中，富山宝公司和福星公司作为核心主体，各法律关系应以两公司为核心向四周发射。因此，本案法律关系图可以组合如图 6-27：

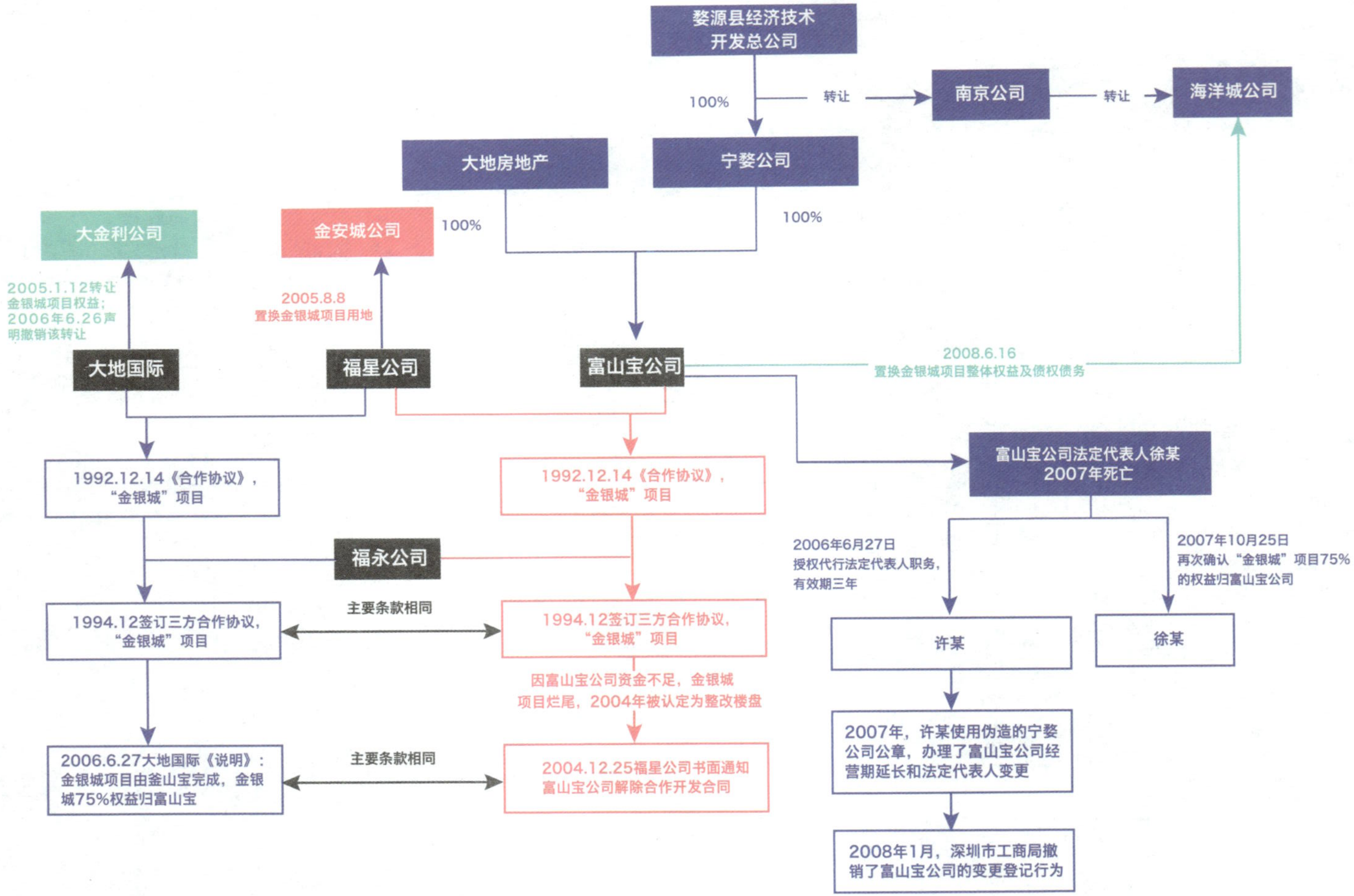
婺源县经济技术开发总公司
100%
转让
南京公司
转让
海洋城公司
大地房地产
宁婺公司
100%
大金利公司
金安城公司
100%
2005.1.12转让金银城项目权益；2006年6.26声明撤销该转让
2005.8.8
置换金银城项目用地
大地国际
福星公司
富山宝公司
2008.6.16
置换金银城项目整体权益及债权债务
富山宝公司法定代表人徐某2007年死亡
1992.12.14《合作协议》，“金银城”项目
1992.12.14《合作协议》，“金银城”项目
福永公司
2006年6月27日
授权代行法定代表人职务，有效期三年
2007年10月25日
再次确认“金银城”项目75%的权益归富山宝公司
1994.12签订三方合作协议，“金银城”项目
主要条款相同
1994.12签订三方合作协议，“金银城”项目
许某
徐某
因富山宝公司资金不足，金银城项目烂尾，2004年被认定为整改楼盘
2007年，许某使用伪造的宁婺公司公章，办理了富山宝公司经营期延长和法定代表人变更
2006.6.27大地国际《说明》：金银城项目由釜山宝完成，金银城75%权益归富山宝
主要条款相同
2004.12.25福星公司书面通知富山宝公司解除合作开发合同
2008年1月，深圳市工商局撤销了富山宝公司的变更登记行为

图 6-27

第七章

诉讼可视化的未来设想

通过诉讼可视化，实现有效的信息传递，是当事人或其代理人说服法官、征服法庭不懈努力的过程。科技的现时和未来发展，必将为诉讼可视化的全新实现带来飞跃般的体验。

一　图表技术

诉讼图表作为可视化表达方式，在目前几乎成为国内诉讼律师一项基础性工具。诉讼图表对于简化法律关系、直观清晰呈现争议焦点及阐明双方当事人意见，无疑具有不可替代的功效。但图表技术之于诉讼，目前仍处于一个初级阶段，未来还有很大的扩展应用空间。

（一）智能图表

极其便捷的图表生成程序，是未来值得探索的方向。诉讼案件的类型化，案由的标准化与法律关系的定型化是智能图表这一设想可行性的基础。智能图表如何更深入具体案情，精确反映出更复杂的实务类型及情形，从而建成尽可能自动化的“制图工厂”，需要法律实务人士和软件技术人员的共同努力，并通过对初级产品不断的升级、改造，使之益臻于完善。

（二）三维动画

多样化的制图建模软件及视觉呈现技术，如三维模型、动画设计在工程、艺术等领域已日新月异。建筑设计师的建模软件，几乎可满足当下人们所见到的任何现实世界中的物体模型的建立，如房屋、道路、管道等。但在诉讼领域，鲜见连接的桥梁。

未来，随着诉讼技术的强调及专业化人才的引进和渗透，相信其他相关领域的可视化技术和成果一定会为诉讼领域的信息传递带来焕然一新的变化。

（三）情景再现

对需要描述的案件情节或细节，再精当的文字亦有其无法企及之处，此时，一种打破常规的、更具颠覆性的信息传递方式可能会得到强调。相较传统的平面或立体图表，一种类似于情景剧的电影拍摄手段的应用，将对案件客观真实或法律真实的事实还原，起到迥乎以往的视觉冲击效果，尤其在需要法官运用自由裁量权范畴，生动逼真且符合逻辑的情景演绎，将增强当事人的说服力，从而为己方在诉讼中争取更多有利的空间。

二　全新界面

（一）触摸时代

科幻作品为我们展示的触屏未来好像近在咫尺，由“IT时代”向“T（Touch）时代”的过渡似乎指日可待。彼时，无屏显示、全息成像技术将使人们对界面的理解产生质的改观。可以随时随处出现并消失的显示屏，将成为人们传递信息的最常用工具。

如同现在的互联技术、太空飞行难以为几十年前的人们想象一样，未来界面技术带来的视觉冲击，体现在法庭环境中，对现时的人们而言，一定会是一个颠覆性的画面。

（二）视觉革命

视觉界面技术发生革新性变化同时，辅助人体视觉的装备技术亦将不甘落后。虚拟眼镜、立体成像技术、眼球追踪技术将会更新换代，变得更加智能化，从而使得人眼视觉功能和效果更加突破原有的生物局限。

一场视觉革命将随之到来。伴随视觉环境的科技不断改进，诉讼可视化将完全是一片新天地。彼时，证据及观点的展示将通过虚拟屏幕进行，诉讼参与者在庭审活动中的所有视觉图像将会可视化，并能实时传输，成为诉讼团队即时研究的对象。

三 远程互联

这是一个互联时代。远程互联及视频传输技术的发展，已经实现了不同地域的人们能够无障碍沟通和信息传递。这一革命性变化，伴随相关技术设备成果的不断更新和问世，同时随着对诉讼专业化极致的强调，目前的诉讼生态极有可能在未来对国内诉讼庭审模式及组织方式产生深远影响。

（一）庭审可视化

庭审公开在未来会成为诉讼公开的一项重要内容。庭审活动的公开会日益常态化、去神秘化，从而为庭审全程、全景的可视化奠定社会基础；远程交互技术的发展并应用于法庭诉讼领域，当下及未来均不存在难以突破的技术壁障，这是现代科技带给庭审可视化的福利；专业化的律师事务所形成，专业化的细分领域人才加入，将会使得诉讼不再单纯是律师的事。

诉讼是战役，庭审通常被视为战役的中心。当诉讼越来越成为一门真正的技术时，跨领域专业人才的参与诉讼，将不仅仅是以证人、鉴定人身份出现，服务于整个诉讼尤其庭审阶段的语言、视觉、心理、服饰、证据等专业人士将有更大作为。隐形的代理人团队会因庭审可视化程度加强而变得愈加庞大。可设想的是，未来精细化的律师代理工作，将关注到影响裁判者裁量的任何角度和要素，并依赖各种专业化技术和力量，通过远程互联和实时交互，最大限度地实现信息传递的有效性。

（二）大数据运用

与诉讼可视化尤其庭审可视化引起的一系列变革相呼应，大数据的运用将会达到一个新的高度。静态的数据，会为动态的诉讼过程提供及时有效的辅助支撑，律所知识管理和大数据真正发挥决定性作用的时代将到来。

可预想的是，实现大数据化的律所将随着诉讼可视化时代的到来占尽先机。现有普遍的作坊式、摊位式律师工作模式将变得原始并逐步被淘汰。

（三）虚拟诉讼

当所有案卷材料信息都可以芯片存储，并在弹指间实现信息的电子传输，从而真正实现无纸化办公。同时，3D 打印技术的发展、语言文字实时翻译及自由转换、远程实时交互的无障碍实现，彼时，诉讼的实景化、仪式感完全可以通过远程可视化实现时，一种“虚拟”的诉讼或成为流行的现实。

一个自由交互的时代，诉讼会因可视化而生发适应性变化，云法庭、证据云、云同步的概念将不再陌生。

诉讼可视化是一种趋势。展望未来，科技的发展必然会使人类以一种不停歇的姿态迈入新的时代。尤其随着影像学、光学及材料技术、互联网技术等的突飞猛进，在以信息传递为技术核心的诉讼不发生本质变化前，掌握并应用、创新诉讼可视化，应是律所和律师适应科技发展和时代潮流，不至落伍、不被淘汰的基本素质。

迎接未来，保持一颗不断创新和探索之心，吸取同行和不同领域的先进做法，关注科技发展可能带来诉讼技术尤其诉讼可视化方面的革新，努力提高法律服务的专业化水平，才能让律所立于时代的浪头，引领创新潮流。

图书在版编目(CIP)数据

诉讼可视化 / 蒋勇主编. -- 北京 : 法律出版社,
2017(2024.12 重印)
ISBN 978-7-5197-1426-0

Ⅰ.①诉… Ⅱ.①蒋… Ⅲ.①诉讼-图表-制作
Ⅳ.①D915

中国版本图书馆 CIP 数据核字(2017)第 230334 号

诉讼可视化
SUSONG KESHIHUA

蒋　勇 主编

策划编辑 李　群
责任编辑 李　群　李　璐
装帧设计 鲍龙卉

出版发行 法律出版社
编辑统筹 司法实务出版分社
责任校对 周　洁
责任印制 胡晓雅
经　　销 新华书店

开本 710 毫米×1000 毫米　1/16
印张 20　　**字数** 288 千
版本 2017 年 12 月第 1 版
印次 2024 年 12 月第 18 次印刷
印刷 三河市兴达印务有限公司

地址:北京市丰台区莲花池西里 7 号(100073)
网址:www.lawpress.com.cn
投稿邮箱:info@lawpress.com.cn
举报盗版邮箱:jbwq@lawpress.com.cn
销售电话:010-83938349
客服电话:010-83938350
咨询电话:010-63939796

书号:ISBN 978-7-5197-1426-0
定价:98.00 元
凡购买本社图书,如有印装错误,我社负责退换。电话:010-83938349